# CARNAC
## et l'énigme de l'Atlantide

JEAN MARKALE

# CARNAC
## et l'énigme de l'Atlantide

Pygmalion
*Gérard Watelet*
Paris

*Du même auteur*

*Brocéliande.*
*Aliénor d'Aquitaine.*
*Le roi Arthur et la société celtique.*
*Les Celtes et la civilisation celtique.*
*La femme celte.*
*La tradition celtique en Bretagne armoricaine.*
*L'épopée celtique d'Irlande.*
*L'épopé celtique en Bretagne.*
*Le Druidisme.*
*Le Christianisme celtique.*
*Contes populaires de toutes les Bretagnes.*
*Lancelot et la chevalerie arthurienne.*
*Merlin l'Enchanteur.*
*Le Graal.*
*Mélusine.*
*Siegfried ou l'or du Rhin.*
*Contes de la Mort des pays de France.*

Chez le même éditeur
*Montségur et l'énigme cathare.*
*Gisors et l'énigme des Templiers.*
*Le Mont-Saint-Michel et l'énigme du dragon.*



---


ISSN 0982-5487
ISBN 2-85704-243-4

PREMIÈRE PARTIE

# Les Lieux

# I

# L'ITINÉRAIRE D'UN CHERCHEUR

Carnac est un de ces lieux que j'ai toujours connus avant même d'y avoir pénétré réellement. Ce sont des choses qu'on n'explique pas, des choses que l'on murmure sans jamais pouvoir donner de raison valable à de telles affinités. Est-ce parce que le vent qui vient de l'ouest, chargé des embruns d'un océan inconnu, a toujours fouetté mon visage lorsque j'étais enfant et que j'attendais que se déchire un ciel de tempête, les soirs où montaient de la terre les lentes pesanteurs de la ville?

Carnac, c'est d'abord un nom. Et ce nom évoque en moi une cassure, une violence qui surgit de la nuit des temps. C'est sans doute, en premier lieu, la sonorité du terme, la dureté de ces deux syllabes qu'on entend résonner dans un brouillard où le soleil a peine à pénétrer. Mais c'est aussi la lente évocation d'un monde enfoui dans une barbarité que l'absence d'informations précises rend encore plus secrète, plus mystérieuse, et qui accroche l'imagination au point d'en faire un point de rupture essentiel entre ce qui est et ce qui n'est pas. A cet égard, Carnac est particulièrement riche en images et en fantasmes divers, et cela n'est pas sans provoquer dans l'inconscient humain des réminiscences prodigieuses à propos d'un âge où l'on était assez puissant pour ériger des pierres au milieu d'une lande pour signifier que le ciel et la terre étaient les deux pôles d'une même réalité.

Mais Carnac, pour moi, c'est aussi l'évocation du pays de mes ancêtres. Je suis d'une famille émigrée et j'ai passé mon enfance à retrouver les sources qui jaillissaient dans une mémoire engluée dans une vie quotidienne citadine d'une infinie banalité. Je savais que Carnac était au centre d'un pays qui avait vu mes ancêtres se battre pour survivre. Je savais qu'un de mes arrière-grands-pères était né à Camors, sur les landes de Lanvaux, et qu'il y avait exercé la profession de forgeron. Je savais que ma grand-mère, qui m'a élevé, était née à Pluvigner, sur ces mêmes landes de Lanvaux — que j'imaginais alors comme un désert peuplé d'étranges pierres — et qu'elle avait habité à Auray, en une *maison de paille,* traduction littérale du breton *ti-plouz,* « chaumière », lointain souvenir que ma grand-mère hésitait à évoquer parce qu'elle marquait une époque de misère et de souffrance. Par le jeu de la vie, cette famille s'était dispersée aux quatre coins du monde : il ne demeurait de l'édifice primitif que l'image à peine esquissée d'une simple maison de granit au toit de chaume, entourée d'un jardinet où poussaient des fraisiers, et puis, plus loin, les grandes ombres de Sainte-Anne-d'Auray et de Carnac. Ma grand-mère, comme toutes les Bretonnes, avait une dévotion particulière pour la mère de la Vierge, et, bien sûr, elle avait traversé les champs de menhirs de Carnac, ce qui n'avait pas manqué de lui laisser d'étranges souvenirs, bien qu'elle fût persuadée que l'ombre du Diable devait rôder, certains soirs, quelque part entre le Ménec et Kermario. « Tu comprends, me disait-elle, c'était au temps où les gens n'étaient pas encore chrétiens; ils adoraient des idoles, mais il ne faut pas leur en vouloir, car ils ne savaient pas quel était le vrai Dieu ». Assurément, ma grand-mère savait qui était le vrai Dieu, et elle n'a jamais douté un seul instant de sa vie que ce Dieu était juste et bon, et qu'il récompenserait les mérites de chacun. Elle ne se posait pas de questions pour savoir si Dieu portait une barbe ou non : Dieu était, un point c'est tout, et le reste n'était que verbiage. C'est sans doute pourquoi je recherche Dieu partout, même dans les endroits où il ne se trouve pas.

Mais présenté de la sorte, Carnac prenait des dimensions exceptionnelles. J'avais pu voir de nombreuses cartes postales représentant les alignements et certains monuments dits mégalithiques, dont la fameuse Table des Marchands de Locmariaquer qui, au début de ce siècle, apparaissait nettement comme une « table », puisqu'on avait gratté les pierres et la terre qui formaient le tertre primitif dans lequel elle était enfouie. J'avais vu ces représentations classiques — et parfaitement imbéciles — où l'on représentait un menhir avec un Breton en chapeau à guides, lequel semblait un nain par rapport à la pierre levée, mais qui faisait pleurer d'admiration les amateurs de pittoresque de l'époque, bien confortablement installés dans leur appartement parisien, se chauffant auprès de leur poêle « Godin », et rêvant aux merveilles que le monde recèle sans jamais sortir de chez eux. Les collections de cartes postales m'ont toujours envoûté : leur intérêt évident n'a d'égal que leur naïveté, pour ne pas dire leur stupidité.

Donc, Carnac, pour moi, dans mon enfance, cela a été d'une part certaines évocations de ma grand-mère, évocations liées à sa famille, et d'autre part des cartes postales délirantes. Et je ne pouvais m'empêcher de mettre en parallèle certaines cartes, où l'on voyait un groupe de jeunes filles en costumes et coiffes d'Auray, au pied des menhirs, et la photographie, un peu jaunie il est vrai, de ma grand-mère jeune, avec le même costume et la même coiffe, celle que l'on appelait la « coiffe en hirondelle ». Je me disais que *lorsque je serais grand,* j'irais certainement rôder à travers ces champs harcelés de pierres et que je me rendrais compte par moi-même de leur taille réelle. Car je me doutais un peu que les représentations qui s'étalaient devant moi étaient quelquefois truquées. Hélas... il n'était pas question d'aller là-bas pour l'instant. La maison d'origine avait été vendue. La famille s'était dispersée. Pour l'été, nous nous étions repliés sur la forêt de Brocéliande, toujours dans le Morbihan, mais dans ce qu'on appelle le Pays Gallo, là où l'on ne parle plus la langue bretonne de nos ancêtres. Je n'ai pas à m'en plaindre, puisque ces séjours en Brocéliande ont provoqué en moi cette perpétuelle Quête du Graal qui me tourmente. Mais il faut bien avouer que cette Quête passe nécessairement par les champs de menhirs de Carnac. Il y a là quelque chose d'ineffable que chacun de ceux qui se lancent à la recherche de l'Objet sacré doit connaître avant d'affronter de périlleuses navigations vers des îles merveilleuses.

J'ai connu Carnac assez tardivement. Et c'est à Brocéliande que tout s'est décidé, que tout s'est déroulé, comme si la forêt enchantée de Merlin était le centre d'un monde clos autour duquel je devais rôder avant de pouvoir signifier mon refus de considérer la réalité apparente comme la seule et unique forme de connaissance qu'il soit donné de pratiquer pour les hommes de bonne volonté. C'est au cours d'un voyage entrepris en compagnie de mon père que j'ai enfin découvert Carnac. Et quand je dis « Carnac », j'englobe dans ce nom magique toute la région qui l'entoure, le pays de cette mystérieuse civilisation mégalithique dont, il faut bien l'avouer, nous ne savons rien, sinon qu'elle fut brillante et qu'elle s'étendit sur plusieurs millénaires, bien avant l'arrivée des Celtes sur l'extrême ouest de l'Europe.

Car c'est un cliché bien répandu de présenter les monuments mégalithiques comme des « monuments druidiques », ou comme des vestiges celtes ou gaulois. Les mégalithes datent d'au moins deux mille ans avant l'arrivée des Celtes, n'en déplaise à ceux qui continuent à croire que les dolmens étaient des « autels de sacrifice » sur lesquels les druides égorgeaient leurs victimes. Il eût d'ailleurs fallu que les druides fussent des géants pour accomplir pratiquement de tels rites. Et ce serait oublier que tous les dolmens étaient autrefois recouverts d'un tertre artificiel formé de pierres, de galets et de terre, donc absolument invisibles. Il est vrai que l'image d'Obélix, le Gaulois tailleur de menhirs, ne fait que recouvrir un cliché bien plus ancien; jusqu'à l'aube du XXe siècle, on croyait vraiment que les monuments mégalithiques étaient l'œuvre des Gaulois, les anciennes cartes et les vieux guides touristiques en font foi. Qui donc oserait douter de leur autorité?

Ce qui est certain, c'est que, dans l'esprit du peuple, les moindres vestiges d'un passé qui ne se réfère pas à une histoire précise, quelle qu'en soit l'importance, deviennent des objets fantasmatiques : quand ils ne sont pas des « Tables de César », de nombreux dolmens sont des « Tables de Gargantua », et des monuments innombrables sont dits « Cercles des Géants », ou « Roches aux Fées ». Le surnaturel vient au secours du manque d'information, et il rend compte de l'admiration populaire devant un tel déplacement de pierres par des techniques inconnues et pour des motifs toujours mystérieux mais que l'on imagine volontiers comme étant religieux ou magiques. Le passé a quelque chose d'envoûtant, et il grandit toujours les êtres et les faits jusqu'à la démesure.

Mon premier contact avec Carnac est de ce type. Surgissant d'un seul coup des landes plantées de résineux, je découvris un immense champ de pierres levées qui s'accrochaient encore aux griffes des ajoncs. C'était au Ménec, je crois, le plus fantastique des alignements parce qu'on peut en voir d'un regard unique le lent déroulement sur les ondulations d'un sol qui se prête à l'évocation des vagues de la mer. Et puis ce fut la ruée d'enfants quelque peu dépenaillés — cela était certainement voulu et ajoutait au pittoresque, en cette époque. Ils s'étaient jetés sur nous dans l'espoir de recevoir quelques menues pièces de monnaie pour les récompenser de leurs explications. Et quelles explications... L'un deux prit la parole et débita la leçon que ses parents ou grands-parents lui avaient apprise. Cela ne manquait pas de charme, d'ailleurs : « Autrefois, saint Kornéli était poursuivi par des soldats ennemis. Il s'enfuyait dans un char tiré par des bœufs, mais les ennemis, qui étaient très nombreux, étaient sur le point de le rattraper. Alors saint Kornéli demanda à Dieu un miracle. Il dit une prière et, en se retournant, il fit le signe de la croix. Aussitôt, tous les soldats ennemis s'immobilisèrent et furent changés en pierres. C'est pourquoi vous voyez aujourd'hui tant de pierres dans les champs de Carnac, et, en souvenir de ce miracle, les pierres sont nommées *soudarded sant Korneli,* c'est-à-dire « soldats de saint Kornéli ». Et elles demeureront là pour l'éternité. »

Les enfants reçurent la manne qu'ils étaient venus quêter et se précipitèrent vers un autre groupe de gens qui venaient d'arriver. L'ombre de l'hypothétique saint Kornéli planait sur les menhirs comme un grand oiseau venu de la mer pour se heurter à la froidure de la roche. Ce jour du mois d'août 1948, je ne pouvais m'imaginer ce qui se passerait dans le même lieu trente-trois ans plus tard, en janvier 1981. Les hordes de gamins dépenaillés ont disparu : ce n'était plus rentable. Mais j'avais bâti le fil d'un petit film pour la Télévision sur le thème de Carnac, avec deux personnages principaux, la conservatrice du musée et un enfant de douze ans que nous avions extrait, en conformité avec tous les règlements administratifs, pour évoquer la poésie du lieu dans son essence et sa naïveté. L'enfant parlait le langage du pays, se faufilant à travers les pierres et répétant ce qu'on lui avait récité depuis son plus jeune âge. Anne, la conservatrice du musée, très maternelle, mais s'efforçant aussi de rectifier l'imaginaire et de lui accoler quelques bonnes réflexions d'ordre scientifique, venait envahir le champ de vision, surgissant de derrière un menhir au moment précis où l'enfant se livrait à son délire inconscient. En fait, ce furent de belles séquences. Eh bien, au Ménec, en un jour de janvier 1981, alors que l'enfant venait de raconter la légende de saint Kornéli sur son char à bœufs, un paysan pénétra sur le terrain, sur un char tiré par deux vaches blanches et noires. C'était plutôt inattendu, et plutôt rare à une époque où le tracteur a mis en fuite les derniers étalons et les derniers bœufs de nos campagnes enrubannées de brume. Mon vieux complice, le réalisateur Robert Maurice, ne perdit pas de temps : il ordonna au cadreur (puisque tel est le nom officiel et *français* que l'on donne maintenant au cameraman) de saisir l'occasion : saint Kornéli était là, devant nous, et il fallait ne pas l'oublier. La pellicule en porte la trace, comme elle porte la marque de Robert Maurice, ce vieux complice et ami sincère, disparu depuis vers des rivages d'Autre Monde, et que je n'évoque pas sans nostalgie. C'était dans le temps, voyez-vous, dans un temps où l'on croyait encore aux *merveilles*...

Mais en cet été 1948, comment aurais-je pu imaginer ce futur lointain. Je n'avais aucune idée de ce qu'étaient réellement les menhirs des alignements de Carnac. Je savais vaguement qu'ils étaient antérieurs aux Gaulois, c'est tout, et j'étais incapable de leur donner une date ou de les situer dans un environnement culturel. C'était d'abord le pays de mes ancêtres. Je m'y trouvais bien, mais complètement dépassé par les lourdeurs des pierres et les énigmes qu'elles posaient. En adolescent déjà parvenu à l'âge mûr, je m'efforçais surtout de me trouver moi-même. J'écrivais des poèmes et je les publiais dans une revue peu coûteuse que j'avais fondée et qui eut d'ailleurs plus de cinquante numéros, avec des noms aussi inconnus que prestigieux à cette époque, Charles Le Quintrec, Hervé Bazin, Robert Sabatier, et d'autres encore que la poussière de l'espace a dispersés aux quatre vents de l'horizon. J'aimais la Bretagne. Carnac faisait partie de la Bretagne.

Je n'en demandais pas plus, et je m'efforçais de la chanter dans un lyrisme qui était parfois aussi violent qu'une tempête au large de l'île de Sein. Années bénies où je sacrifiais quelque peu mes études — dites sérieuses — à mon enthousiasme pour la poésie et pour la Bretagne, haut lieu de l'esprit celtique qui commençait à me hanter, le jour dans les actes du quotidien, la nuit dans les rêves mordorés qui s'infiltraient entre mes paupières brisées de fatigue...

On peut comprendre que cette vision de Carnac, toute primaire qu'elle était, tout imbue de préjugés et de clichés, constitua pour moi un choc émotionnel dont je ne mesurais certes pas les conséquences sur la propre évolution de ma recherche. Il était alors insensé de me poser des questions sur l'origine des mégalithes, sur leur signification, sur leur composante religieuse ou métaphysique. Il n'était que de voir, d'accumuler des sensations, de les digérer, d'en faire mon profit dans une direction que je ne pouvais même pas encore tracer. Dans ces années folles, la Bretagne se présentait comme une grande péninsule, avec au centre une forêt que je connaissais bien, la Brocéliande de mon enfance, et tout autour, des côtes rocheuses en lutte perpétuelle contre un océan brumeux et dont la violence excitait mon imagination. Entre la forêt et les rivages martelés par le choc des vagues, il y avait du granit. Et ce granit se cristallisait par les menhirs et les dolmens, sur une lande battue par les vents, comme le témoignage de l'ancienneté du pays, de son insistance à interroger le ciel et à susciter les orages. Image presque caricaturale, avec un menhir et un homme revêtu du costume breton, un peu niais, désuet comme un fantôme recueilli par hasard sur une plaque photographique abandonnée par un opérateur négligent. Il y avait aussi les cartes postales, ces fameuses cartes d'autrefois, et que je collectionnais bien entendu, chargées de timbres, de tampons et d'annotations, véritables sanctuaires d'un pays qui était déjà mort mais que je refusais de croire disparu de la carte du monde. J'étais breton et fier de l'être : tant pis si les clichés imbéciles constituaient la charpente de mon pays. Il n'y en avait pas d'autres à ma disposition. Et je ne regrette rien, si cela me fait sourire maintenant. Depuis, je me suis forgé une Bretagne idéale, qui n'existe pas, mais qui est parfaitement réelle, empruntant ses éléments à tout ce que j'ai pu tirer de l'Irlande, du Pays de Galles, des Cornouailles d'outre-Manche, et de cette terre armoricaine que je reconnais toujours parce que sa terre colle à ma peau comme une ventouse qui m'épuiserait le sang à force de sucer dans mon être l'incroyable énergie qui me vient de mes ancêtres, ceux à tête de granit, qu'ils soient de ce côté-ci de la Manche, ou qu'ils soient de l'autre côté. Pour moi, c'est pareil, et la porte océane qui est en moi s'ouvre sur l'univers celtique où qu'il se trouve, pourvu que j'entende dans un buisson le râle rauque et violent des oiseaux de proie.

La tradition bretonne armoricaine décrit toujours un *ifern yên,* c'est-à-dire un « enfer froid », un monde de glace où il ne fait pas bon vivre, et où le Diable s'amuse en pensant que les sermonneurs ont trompé les fidèles en leur décrivant les séjours maudits comme des cavernes de soufre et de feu. Les damnés rôtis à la broche ou bouillis dans de bons chaudrons d'airain? Plaisanterie. Ultime plaisanterie du Diable qui cherche toujours à faire croire au contraire de ce qui est. A Plouhinec, non loin de Carnac, en un lieu où il y a aussi des alignements, on raconte qu'un trésor est gardé par le Diable, sous un menhir. Or, certaines nuits, les menhirs se déplacent et vont boire à la rivière : c'est le moment d'aller déterrer le trésor. Mais, attention, le Diable rôde. Malheur à celui qui n'est pas assez rapide : il sentira le froid de la pierre contre sa nuque, et ce sera l'écrasement, l'écrasement vers le froid absolu, là où les antinomies s'effacent parce que tout est figé dans la glace, dans un éternel immobile. L'enfer froid... Carnac et sa masse imposante d'alignements incompréhensibles, c'est aussi cet *ifern yên.* Et malédiction rouge à celui qui ne me croit pas...

Tout cela montre que ma première vision des alignements de Carnac ne fut guère déterminante au premier degré sur la recherche que je poursuivais alors de moi-même. Ce n'est que beaucoup plus tard que, s'inscrivant dans une méditation dépourvue de repères absolus, l'image mégalithique s'imposa comme un fer de lance nécessaire pour comprendre la civilisation celtique et toutes ses composantes. Ce fut d'abord la conjonction menhir, dolmen, cromlech et cérémonies druidiques. A l'époque, je ne pouvais m'imaginer autrement un druide que sous l'ombre d'un immense menhir, ou se haussant sur la table d'un dolmen pour y sacrifier une victime plus ou moins consentante. J'avais lu *Les Martyrs* de Chateaubriand, et l'épisode de Velléda, dans la brumeuse Armorique, m'avait marqué. Et bien que je sache que tout ce texte n'est que pur produit de l'imaginaire enfiévré du vicomte de Combourg, je ne peux m'empêcher d'être ému, et saisi — au sens magique du terme — par la lecture de ces pages *romantiques* en dehors du temps et de l'espace, qui nourrissent et abreuvent les quêteurs de vent. La connotation était évidente. Tout ce qui est préromain est celte. Je me mis donc passionnément à la recherche des *monuments druidiques.* M. le Vicomte de Chateaubriand était mon guide. Il a bien failli m'égarer dans des sentiers qui ne menaient nulle part, sinon dans l'univers fantomatique des Lucile, des Atala, des Velléda et autres Pauline de Beaumont, ce qui, après tout, n'eût point été désagréable, mais qui m'eût caché définitivement l'essence même de ce que j'avais vaguement entrevu sans l'exprimer le premier jour de mon contact avec les alignements de Carnac. Je parlais poésie en ce temps, et tout était poésie du moment. Je pouvais délirer sur une image.

Heureusement, j'eus bientôt un autre guide, un personnage que je n'ai jamais connu mais dont les travaux et les écrits ont eu d'incroyables répercussions sur ma propre démarche : Zacharie Le Rouzic, ce petit paysan de Carnac, qui commença par être le « boy » de l'archéologue écossais

Miln, égaré on ne sait trop comment, dans les champs de menhirs de Carnac. Le Rouzic s'était pris au jeu. Il avait continué plus avant les investigations de Miln. Il connaissait le pays, ce qu'on racontait parfois le soir, au cours des veillées, à propos des mégalithes. Il était allé très jeune sur le terrain. Il avait été formé par un homme remarquable qui, si les moyens scientifiques de l'époque n'étaient point encore satisfaisants, savait démêler le vrai du faux, l'imaginaire du réel. A ces lectures, Carnac devint un tout autre paysage.

Cela bouleversa singulièrement la vision de carte postale que j'avais eue de cet amas prodigieux de pierres faméliques dressées vers le ciel, dans l'attente d'une main de feu qui viendrait les couronner de vapeurs. En septembre 1951, j'eus ainsi une autre approche, peut-être tout aussi imaginaire, mais approfondie et marquée par les lents mouvements de l'univers.

C'était l'époque où je parcourais la Bretagne en tous sens, à pied, pour en connaître les chemins creux qui me semblaient receler encore quelque chose de l'ancien temps, celui des cartes postales de mon enfance. Certaines d'entre elles sont restées gravées dans ma mémoire : le géant d'Erdeven, énorme menhir photographié isolé de tous les autres, mais avec un personnage en costume breton pour donner l'échelle; la rebouteuse du Pouldu, où l'on voyait, au bord d'une fontaine assurément choisie pour son pittoresque, une vieille femme en coiffe masser le poignet d'un patient qui semblait se plaire à prendre la pose. Et surtout, merveille des merveilles, le « barde Sterden Breiz-Izel (Étoile de Basse-Bretagne) prenant ses inspirations au bord de la mer ». Cela représentait un homme dans la pleine force de l'âge, moustachu, coiffé d'un chapeau à guides, portant un gilet qui devait sentir la naphtaline, la jambe ployée, le pied reposant sur un rocher, avec, par derrière, les vagues de la mer déchaînée. Malheureusement, vers le bas de la photo, on discernait nettement la ligne qui démontrait qu'il s'agissait d'une toile servant de décor et que le « barde » était tout bonnement en train de prendre la pose — quelle fière allure avait-il... — dans l'atelier du photographe. Il y a là de quoi rire, et même de s'esclaffer. La Bretagne traditionnelle serait-elle surgie droit des ateliers de photographe et du délire des intellectuels du XIX^e siècle, du genre de Hersart de La Villemarqué ou d'Émile Souvestre? Le carton-pâte et la toile dessinée seraient-ils plus solides et plus efficaces que les rochers de granit sur lesquels tant de bateaux se sont brisés au cours des âges, provoquant du même coup une floraison de pilleurs d'épaves, notamment dans le Pays Pagan, c'est-à-dire sur les côtes du Nord-Finistère, là où le vent et la mer se liguent réellement pour arracher à la terre ses moindres promontoires? J'ai peur d'avoir parfois succombé à ces visions folkloriques de la Bretagne. Mais je sais maintenant que la Bretagne est autre, sans doute plus décevante pour l'amateur de pittoresque, mais bien plus belle pour celui qui la reçoit profondément, telle qu'elle est, dans son cœur.

Je parcourais donc la Bretagne des landes et des rivages, en ce temps-là, en compagnie de Claire qui, n'étant point bretonne, n'avait pas les mêmes raisons que moi d'en rechercher l'essence, mais qui ouvrait de grands yeux admiratifs sur tout ce que nous découvrions. Notre jeunesse nous servait de bâton de pèlerin. Notre enthousiasme se marquait par des marches folles où nous nous épuisions. Mais nous étions heureux. L'odeur du cidre, encore servi à la bolée, le goût du beurre salé sortant de la baratte des fermiers, la fumée âcre des souches d'ajoncs qui brûlaient dans l'âtre, les petits chemins de fer à voie étroite qui sillonnaient encore le pays, crachant leurs escarbilles sur les talus qui brûlaient, les autocars bringuebalant sur des routes criblées de nids de poules, l'odeur tenace du goémon séchant sur la grève, tout cela réveillait en nous le désir de plonger dans la nuit des mémoires oubliées. Et l'ombre de sainte Anne berçait nos songes.

Car sainte Anne était intensément présente dans nos

pérégrinations sur les routes de la Bretagne. Ma grand-mère m'avait tellement parlé de celle qui avait tenu la Vierge dans ses bras, elle m'avait tant décrit le sanctuaire de Keranna, c'est-à-dire de Sainte-Anne-d'Auray, que ce personnage mystérieux avait pris corps en moi, comme le double mystique de ma propre grand-mère. J'ai su depuis que sous le vocable de sainte Anne se dissimule l'image parfois redoutable de la Déesse des Commencements. J'ai su depuis que la tradition celtique insulaire fait venir les Bretons d'une mystérieuse Ana, nommée Dôn dans les textes gallois et Dana dans les récits irlandais, la mère des dieux de l'ancienne Celtie, la Vierge des Vierges, la *Virgo paritura* des antiques légendes récupérées par le christianisme. J'ai su aussi que la statue trouvée à Keranna par le pieux Nicolazic, au XVIIe siècle, et en qui il avait cru reconnaître sainte Anne, grand-mère de Jésus, n'était qu'une statue païenne de déesse-mère, et qu'elle avait été, pour la circonstance, retaillée soigneusement par les Capucins d'Auray, pour qu'elle fût présentable et digne de la piété des fidèles. J'ai su aussi, qu'à la même époque, sur les rives du Blavet, sur les pentes de Castennec, en Bieuzy-les-Eaux, oppidum celtique romanisé par la suite, mais qui échappa au christianisme, les gens du pays se livraient à de curieux rituels sexuels sous une statue représentant une « Vénus » ou une « Isis », en tout cas une divinité païenne héritière d'étranges liturgies de fécondité. Peu importe : sainte Anne, que l'hagiographie bretonne présente comme originaire de l'Armorique et mariée à un méchant seigneur de Palestine, faisait partie de mon univers familier, et le fait que ma grand-mère lui vouait un culte tout particulier ne faisait qu'accroître l'intérêt que j'éprouvais pour elle. J'avais l'impression de perpétuer une lignée sacerdotale, de prolonger un rituel qui remontait à la nuit des temps et qui faisait de moi le dernier dépositaire des secrets de l'antique christianisme celtique, une forme de christianisme qui n'a d'ailleurs absolument rien à voir avec l'Église romaine, apostolique et catholique. L'hérésie me tenaillait déjà en ces temps de recherche passionnée de mes racines, et je me sentais davantage le disciple de Pélage que celui de saint Augustin, sans pour autant déterminer quelles étaient les raisons qui m'inclinaient à ce choix.

C'est donc à partir de Sainte-Anne-d'Auray que nous aboutîmes aux champs de menhirs de Carnac, et encore une fois au Ménec. J'ignorais alors Kermario et Kerlescan, qui ne sont pas moins fantastiques, ni moins intéressants. Il faisait très chaud, très lourd. Le soleil, qui avait brillé au début de la journée, s'était estompé dans une brume dorée qui faisait flotter autour de nous les ombres des pins des landes voisines. Par-ci, par-là, des touffes d'ajoncs brillaient de toutes leurs couleurs d'or rouge. De la terre montaient des effluves, des traînées lourdes, comme si brusquement le sol allait s'entrouvrir pour faire jaillir des flammes. L'orage menaçait depuis longtemps. Il était venu du fond des âges, et il s'éveillait à notre approche, comme si ce vaste champ de menhirs, que je considérais déjà comme un sanctuaire, n'attendait que nous pour vibrer de nouveau, face au ciel, face à la terre, face à la mer qu'on sentait présente non loin de là derrière un écran d'arbres et de maisons.

Et le tonnerre roula longuement à travers les allées, répercutant son écho de pierre en pierre, s'insinuant à loisir entre les touffes d'ajoncs, rampant le long des sentiers, se brisant, se recréant, s'étourdissant, se diluant dans l'étreinte infinie des nuages. L'orage n'était pas sur nous. En fait, il devait être assez loin, vers le sud, à Quiberon vraisemblablement, mais il était cependant présent comme une bête qui se tapit en attendant le passage de sa proie. Étions-nous la proie qu'elle guettait? Les sourds grondements qui nous parvenaient augmentaient mon angoisse : je ne savais plus discerner, dans les sensations qui s'offraient à moi, quelles étaient les réalités d'un monde quotidien et celles d'un Autre Monde dont les portes s'ouvraient sous mes pieds.

Je n'ai pas eu souvent des impressions de ce genre. Elles furent rares, et brèves, dans ma vie, et toujours en compagnie d'une femme médiatrice entre les forces d'ici et les forces de là-bas. Je ne peux m'empêcher d'évoquer un autre territoire mégalithique, très peu vaste, celui-là, en forêt de Brocéliande, qu'on appelle le « Jardin des Moines », et qui se trouve près d'une grande lande désolée, au-dessus de Tréhorenteuc. Dans ces époques, déjà lointaines pour moi, je n'en connaissais que l'emplacement, et seuls quelques morceaux de pierres dépassaient d'un sol couvert de ronces, de genêts, de bruyères et d'ajoncs. Claire ne l'a jamais vu, découvert, gratté, creusé, *approfondi.* Ce n'est que trente-sept ans plus tard que je l'ai découvert dans sa nudité, et j'étais avec Môn. Les blocs de pierres, étrangement disposés en trois enceintes circulaires, nous proposaient des énigmes. La première fois que nous le vîmes, Môn et moi, nous entendîmes, dès notre arrivée, un bruit sourd qui semblait nous avertir de quelque chose. « Les esprits frappeurs, disait Môn, sont toujours porteurs d'un message. » Nous y revînmes le soir du 31 octobre, c'est-à-dire au moment de la grande nuit de l'an, de la grande fête celtique de *Samain,* à l'heure où les tertres qui abritent les Dieux et les Morts s'ouvrent à la pénétration des encore vivants. Nous y fûmes un long moment, prostrés comme pour l'éternité. Je me sentais dilué dans le monde des pierres et de la cendre, dilué, anéanti, vidé de toute ma substance, déjà *de l'autre côté.* Ce fut Môn qui me tira de mon engourdissement. Elle avait peur. Elle me dit que nous allions nous enfoncer dans la terre, et nous perdre à tout jamais dans un monde de violence et de terreur. « C'est l'Atlantide, me dit-elle, ce sont les vestiges de la civilisation des Atlantes : souviens-toi qu'ils se sont détruits par leur orgueil et leur violence. » Je pouvais à peine sortir de mon engourdissement. L'odeur humide des feuilles mortes m'avait paralysé. Et j'entendais, au fond de la nuit, les sourds grondements qui jaillissaient des cataclysmes d'autrefois.

Étrange soirée. L'idée de violence s'incrustait dans mon esprit. Ces pierres phalliques, agressives, qui trouaient le ciel nocturne, ces pierres vibraient comme d'horribles machines perforeuses. Dans quel gouffre allions-nous aboutir au terme d'une descente vertigineuse vers des « enfers » peuplés de monstres? Fallait-il donc voir dans ces rangées de menhirs l'exaltation de la force, de la violence? A moins que ce ne fussent simplement des gouttes d'énergie effleurant la surface du sol et mises à la disposition des humains pour leur permettre de franchir le domaine des étoiles?

C'était un peu cette impression que j'avais eue à Carnac, parmi les alignements du Ménec, en compagnie de Claire, quelque trente-sept ans plus tôt, dans une Bretagne qui émergeait encore à peine des brumes de la légende. Cet orage lointain mais présent, ces coups de tonnerre répétés à l'infini entre les grands blocs de pierre, tout cela contribuait assurément à intensifier l'aspect chaotique et primitif de l'endroit. D'où surgissaient donc ces vagues de pierre, et surtout quel message répercutaient-elles dans les grondements qui provenaient d'ailleurs? Je n'étais pas en mesure de décoder les bruits qui m'arrivaient, ni d'en mesurer l'intensité. Tout ce que je peux affirmer, c'est que, ce jour — en cette fin d'après-midi, sous le ciel gris alourdi par les vapeurs — je compris qu'une énigme était tapie sous les blocs qui me narguaient de leur violence rugueuse. Le Ménec tremblait, et avec lui, le monde, prêt à vaciller sur ses bases. L'axe terrestre allait-il dévier?

Le soir, nous aboutîmes à Quiberon. Nous rôdâmes longtemps sur les sentiers qui, à l'époque, étaient les seuls moyens d'accès à la Côte sauvage. Là encore, il y avait des menhirs, très peu par rapport à Carnac, bien sûr, mais enfin suffisamment importants pour qu'on les considère comme des repères sur le chemin menant vers le sanctuaire. Le tout était de savoir à quelles cérémonies servait ce sanctuaire. Et quels en étaient les officiants? Autant de questions qui demeuraient sans réponse. Seule s'imposait la constatation que, des millénaires auparavant, des hommes animés d'une foi en une divinité inconnue avaient concentré une invraisemblable énergie à bâtir ce gigantesque temple en plein air, et cela sur une terre *sacrée,* aux limites du monde habité, face à l'océan tumultueux qui ne pouvait être que la porte de l'Autre Monde.

Dès lors, je revins souvent à Carnac et dans toute la région, du côté de Plouharnel, d'Erdeven, de Locmariaquer, et puis aussi de l'autre côté de la rivière d'Auray et dans le golfe du Morbihan, dans cette zone étonnante qui contient certains des plus beaux monuments mégalithiques de cette Europe occidentale dont la tradition la plus lointaine me hantait. Parti de l'obsession de la Bretagne et des légendes arthuriennes, j'avais abouti aux anciens Celtes de la Gaule, de la Grande-Bretagne et de l'Irlande. Mais au-delà des Celtes, se profilaient les grandes ombres des mégalithes, et je sentais que je ne pouvais comprendre les Celtes qu'en explorant les vestiges des peuples qui les avaient précédés sur cette terre ingrate. J'avais pleinement conscience que les bâtisseurs de dolmens et de menhirs appartenaient à une tout autre civilisation, qu'ils avaient peuplé l'Armorique plus de deux mille ans avant l'arrivée des premiers Celtes. Mais je ne pouvais me résoudre à admettre des cassures entre les différentes couches culturelles qui s'étaient succédées. Il n'était plus question, pour moi, de pouvoir imaginer un druide, en grande robe blanche, sacrifiant une victime humaine sur la table d'un dolmen, entouré d'une horde de guerriers au regard farouche. Mais je pensais qu'il avait dû rester quelque chose des croyances des constructeurs de mégalithes dans la religion des druides.

C'est pourquoi je fus si enthousiasmé par les pétroglyphes, c'est-à-dire les gravures que l'on découvre parfois sur les supports de certains monuments mégalithiques, dolmens et allées couvertes, plus rarement sur les menhirs. Ce fut une véritable illumination : ces hommes de la Préhistoire, qui n'avaient laissé aucune trace écrite de leur pensée, avaient quand même gravé des signes dans la pierre, et même si ces signes risquaient de demeurer longtemps sans signification, je me croyais obligé de les repérer, de les observer attentivement et de les remettre dans un contexte philosophique ou métaphysique qui était celui de la Tradition occidentale. Je fus donc littéralement envoûté : ces hommes du passé le plus obscur m'avaient laissé un message, et même si je devais paraître — et être — prétentieux, il était de mon devoir d'essayer de le décrypter.

C'était l'époque où, fréquentant assidûment le groupe surréaliste, j'avais assez d'enthousiasme et d'arguments pour intéresser André Breton et ses amis à ma recherche des civilisations, et en particulier des arts, qui avaient précédé la « paix romaine ». Les domaines archaïques, méconnus ou suspects d'hérésie, avaient toujours passionné André Breton, ce grand poète qui n'en était pas moins un curieux et un chercheur infatigable de « l'Or du Temps ». Il s'était pris d'engouement pour mes premières transcriptions des anciens bardes gallois et avait préfacé la première édition que j'en avais donnée. Il hantait les antiquaires et les numismates à la recherche de la moindre monnaie gauloise, considérant que l'art des Celtes s'était cristallisé de manière très pure dans le monnayage des derniers temps de l'indépendance. Il avait organisé, avec Lancelot Lengyel, le re-découvreur de l'art gaulois dans les médailles, une mémorable exposition au Musée pédagogique de Paris sur l'Art gaulois et ses prolongements, y compris, bien entendu, dans la peinture surréaliste ou dite telle. Je n'évoque pas ici sans émotion mes rencontres avec celui qu'on nommait le « Pape du Surréalisme », dans les rues de Paris, devant la devanture d'un antiquaire, devant un musée ou à la Bibliothèque nationale, ni les longs moments de délire où, dans son atelier de la rue Blanche, mais qui donnait sur le boulevard, il me montrait avec un soin presque religieux ses dernières acquisitions en matière d'art gaulois. Les conversations avec André Breton, son contact si chaleureux, sa prodigieuse culture, son sens aigu de l'art, sa connaissance intuitive des êtres et des choses, tout cela fut essentiel pour moi dans ces années que je qualifie volontiers de *folles* et qui ont formé mon regard aussi bien qu'elles m'ont donné le goût de la recherche et le sens profond de l'authenticité.

Je passais mes journées à la Bibliothèque nationale à décrypter de vieux textes gallois que j'extirpais de revues dont les pages n'avaient même pas été découpées. Et j'entremêlais mes pénétrations de la poésie bardique d'ouvertures sur le monde infini que me révélait l'univers des tertres. Je savais déjà que, certains soirs de l'année, ces tertres s'ouvraient au regard de ceux qui savaient discerner la *lumière noire* prodigieuse et dorée qui permet aux audacieux de se guider à travers les couloirs et les dédales vers les plaines merveilleuses et magiques de l'éternel Été. Je dévorais des livres. Je rêvais sur les graphismes qui s'y trouvaient enfouis, aussi bien ceux qui provenaient d'Irlande et de Grande-Bretagne que ceux de mon Armorique ancestrale. A l'île de Gavrinis, dans le golfe du Morbihan, dont le tumulus, aujourd'hui restauré, contient les plus belles figurations dolméniques, correspondaient des monuments comme New-Grange, le Sidh-na-Brugh des légendes irlandaises, dont les spirales me hantaient, ou comme Bryn-Celli-Ddu, dans l'île de Môn, c'est-à-dire Anglesey, ce tertre initiatique qui renferme d'étranges chemins gravés dans la pierre. Je ne pouvais alors imaginer qu'un jour j'aurais une compagne du nom de Môn. Môn, *Ynys Môn*, l'île des druides, là-bas, très loin, en cette extrémité du Gwynedd (dont le nom est le même que celui du pays de Vannes, *Gwened* ), à peine au large du Pays de Galles d'où provenaient une partie de mes ancêtres. Décidément, même si les mégalithes n'ont pas été construits par les druides, ils ont alimenté de façon indéniable la croyance des Celtes et leurs étranges rituels le long des rivages de cette Bretagne indéfinissable dont le centre était partout et la circonférence nulle part.

Mais j'en étais encore à explorer le Morbihan profond, parfois même dans des endroits impossibles à découvrir. Je me souviens d'avoir demandé des dolmens qui n'existaient plus depuis au moins cent années, d'avoir pris des éboulis de rochers pour des mégalithes, de m'être extasié devant des cupules sur des rocs, et qui n'étaient en fait que des résultats de l'érosion. Une fois, une vieille femme, qui ne comprenait pas ce que pouvait être un domen, finit par s'exclamer : « Ah! vous voulez parler des pierres que la fée a apportées dans son giron! » Belle histoire en vérité, et qui témoigne de la permanence des mythes en milieu rural. Mais de ces explorations patientes surgissait une image, toujours la même : celle de la Déesse mégalithique, celle que les archéologues appellent l'*Idole en forme d'écusson,* qui trône dans les monuments de Locmariaquer, mais qu'on retrouve un peu partout, y compris dans la région parisienne, notamment à Changé-Saint-Piat, près de Chartres, dans une vallée de l'Eure où la civilisation mégalithique a nettement servi de support à un culte druidique attesté par des textes historiques. Cette image de la Déesse des Tertres me hantait. Mêlant à mes observations le légendaire celtique le plus archaïque, en puisant notamment dans les récits de l'Irlande païenne, j'établissais des équivalences, tout au moins des analogies. Je retrouvais la forme du Graal dans la chambre funéraire de Gavrinis. Je peuplais les allées couvertes de fantômes tout droit surgis de la *Bataille de Mag-Tured,* cette étrange épopée qui met en scène les péripéties de la lutte des dieux Tuatha Dé Danann (les gens de la déesse Dana, toujours sainte Anne...) contre les géants Fomoré, incarnation des forces inquiétantes d'un au-delà aux colorations sulfureuses. A vrai dire, j'espérais bien, un soir de *Samain,* c'est-à-dire pendant la nuit du 31 octobre au 1er novembre, parvenir à découvrir « l'entrée secrète au palais fermé du roi », qui me permettrait d'errer à loisir dans les plaines merveilleuses et les vergers odoriférants de Tir-na-nog, ce « Pays de la Promesse » qui est le monde d'*à-côté,* le monde parallèle au monde des apparences du quotidien, là où les fruits sont mûrs toute l'année, où il n'y a ni maladie, ni faiblesse, ni chagrin, ni mort, mais un éternel été parcouru par les danses de Morgane et de ses sœurs, dernières apparitions de la Déesse mégalithique.

J'écrivis sur tout cela un article, qui n'était point tellement mauvais, et qui fut publié dans *Le Surréalisme même,* la revue que dirigeait alors André Breton. Je l'avais intitulé « Soleil des Tertres », bien persuadé que la Lumière, la lumière réelle de l'esprit, était enfouie quelque part dans l'intérieur de ce que les Anglo-Irlandais appellent des *fairies-mounds,* et les puristes gaëls des *sidhs,* ce dernier mot signifiant la « paix ». Après tout, Prométhée, lors du second rapt du feu, celui qu'il a légué aux humains, est allé le chercher dans l'univers souterrain d'Héphaïstos, et non pas dans la brumeuse Olympe de son vieil ennemi Zeus. Et j'avais déjà le sentiment que la soi-disant « déesse funéraire des tertres », certes protectrice des défunts, était aussi et avant tout la Déesse de Lumière, la Femme-Soleil que, depuis lors, j'ai retrouvée sous les traits historicisés d'Yseult la Blonde et de son prototype irlandais Grainné, dont le nom provient de *grian,* terme signifiant simplement « soleil ». Oui, le soleil, le soleil réel brille au fond des tertres. Et c'est à la poursuite de ce soleil que je me lançais éperdument. Et, à Locmariaquer, dans l'allée couverte qu'on appelle Mané Lud (et qui signifie « Tertre de la Cendre »), dont les supports intérieurs sont constellés de barques stylisées, de vagues et de soleil, j'apercevais volontiers l'image du dieu Lug, celui qui porte une Longue Lance, le Multiple Artisan, et dont le visage rayonne de toutes les couleurs de l'arc-en-ciel. Il faut bien rêver : c'est le rêve qui conduit à la découverte des réalités profondes.

Et ce fut aussi la découverte de Gavrinis. Pour moi, les alignements de Carnac ne pouvaient constituer qu'une partie d'une totalité encore plus grandiose dont il me restait à déterminer les contours exacts. Je devais donc explorer les moindres tertres des alentours de Carnac, persuadé qu'ils formaient avec les alignements les éléments d'un immense sanctuaire répartis sur une terre consacrée de toute antiquité au culte de l'Autre Monde. Gavrinis, sur une petite île du golfe du Morbihan, et dont j'avais déjà vu les reproductions des magnifiques supports gravés, me paraissait un point essentiel, pour ne pas dire le pivot du système mis en place par les théologiens du troisième ou du quatrième millénaire avant notre ère, ces théologiens de génie, qui étaient aussi des astronomes astrologues et des architectes, et qui connaissaient exactement où se situaient les lignes de force qui inondent la terre, ainsi que les points névralgiques où la terre peut communiquer avec le ciel. Après tout, le *nemeton*, cette « clairière sacrée » au milieu des forêts, où officiaient les druides, et dont le nom provient du celtique *nem*, le « ciel », n'est pas une création gauloise : les druides n'ont fait que s'installer sur des sanctuaires plus anciens, et nombreuses sont les chapelles qui occupent l'emplacement d'un *nemeton*. Le Sacré est, sur notre terre transitoire, ce qui demeure le plus fidèlement voué à la mémoire.

C'est par un jour quelque peu pluvieux de septembre 1956 que nous abordâmes, Claire et moi, dans l'île de Gavrinis, venant de Larmor-Baden à bord d'une simple barque de pêcheur qui servait occasionnellement à faire le tour du golfe pour d'audacieux touristes férus de beaux paysages, mais non encore habitués aux vedettes confortables qui dénaturent actuellement la sérénité du Morbihan, cette « Petite Mer » épargnée par les grands vents du large, et souvent baignée par les rayons d'un soleil que les Méditerranéens ne renieraient point. On nous débarqua à Gavrinis, mais tout à fait de l'autre côté du tumulus. Il nous fallait alors traverser l'île pour gagner le monument.

Étrange randonnée. Nous suivions un sentier entre deux haies. A gauche, dans un pré, il y avait des moutons blancs. A droite, dans un autre pré, c'étaient des moutons noirs. Le mythe celtique affluait avec violence, et je ne pus m'empêcher d'évoquer deux épisodes majeurs de la tradition, l'un issu du texte irlandais de la *Navigation de Maelduin*, l'autre du récit gallois de *Peredur*, quête du Graal archaïque dont le héros, équivalent de Perceval, passe son temps à rechercher le « Château des Merveilles ». Dans l'un et l'autre épisode, le thème est le même : quand un mouton blanc passe dans le domaine des moutons noirs, il devient noir, et quand un mouton noir passe dans le domaine des moutons blancs, il devient blanc. On a beaucoup commenté ce thème et on en a conclu qu'il s'agissait du fameux « Gué des Ames » de la croyance druidique : c'est le symbole de l'interpénétration entre les deux mondes, du passage de l'un à l'autre, *mais dans n'importe quel sens.* Pour les Celtes, comme le dit le poète latin Lucain, répétant les paroles d'un druide, « la mort n'est que le milieu d'une longue vie ».

Je ne peux affirmer qu'en ce jour de septembre 1956, des moutons noirs devinrent blancs ni que des moutons blancs devinrent noirs. Mais les éléments du mythe se trouvaient en place. Assurément, pour nous, Gavrinis ne pouvait être qu'une de ces étranges frontières, une sorte de zone intermédiaire où les deux mondes s'affrontaient paisiblement, se côtoyaient et s'interpénétraient parfois. Cela donnait d'autant plus de prix à notre errance à travers l'île, sur ce sentier, sur deux allées recouvertes de hêtres, puis de chênes, le long du tertre. Et le tertre apparut enfin, face au couchant, face au grand large aussi, car on distinguait nettement le goulet qui sépare la pointe de Kerpenhir en Locmariaquer de l'extrémité de Port-Navalo, au bout de la presqu'île de Rhuys.

Nous y pénétrâmes comme on entre dans un sanctuaire, avec un respect digne des plus grandes célébrations. L'humidité nous saisit, mais, à la lueur des bougies, seules capables de rendre compte de la magnificence du lieu, nous fûmes saisis par la *transe,* par cette espèce de joie intérieure qui illumine les plus obscurs corridors de la terre. Oui, c'était bien là l'univers du *sidh :* des plaines s'ouvraient devant nous, des vagues déferlaient dans l'océan, des vergers proposaient des fruits mûrs, des roseraies nous offraient des calices mordorés et, dans le fond, somptueuses et simples, peut-être bâties de cristal limpide, il y avait des demeures où nous attendait la reine de la nuit, entourée de ses servantes, de ses suivantes, de ses complices, pour nous faire entrevoir le feu secret qui gisait dans un vase, quelque part dans une chambre inconnue de la Forteresse des Ombres. C'était la Merveille. Et c'était l'émerveillement. C'était la récompense après l'errance, après la pluie, après l'orage, après la marche le long des sentiers. Là, tout n'était que luxe, calme et volupté. Mais c'était quand même une âpre volupté. Après tout, l'allée couverte de Gavrinis, avec, au fond, sa chambre sépulcrale, ce n'est qu'un tombeau. On y sentait l'humidité de la mort. On y sentait la pourriture, et le lent dégradement de la pierre. L'eau suintait de partout. Un pourrissoir.

Mais quel pourrissoir! J'ai toujours été obsédé par les marais qui sont les lieux où la mort suscite le mieux la vie. De la décomposition naît la victoire des forces agissantes : une fabuleuse énergie se dégage du trouble et de l'humide. Il y a de cela à Gavrinis. Ces gravures représentant des vagues, des blés, que sais-je encore? et puis des haches, des serpents, des chevelures, des contours de visages enfouis dans la nuit... Sépulcre? Pourquoi pas également un sanctuaire dans lequel ou sur lequel des générations de prêtres, druides ou autres, seraient venues officier en quelque nuit de lune noire? Peu m'importait alors de savoir à quel moment précis de la Préhistoire ce monument avait été élevé. Je pressentais seulement l'importance du lieu dans un système religieux que des hommes avaient étalé sur le sol de ce pays. J'imaginais des rites, des processions. J'imaginais des voix surgies des nuages et qui, s'adressant à la foule, prononçaient des paroles de consécration et des lambeaux de prophéties. Ce fut un moment rare que cette pénétration dans le tertre de Gavrinis, et je crois que j'en suis resté marqué pour la vie.

Dès lors, nous n'eûmes de cesse de parcourir les tertres et d'y traquer la lumière noire que je sentais présente, prête à se réveiller sous nos mains. Tous les dolmens et allées couvertes de Locmariaquer, des bords de la rivière d'Auray, de la presqu'île de Rhuys, de la Trinité-sur-Mer, de Carnac, de Plouharnel et d'Erdeven furent l'objet de nos soins attentifs. Et nous ne nous bornions pas à cette aire particulièrement riche en monuments gravés : nous parcourions les landes de Lanvaux, les Monts d'Arrée, les rivages déchiquetés du nord de la péninsule. Nous eûmes ainsi l'occasion de découvrir l'admirable ensemble de Barnenez, en Plouezoc'h, à l'embouchure de la rivière de Morlaix, étrange tertre qui contient plusieurs allées couvertes dont certaines recèlent des supports gravés pouvant être comparés à ceux de Gavrinis ou de New-Grange. Et comme la Bretagne ne suffisait pas à notre demande, nous étendîmes notre champ d'action à bien d'autres pays. Les dolmens de la région parisienne n'eurent plus de secret pour nous. L'allée couverte de Trie-Château, dans l'Oise, nous intrigua avec sa pierre d'entrée trouée, ce que certains appellent le « trou de l'âme ». Le collier et les seins en relief de la Déesse des Tertres, nous les reconnûmes aisément sur l'allée couverte de Dampmesnil, dans l'Eure, au-dessus de cette vallée de l'Epte que je sentais être une frontière entre deux mondes, et qui m'avait toujours attiré par son aspect tranquille et désuet. Nous cherchâmes aussi des dolmens dans les ravins de l'Ardèche, sur les plateaux désolés de l'Aveyron et du Tarn, les deux départements français qui contiennent le plus de monuments de ce genre. Nous aboutîmes, un matin brumeux et frais, dans le vaste périmètre de Bougon et de Pamproux, dans les Deux-Sèvres, en un Poitou qui ne livre pas facilement ses mystères, mais dont les tertres, parfois gigantesques, sont les témoignages vivants de cette lumière noire qui inonde l'esprit. L'idée du mégalithisme, l'art pariétal des mégalithes, la force brutale et invincible des dolmens, tout cela constitua pour moi un admirable ferment et me permit, pendant ces années folles, de fixer mon regard sur ces racines ignorées ou mal connues de notre civilisation. Je rêvais d'organiser des expositions où les gravures mégalithiques le disputeraient aux plus audacieuses tentatives de la peinture et de la sculpture contemporaines. Je rêvais d'écrire des livres sur le message des hommes du Mégalithisme.

Mais si l'art des gravures exerçait sur moi un tel envoûtement, je n'en oubliais pas pour autant les grands ensembles architecturaux que cette mystérieuse tradition a pu susciter. Nous explorions régulièrement tous les alignements de Carnac, et non plus seulement le Ménec : j'avais une prédilection pour ceux qui se trouvent tout à l'est, ceux de Kerlescan, perdus dans la verdure, plus profonds peut-être, et en tout cas moins visités. Mais nous n'oubliions pas ceux de Kerzhero, à Erdeven, coupés en partie par la route, et qui offrent quelques beaux spécimens de gigantisme. Et près de là, ce qu'on appelle très stupidement la Pierre du Sacrifice n'est qu'en fait un grand menhir tombé, au milieu d'une débâcle de pierres victimes du temps et des intempéries, mais entouré de chênes, ce qui ajoute à l'aspect faussement druidique de l'enceinte sacrée.

Mais si c'est dans le Morbihan que se trouve la plus forte concentration d'alignements de menhirs, il ne faut pas croire qu'il n'y en a pas ailleurs. Carnac n'est que le modèle le plus représentatif et aussi certainement le mieux conservé de ce genre de temple en plein air. Nous allâmes donc rôder dans les alignements de Lagatjar, au-dessus de Camaret, dans le Finistère, non loin du tragique manoir du poète Saint-Pol Roux. Nous allâmes serpenter le long des sinuosités de Médréac, à la limite de l'Ille-et-Vilaine et des Côtes-du-Nord, dans un pays de bocages et de landes. Nous nous égarâmes sur la lande de Cojoux, parsemée de mégalithes, près de Saint-Just, en Ille-et-Vilaine, sur la vallée de la Vilaine. Non loin de là, il y a aussi un petit alignement qu'on nomme « les Demoiselles de Langon ».

Et à Langon, dans une petite chapelle dédiée à sainte Agathe, patronne des nourrices, et qui est un ancien temple gallo-romain récupéré par les premiers chrétiens, on peut voir une remarquable fresque représentant Vénus nue sortant des flots. Synthèse des religions? Permanence des cultes? Sûrement. Mais l'image obsédante de la Déesse des Commencements est toujours présente auprès des monuments mégalithiques. Locmariaquer, la paroisse sur le territoire de laquelle se trouvent le plus de représentations de la déesse mégalithique, ne porte-t-elle pas un nom significatif? *Lok,* le « lieu des moines », le « monastère », *Maria,* « Marie », *ker,* ville : n'est-ce pas là la ville du monastère de Marie? N'est-ce pas un sanctuaire, consacré depuis des temps immémoriaux, au culte de la Vierge Mère, qu'elle se nomme Anna, Dana, Dôn ou Marie? D'ailleurs, non loin du bourg, toujours à Locmariaquer, on peut voir une butte artificielle — qui n'est pas une allée couverte, mais une chambre funéraire souterraine — portant l'appellation de *Mané-er-Hroëck,* ce qui, dans le dialecte local, signifie « Tertre de la Sorcière ». La sorcière, ou la fée, est bien souvent la dernière figuration de la Déesse des Commencements. Et dans cette chambre funéraire du Mané-er-Hroëck, on peut remarquer un pilier — en réemploi, car il est plus ancien que le monument lui-même — qui comporte une étrange gravure représentant la fameuse idole néolithique en forme d'écusson. Vraiment, tout se tient, à l'ombre de sainte Anne, grand-mère de Jésus, un peu plus loin dans les terres, mais qui surveille, de sa haute statue, les chemins qui mènent à Carnac.

Il y eut ensuite des années où les mégalithes ne m'inspirèrent plus qu'une simple curiosité. J'estimais que, ne pouvant aucunement prétendre en connaître la signification et la portée exactes, je devais les laisser où ils étaient, c'est-à-dire sur leurs lieux d'origine. En fait, j'avais l'impression que c'était seulement un but de promenade. Je ne manquais d'ailleurs pas d'amener mes amis visiter les alignements de Carnac. J'avais établi mon circuit, surtout pour ceux qui ne les avaient jamais vus ou qui n'en avaient qu'une connaissance imprécise. Je faisais débuter la visite par Kerlescan : les menhirs y sont assez volumineux, et on y distingue un mystérieux quadrilatère, probablement un temple. A chaque fois, c'étaient des exclamations à n'en plus finir : c'était colossal, inimaginable, remarquable, du jamais vu, quoi. Et nous repartions dans le sens est-ouest, passant à travers des landes plantées de résineux qui masquaient le reste. Car il y avait le reste : et, à chaque fois, les exclamations redoublaient : « Il y en a encore! » Nous parvenions ainsi au Manio, où un étrange menhir, plus vieux de deux mille ans que l'ensemble des alignements, surmonte un tertre que traversent sans vergogne les lignes de pierres dressées. Et nous poursuivions vers l'ouest. Après un moulin à vent en ruine qui, manifestement, avait été construit avec les pierres des alignements, tout recommençait : « Mais ce n'est pas fini! ». Et Kermario se présentait aux yeux ébahis des visiteurs, avec ses énormes blocs et son dolmen, à peine échappé à la construction de la route. « C'est incroyable! c'est prodigieux! » Et moi, de rire. Car, après une halte obligatoire parmi les allées de Kermario (dont je me plaisais à dire que le nom signifiait « la Ville des Morts »), j'obligeais mes touristes à aller plus loin. Et c'était finalement l'ensemble du Ménec. Alors, là, il n'y avait plus de réaction, plus d'exclamation : le silence s'imposait, et aussi la méditation devant tant de pierres incontestablement dressées par la main des hommes. Cela inclinait au respect. J'avais réussi mon tour de magie : je savais maintenant que ceux que j'avais amenés ici ne s'en retourneraient pas innocents, et qu'ils seraient obligés de réfléchir sur quelque chose, d'autant plus que je leur signalais que les alignements se poursuivaient sporadiquement, sur plus d'une dizaine de kilomètres, mais qu'une bonne partie des pierres avait été réutilisée par les bâtisseurs des villages de Carnac, de Plouharnel et d'Erdeven.

En visitant les églises, les cathédrales et les musées, j'ai entendu d'innombrables stupidités, des contre-vérités, des absurdités. Mais je crois que je n'en ai jamais autant entendu que certains jours d'été, en accompagnant des amis, à travers les alignements de Carnac et dans les allées couvertes de la région. C'est le record absolu. Je sais bien que mon attitude peut facilement être considérée comme de l'orgueil. Mais qu'on se rassure : je ne sais rien de plus que ceux qui racontent n'importe quoi sur les géants, sur des techniques fantastiques, sur des sculptures inexistantes visibles à certaines heures du jour, et surtout de la soirée, sur l'authentique signification de ces blocs de pierre. Le plus fort, c'est que la plupart de ces péroreurs ont des guides imprimés et des fascicules à la main quand ils se permettent de donner une explication définitive sur Carnac. Sur ce sujet, la littérature est abondante. Et l'imaginaire se déploie complaisamment. La légende de saint Kornéli changeant en blocs de pierre ses poursuivants n'est qu'une simple constatation faite par les gens du pays en fonction de leur culte réel et sincère envers saint Kornéli protecteur des bêtes à cornes, toujours représenté en pape (car il a été plus ou moins confondu avec un mystérieux pape Corneille), et accompagné d'un taureau arborant une superbe paire de cornes. Au fait, sait-on qu'autrefois, dans le pays de Carnac, au temps des Celtes, on honorait une divinité indo-européenne de la troisième fonction du nom de Kernunnos, personnage cornu qui est vraisemblablement l'image récupérée par les Celtes d'une ancienne divinité autochtone de l'époque des grands chasseurs de cervidés? Là aussi, il y a permanence des cultes, permanence des croyances, et surtout permanence d'une même idée spirituelle consistant à représenter les dieux — ou plutôt le Dieu — sous des formes fonctionnelles socialisées.

Mais cela ne m'empêchait aucunement de rôder dans les alignements de Carnac lorsqu'il n'y avait personne, généralement en automne ou en hiver. Alors, je retrouvais les impressions que j'avais éprouvées auparavant, en cet après-midi de septembre où, avec Claire, nous avions senti l'orage résonner à travers les pierres. Le magnétisme du lieu, j'y croyais sincèrement. La force tellurique qui affleurait du sol, je la recevais pleinement dans mes paumes ouvertes. Et il m'arrivait de me blottir contre un tronc de granit pour essayer de m'imprégner de l'incroyable énergie que je savais bouillonner sous la surface de la terre et prête à surgir vers le ciel comme un appel sans fin vers l'éternité. J'ai eu de belles heures dans ces alignements, des heures de silence. Car au lieu d'échafauder des théories, fussent-elles les plus brillantes et les plus convaincantes, je me contentais de *sentir.* Alors, je n'était pas déçu et je n'avais pas l'impression de *profaner* un site que j'aimais et qui me semblait parfaitement respectable. Le soleil rouge qui mourait en se diluant dans les brumes du soir m'apportait la joie de connaître une mort qui n'en était pas une, mais au contraire une métamorphose au bout de laquelle je devais aborder d'autres rivages. Toujours Chateaubriand : « Levez-vous, orages désirés qui devez emporter René vers les espaces d'une autre vie! » Les orages m'étaient familiers. Le vent du large aussi : il m'apportait le cri des mouettes, perclus de lumière. Seul sur les landes de Kerlescan, de Kermario ou du Ménec, je n'ai jamais été déçu : j'ai toujours remporté avec moi les grands souffles d'une vie qui, certes, me torturait, mais qui m'entraînait impunément sur les ailes des oiseaux migrateurs. Qui a donc prétendu que l'aquilon était un vent glacial venu d'une lointaine Hyperborée? L'aquilon n'a rien d'agressif pour moi : il est mon ami et m'apporte le feu profond et secret qui réveille les morts et fait éclater le soleil en mille et mille parcelles d'or, et cela pour la joie intense des êtres et des choses.

C'est ainsi que, peu à peu, au cours de mon existence, Carnac et tous les monuments mégalithiques qui l'entourent, ont lentement transformé mon regard : de l'enfant éberlué que j'étais, la première fois que j'en avais eu la vision, je suis devenu en quelque sorte le desservant d'un temple dont je ne connaissais pas les limites et dont j'ignorais absolument le fonctionnement rituel. Redoutable fonction qui n'arrange pas forcément la compréhension d'une manière d'être qu'on peut supposer avoir été celle des constructeurs de mégalithes. Je n'ai jamais prétendu être druide, sachant fort bien que dans notre société actuelle, la fonction même du druide est sans objet. Je n'ai jamais prétendu être prêtre de cette religion mégalithique que je soupçonne seulement d'avoir été une grande tentative de l'esprit humain vers l'appréhension du divin. J'errais donc à travers les alignements de Carnac comme un pèlerin qui cherchait des chemins de lumière.

Je me pris à penser que la civilisation mégalithique n'existait pas, et qu'elle n'avait jamais existé, pas plus que la civilisation celtique d'ailleurs. Trop de distances, dans le temps comme dans l'espace, séparent les monuments entre eux. Le menhir du Manio, avec ses serpents gravés à la base, est plus vieux de deux mille ans que les alignements qui lui passent sur les flancs. Il s'en passe des choses en deux mille ans! Qui pourrait affirmer que la civilisation de la Gaule, à l'époque de César et de Vercingétorix, était la même que cinq siècles plus tôt, ou encore qu'elle était identique à celle de l'Irlande préchrétienne : alors que la Gaule avait déjà subi une lente maturation conduisant vers un système social à la romaine (ce qui explique la facilité de sa romanisation), l'Irlande — qui n'a jamais vu sur son sol un seul légionnaire romain — était restée à un système pastoral archaïque — ce qui ne veut pas dire « primitif » au sens péjoratif du terme — qui s'est d'ailleurs maintenu pendant les premiers siècles de la christianisation, et qui explique clairement le caractère spécifique du christianisme dit celtique. On est donc forcé d'admettre une succession, à la fois dans le temps et dans l'espace, de types de cultures mégalithiques définissables par la construction de ces fameux monuments, mais probablement différents selon les lieux et les époques, entre le quatrième millénaire et le début de l'Age du Bronze, c'est-à-dire vers 1600 avant notre ère, pour ce qui concerne l'extrême Occident. Ce n'est pas une évidence, c'est une certitude appuyée non pas sur les documents historiques qui sont parfaitement inexistants, mais sur les moyens d'investigations que l'archéologie moderne a suscités et mis au point. Et encore faudrait-il ne pas oublier la *réutilisation* de ces monuments mégalithiques par les envahisseurs successifs de l'extrême Occident, les Celtes en particulier : on s'aperçoit alors que le problème de la « civilisation » des constructeurs de mégalithes est loin d'être simple, et qu'on n'en peut donner des explications qu'après avoir sûrement considéré les tenants et les aboutissants, les temps et les lieux, les variantes des monuments, leurs emplacements, les influences diverses qui peuvent s'y manifester, les *modes* et les techniques qui ont présidé à leur élaboration.

C'est dans cet état d'esprit que je poursuivis mes investigations sur le monde mégalithique. En Irlande, j'allai me perdre sous le tertre de New-Grange, si célèbre par les nombreuses légendes mythologiques qui s'y trouvent localisées : c'est le palais des Dieux et des Héros, c'est l'Autre Monde dans ce qu'il a de plus secret et de plus exaltant. Je constatai alors que dans la chambre centrale de New-Grange, si étrangement décorée de piliers où brillent d'étonnantes spirales, la construction est agencée de telle sorte qu'aucune goutte d'eau, aucune trace d'humidité ne peuvent filtrer de la voûte en encorbellement, tellement l'assemblage des pierres est parfait. Par contre, j'ai pu constater que le jour du solstice d'hiver, le premier rayon du soleil levant réussit à franchir un couloir tortueux et encombré pour frapper une pierre qui se trouve au centre même du sanctuaire, au milieu de la chambre dite funéraire. Ce ne peut être une coïncidence. Et les spirales de New-Grange, que je persiste à nommer *sidh* de *Brugh-na-Boyne,* demeure du dieu Oengus, et où se déroulent tant d'étranges aventures mythologiques, me hantèrent longtemps, à l'égal des chevelures que je voyais sur les supports de Gavrinis.

L'Irlande était particulièrement propice à l'élargissement de mon regard sur la « civilisation mégalithique ». Jamais, en nul autre pays, les allées couvertes et les dolmens n'ont été *réutilisés* avec autant de fidélité par les envahisseurs successifs. Les Celtes y ont placé la demeure de leurs divinités, et les premiers Chrétiens se sont bien gardés de les détruire : lorsqu'ils ne pouvaient les extirper de la mémoire du peuple, ils ont dû se résoudre à les christianiser, en édifiant des ermitages sur leur emplacement, ou bien en en faisant le domaine infernal, purgatoire ou enfer proprement dit. Il est vrai que très souvent, les antiques divinités du paganisme se retrouvent soit des « saints » dans l'hagiographie celtique, insulaire ou continentale, soit des diables, ou simplement des gardiens de l'Autre Monde chrétien, veillant jalousement sur le Gué des Ames, mais ne permettant plus aux gens qui sont *de l'autre côté* de revenir sur la terre des humains. Il faudra attendre la Quête du Graal pour que la communication se rétablisse : les héros pourront alors franchir impunément les portes de l'Enfer, et en revenir, porteurs d'un peu de la lumière qui y brille toujours avec autant d'intensité.

Je vis également les gravures tourmentées de Knowth, de Dowth et de Lough-Crew, ces autres tertres qui n'ont pas fini de livrer leurs mystères. Je vis les dolmens à peine distincts du sol qui les a vus naître, en ce *Burren* étonnant, vaste désert de calcaire aux anfractuosités riches de végétations exotiques, près du port de Galway, où se rassemblent des centaines de cygnes qui sont, chacun le sait en Irlande, les messagers de l'Autre Monde, tout au moins des femmes-fées qui vont de tertre en tertre, entraînant avec elles, au passage, les téméraires qui sont tombés amoureux de leur plumage immaculé. J'ai vu des menhirs isolés dans les monts du Kerry, près des étranges croix celtiques — qui sont évidemment des formes plus récentes de pierres levées — de la presqu'île de Dingle, non loin des ermitages en pierre sèche que la tradition attribue aux premiers saints, dont « saint » Brendan, le Bran mac Fébal de la tradition païenne, qui s'en alla sur la mer à la recherche de la Terre des Femmes, l'*Emain Ablach* des légendes, autrement dit Avalon, l'île des Pommiers, ou encore dans ce Connemara de rêve, quand la brume s'accroche aux murs de pierre sèche, ou encore dans les tourbières du centre, quand le Shannon lèche les murailles qui entourent le monastère de Clonmacnoise, dont les tours évoquent le Grand Menhir de Locmariaquer. Je me sentais alors dans mon pays d'origine, là où peut-être un lointain ancêtre avait érigé un pilier en mémoire d'un événement dont il ne reste plus que le témoignage de pierre, défiant le vent et l'orage, comme l'œil de Dieu devant les tumultes du monde.

J'ai aussi erré parmi les mégalithes de Grande-Bretagne, de cette Ile de Bretagne d'où mes aïeux furent chassés par les *Saozhon Ruzh*, les « Saxons Rouges », ces maudits envahisseurs qu'avait appelés le roi félon Vortigern et que contribua à contenir pour un temps le fabuleux Arthur. J'ai vu le pilier funéraire de Tristan, « fils de Cunomorus », c'est-à-dire de Mark-Konomor, quelque part du côté de Tintagel dont la silhouette famélique hantait depuis toujours mes rêves d'adolescent. J'ai pénétré dans les tertres de l'île de Môn, cette *Insula Mona* que les Anglais persistent à appeler Anglesey alors qu'il s'agit d'une terre éminemment celtique. J'ai médité dans la chambre sépulcrale de Bryn-Celli-Ddu, dont le nom signifie « Colline du Bois Noir », et j'y ai cherché des signes qui me permettraient de comprendre quel était le grand rêve de ces *missionnaires* mégalithiques qui s'éparpillèrent dans tout l'extrême Occident pour y répandre leur message d'espoir, laissant à chaque étape un monument pour rappeler l'existence de la Déesse des Commencements. Et cette Déesse des Commencements, la Macha irlandaise, la Morgane armoricaine, elle se nomme Keridwen au Pays de Galles, près du Bala Lake, autrement dit du Llyn Tegid, là où elle avait son palais féérique, et où le barde Taliesin a acquis son initiation. Précisément, non loin de là, un dolmen passe pour être le « Tombeau de Taliesin », et l'audacieux qui accepte d'y passer la nuit risque de se réveiller ou bien fou, ou bien poète. Et je savais que dans la forêt de Brocéliande, dans mon Armorique, un dolmen en ruine est dit « Tombeau de Merlin », Merlin, Taliesin... Ce sont toujours mes compagnons sur la route qui traverse les nuits bleutées de l'Autre Monde... Et quelques bribes d'un poème attribué à Taliesin me revenaient à l'esprit : « J'ai été eau, j'ai été écume, j'ai été arbre au bois mystérieux... » Quand on plonge dans l'univers des tertres mégalithiques, le temps n'existe plus.

C'est dans cet état d'esprit qu'en janvier 1981, j'entrepris un film documentaire sur Carnac et destiné à la Télévision, cela en compagnie de mon fidèle réalisateur Robert Maurice. Combien d'heures avons-nous passées dans les allées de Carnac, dans combien de tertres avons-nous pénétré pour repérer les lieux, pour décider de ce que nous pourrions filmer. Pendant une semaine, ensuite, avec notre équipe de techniciens, et avec ce petit gamin de Carnac que l'administration et le ministère de l'Éducation nationale nous avaient prêté, nous eûmes de grandes joies, et aussi des sensations ineffables. Le film vaut ce qu'il vaut. Il a souvent été projeté. Mais je ne peux m'empêcher de le considérer comme un peu de mon âme et un peu de l'âme de Robert Maurice. C'est le dernier film que j'ai tourné avec lui. Et sur un des grands menhirs de Kermario, la « Ville des Morts », le soleil rouge foudroie la pierre avant de disparaître dans un océan de brume que les aiguilles des pins harcèlent sans pouvoir jamais l'éparpiller aux quatre coins du monde. Carnac... le nom sonne dans le vent comme un coup de tonnerre surgi d'un autre univers...

Je rôde souvent dans les grands champs de Carnac. Certains soirs, lorsque le vent m'apporte un signal que je suis seul à pouvoir entendre, je prends ma voiture et je m'en vais vers le sud-ouest. Carnac n'est pas loin de ma demeure. Je me dois d'y rôder pour y tenter de découvrir les pistes qui mènent à la lumière. Môn qui, elle aussi, cherche la lumière et peint des quêtes du Graal qui n'ont jamais de fin, sait très bien que quelque chose se cache dans les alignements. Parfois, elle en est effrayée et me laisse aller seul dans mon errance. Parfois, elle se fait complice : et de sourds grondements montent de la terre quand s'accomplissent les mystérieuses fusions des nuages et des roches.

Carnac, c'est le domaine des pierres. Mais les pierres parlent. Elles ont conservé la mémoire d'un autrefois qu'on ne peut même plus imaginer.

## II

## DES PIERRES SURGIES DU PASSÉ

Il y a deux Carnac. L'un s'étale le long de la grève, au fond de la baie de Quiberon, protégée des vents du large et de toutes les vagues qui viennent d'ailleurs. La plage de sable est immense, douce, accueillante sous le soleil qui brille plus souvent que dans n'importe quelle région du Morbihan. C'est ce qu'on appelle un microclimat. Du mois de mai au mois de septembre, la température est égale, et vers l'heure de midi, on peut être assuré que l'air est au moins à 18 degrés. Derrière les dunes qui ont été aménagées et fixées, des maisons calmes aux revêtements blancs et aux toitures d'ardoises gris-bleu s'éparpillent à travers les pins. Les arbres sont hauts, fournis, et l'ensemble offre l'aspect d'un paysage méditerranéen auquel il manquerait le violet d'un ciel immuable. Car ici, la brume envahit parfois l'espace, comme si le souvenir des temps passés pesait sur un littoral que rien ne peut garantir des atteintes de la mémoire. Les rues portent des noms évocateurs. Ici, tout est « avenue des Druides », « supermarché des Druides », « Agence des Druides ». Mais le béton se fait discret derrière les façades de granit. Curieux endroit. Tout est artificiel. Tout est récent, avec quelques épaves de l'avant-guerre. C'est Carnac-Plage, lieu de villégiature, un peu snob, un peu guindé, mais revêtu du charme discret de la bourgeoisie. Après tout, pourquoi ne pas profiter de la douceur du climat et de la clémence d'un océan qui oublie d'être violent? Pourquoi ne pas profiter d'une nature qui sait se montrer généreuse et recueillir dans son sein les respirations lentes des temps de détente et de plaisir? L'ensemble est harmonieux, calme : on oublie que partout ailleurs, la mer poursuit son travail de sape contre le continent européen.

Mais Carnac-Plage n'est pas Carnac-Ville. Des zones en friche, peu à peu envahies par des résidences secondaires, séparent les deux lieux. Les anciens marais salants sont maintenant asséchés, soit pour permettre la construction d'immeubles, soit pour constituer d'utiles *no man's lands.* Certains d'entre eux sont même devenus des étangs d'eau douce. Et au-delà, c'est le vieux bourg de Carnac, avec son église paroissiale dédiée à saint Kornéli, et son vieux musée préhistorique Miln-Le Rouzic maintenant transplanté dans les bâtiments de l'ancien presbytère. Au-dessus du porche de l'église, saint Kornéli veille, accompagné de son taureau aux cornes magnifiques, et le porche nord est un curieux assemblage baroque surmonté d'un imposant baldaquin. Cela donne une atmosphère très particulière aux alentours du sanctuaire. Quand on pense que ce porche date de 1792, on peut se demander si la Révolution française a laissé des traces dans le pays. En tout cas, c'est le triomphe de ce qu'on appelle parfois le style *rococo.* Et pourtant, le culte de saint Kornéli semble remonter très loin dans le temps, à une époque où seul l'essentiel était représenté dans les sanctuaires, à l'exclusion de toutes les fioritures qui viennent encombrer certains des plus beaux monuments de la Bretagne. Est-ce l'aboutissement de la folie imaginative des Celtes? On serait tenté de le croire : au siècle des Lumières, l'esprit celtique n'était pas encore mort, semble-t-il. C'est d'ailleurs presque l'époque où Chateaubriand se mettait à délirer et où l'érudit gallois Iolo Morgannwc reconstituait — avec force inventions — un rituel néo-druidique à l'usage des nouveaux païens.

Il y a cependant une grande quiétude dans le bourg de Carnac, comme si les habitants avaient voulu se protéger de l'*aura* incontestablement agitée qui pèse sur les alentours : Carnac est la capitale de la Pierre, mais la Pierre est loin d'être immobile, elle vit, elle s'étale, elle se meut au gré des croyances et des rites, elle s'éparpille, et se rassemble dans des rondes infernales. La Pierre. Oui, Carnac est vraiment la capitale de la Pierre préhistorique.

Carnac n'est pas un nom breton. Cela risque de décevoir les amateurs de folklore et les rêveurs d'une Bretagne éternelle et omniprésente. Carnac n'est pas non plus la transcription européenne du Karnak de la vallée du Nil, n'en déplaise aux amateurs de syncrétisme et aux pseudo-scientifiques qui sont toujours prêts à tirer des conclusions inébranlables de la moindre homophonie. En fait, le nom de Carnac est gaulois, ou plutôt gallo-romain : on y reconnaît aisément le suffixe bien connu *-aco,* si courant dans la toponymie romane et qui, sous la forme *-ac* en Occitanie et dans l'Armorique bretonisée, sous les formes *-é* ou *-y* dans les pays de langue d'oïl, a servi à constituer une grande quantité de noms de lieux. Quant au premier terme, *carn,* on a voulu y voir le mot indo-européen qui a donné l'anglais *cairn,* désignant un tertre funéraire : Carnac serait donc le « lieu des Tertres », ce qui n'est pas impossible. Mais on a également proposé le mot gaulois *carn* ou *kern,* signifiant « corne », ce qui serait en rapport avec l'ancien dieu Kernunnos et, bien entendu, avec le nom de l'actuel patron de Carnac, le mystérieux saint Kornéli. Il est bien difficile d'affirmer quoi que ce soit, mais en langue bretonne, Carnac se dit Kerreg, ce qui signifie « ville des rangées de pierres », appellation parfaitement justifiée et qui ne prête à aucune discussion.

Car c'est bien l'ensemble des alignements qui constitue,

à Carnac, le centre d'intérêt majeur. C'est d'ailleurs un site unique dans le monde : jamais ailleurs il n'existe un tel assemblage de menhirs plantés selon un plan déterminé — bien que mystérieux et très discuté — et dans un but incontestablement religieux. Que les légendes locales fassent référence à une métamorphose, par miracle, de soldats devenus des blocs de pierre, ne change rien au fait : il y a, à Carnac même et dans les alentours immédiats, une série d'alignements tout à fait extraordinaires et sans nul équivalent. Cela vaut à Carnac le titre de « capitale de la Préhistoire ». Soyons modestes, et disons plutôt « capitale du mégalithisme ». C'est déjà reconnaître la spécificité du lieu et les nombreuses énigmes qui se posent à ce sujet, quelles qu'aient été jusqu'à présent les tentatives de réponses ou d'explications qui ont pu être proposées.

Une constatation s'impose d'emblée : il semble que les alignements aient été conçus sur un plan solaire, car ils suivent un axe qui va approximativement d'est en ouest, avec, à chacun des alignements proprement dits, des menhirs plus petits à l'est et de gros blocs constituant des enceintes à l'ouest. C'est une réalité et non une vue de l'esprit, mais on peut en conclure ce que l'on veut. De plus, une mise en garde s'avère nécessaire avant de commencer toute description des alignements de Carnac, et toute tentative d'explication : ces monuments datent de plusieurs millénaires, et ils ont constitué, il faut bien le dire, des carrières très facilement exploitables pour les habitants successifs des lieux, notamment au Moyen Âge et dans les Temps modernes. On sait très bien que de nombreuses habitations des environs ont été bâties avec les pierres levées trouvées souvent tombées sur le sol. Ce même genre de réemploi est constaté déjà pour les constructions mégalithiques elles-mêmes, et il n'y a pas lieu de s'en étonner outre mesure. De plus, des routes ont été tracées à travers les champs de menhirs : il a bien fallu en faire disparaître quelques-uns, ou, le cas échéant, en déplacer. Cela devrait rendre prudents les explorateurs de l'*ésoté-*

*risme mégalithique* qui s'ingénient à nous prouver, cartes et graphiques à l'appui, que tel ou tel monument, tel ou tel alignement, tel ou tel tertre, correspondent à une géographie sacrée que seuls connaissaient, bien entendu, les constructeurs de mégalithes — et leurs thuriféraires contemporains. De telles hypothèses peuvent parfaitement être émises et se comprendre, mais il n'existe aucun moyen sérieux d'apporter la moindre preuve à des élucubrations de ce genre. En vérité, il faut admettre que ce que nous voyons à Carnac, en matière d'alignements, ne constitue qu'une partie, *et même une infime partie* de ce qui existait autrefois. Ce qui demeure paraît certes très impressionnant, mais en aucun cas ne peut donner une idée de ce qu'était en réalité ce vaste ensemble il y a quelque six mille ans.

A l'extrémité orientale, donc, ce sont les alignements de Kerlescan, qui se trouvent près du village du même nom. La connotation est étrange : Kerlescan, c'est la « ville incendiée ». Certes, les landes, surtout depuis qu'elles sont plantées de résineux, brûlent souvent, en période de sécheresse — ce qui est plus courant qu'on ne le pense, en Bretagne — , mais il faut bien dire que ces gros blocs de pierre, surgissant de la verdure comme des vestiges d'une cité morte et engloutie depuis des siècles dans une terre ingrate, provoquent bien des rêves, bien des fantasmes.

Mais, pour parler scientifiquement, il y a, à Kerlescan, 240 menhirs encore debout, dont les plus petits sont à l'est, les plus importants à l'ouest, et qui sont rangés parallèlement sur treize lignes. On en conclura ce que l'on voudra en fonction de la numérologie, mais on peut constater que l'ensemble des blocs s'étale sur une surface de 880 mètres sur 139 mètres. Quant à la direction des alignements, elle n'est pas si nette qu'on pense : en effet, si l'on prend un peu de recul, on remarque que les lignes suivent une courbe allant du nord-nord-est à l'ouest, en passant par l'ouest-sud-ouest, comme s'il s'agissait d'un croissant concave au nord-ouest. A l'extrémité ouest des alignements se trouve un quadrilatère parfaitement reconnaissable, dont trente-neuf blocs sont encore debout. Était-ce l'enceinte sacrée à l'intérieur de laquelle les prêtres mégalithiques officiaient, ou bien l'endroit où se réunissaient les pèlerins et dévots? Il est impossible de le dire.

Un peu plus loin, très à l'écart des alignements, se trouve un menhir, le plus haut de tout le secteur puisqu'il atteint six mètres. Ce menhir est nettement isolé et n'avait probablement pas la même fonction que ceux qui sont groupés en lignes. Peut-être a-t-il d'ailleurs été érigé avant les alignements. Menhir indicateur, comme on dit bien souvent à propos des pierres levées non loin d'un tumulus? Ou encore simple jalon sur un chemin sacré? On ne peut répondre à ces questions.

Les alignements de Kermario sont beaucoup plus spectaculaires. Ils couvrent un champ de 1 250 mètres de long sur 100 mètres de large et comportent 982 pierres levées sur dix rangées. Certaines de ces pierres ont été relevées et restaurées depuis 1874, car, à cette époque, on ne comptait plus que 200 menhirs debout pour 650 couchés : depuis, des pierres enfouies dans la végétation ont été retrouvées et remises à leur place originelle. Certaines d'entre elles offrent des angles de vue absolument remarquables, et l'on comprend fort bien qu'elles aient pu, à différentes époques, exciter l'imagination des observateurs. Il est facile, lorsqu'on se laisse aller à rêver, de voir dans ces blocs pourtant très frustes des sculptures offrant des contours anthropomorphiques. Pure illusion, bien entendu, mais justifiée par l'étrangeté de l'ensemble. Il faut simplement savoir que ce qu'on appelle l'art mégalithique n'est absolument pas figuratif et surtout pas anthropomorphique : il semble, au contraire, que le souci des architectes et des artistes de l'âge des mégalithes ait été la schématisation abstraite, pour ne pas dire le symbolisme. Mais tout symbolisme comportant une certaine forme de code, il faut se résoudre à admettre que ce code ne nous est point connu et qu'il risque fort de demeurer mystérieux à jamais. Néanmoins, une errance à travers les allées de Kermario ne peut laisser indifférent le plus sceptique des touristes : il y a là quelque chose de grandiose, de troublant, de surhumain, et sans pour cela faire appel à des géants ou à des êtres de l'Autre Monde qui auraient été les concepteurs et les bâtisseurs de ces alignements, on ne peut que reconnaître ici la force du sacré. Enfin, il ne faut pas oublier que Kermario signifie « Ville des Morts » : les appellations ont souvent la vie dure et elles témoignent nécessairement d'une réalité du passé. L'impression qui en ressort est celle d'une vaste nécropole. Pourtant, les menhirs des alignements ne sont pas des monuments funéraires : jamais on n'a découvert de tombe, ni de restes humains au pied des menhirs, et il n'est pas question d'en faire des pierres tombales comme on en voit tant dans les cimetières des îles britanniques, autour des églises ou des cathédrales.

C'est à Kermario qu'on peut voir les plus beaux spécimens de pierres levées. L'une d'elles, maintenant tombée, mesure 6 mètres 42, et à côté d'elle se dresse une pierre de 3 mètres. La base de ce menhir comporte une gravure qui peut représenter des serpents. Là aussi, les alignements suivent une direction est-ouest caractéristique, mais avec des nuances : comme à Kerlescan, on constate une incurvation en croissant qui va du nord-nord-est au sud-sud-ouest. Comme cette incurvation n'est pas due à l'état du terrain, on est forcé de conclure qu'elle obéit à une raison précise, mais laquelle? Des théories astronomiques innombrables, mais toutes purement conjecturales, ont été émises à ce sujet, sans pouvoir apporter de réponse satisfaisante.

Le thème des serpents relevé sur le menhir de Kermario n'est pas sans intérêt. D'une façon générale, les menhirs ne comportent aucune gravure : ce sont les supports, c'est-à-dire les piliers de soutènement, des dolmens et des allées couvertes qui sont assez souvent décorés de gravures symboliques qu'on a pu comparer à des hiéroglyphes, et l'on a très peu d'exemples de menhirs comportant des signes. Il y en a un sur une lande, près de Moustoirac, dans les landes de Lanvaux. Il y en a un à Stonehenge, en Grande-Bretagne. Il y en a un à Kermario, donc, avec des gravures représentant des serpents. Or, entre Kermario et Kerlescan, il y a une certaine continuité : à travers les pinèdes actuelles, les alignements ne s'interrompent pas, même s'ils sont constitués par de petites pierres passant presque inaperçues au milieu de la végétation. Et cette suite d'alignements passe *par-dessus* un tertre plus ancien, celui du Manio, couronné par un menhir qui, lui aussi, à sa base, présente des signes serpentiformes actuellement bien mis en valeur par une restauration et un aménagement efficaces. Or, d'après les études scientifiques qui ont été faites, le tertre — et le menhir — du Manio sont antérieurs de deux mille ans aux alignements eux-mêmes. Cela pose des problèmes.

En effet, il semble bien net que ce territoire de Carnac ait été occupé au cours des siècles et des millénaires par des populations qui n'avaient pas forcément les mêmes conceptions métaphysiques ou religieuses, les mêmes habitudes rituelles. Le fait de passer délibérément sur un tertre sacré et d'y poursuivre les alignements suppose, de la part des bâtisseurs des alignements, une sorte de rejet, sinon un mépris, envers les sanctuaires antérieurs. Alors, une fois de plus, il faut se poser la question fondamentale : y a-t-il eu *une* ou *plusieurs* civilisations mégalithiques? Tout incline à penser qu'il y en a eu plusieurs, ce qui ne facilite guère la compréhension du phénomène en lui-même.

D'autre part, les signes serpentiformes relevés sur de rares menhirs doivent offrir, sinon une signification précise, du moins une valeur certaine. Dans le tumulus de Gavrinis, plus ancien que les alignements et vraisemblablement contemporain du tertre du Manio, on relève également des serpents gravés sur les supports, où ils voisinent avec des représentations de haches non emmanchées, surmontés par des figurations très abstraites évoquant les vagues, les chevelures et la végétation. Que signifient donc ces serpents?

On a développé de nombreuses hypothèses à ce sujet. Le serpent est un symbole bien connu de la plus lointaine préhistoire : il est l'image de celui qui sait parce qu'il se faufile partout. Le Serpent de *La Genèse* appartient à cette catégorie, même si, par la suite, il a été chargé de tous les péchés du monde. Qui dit « serpent » dit « ouverture sur un monde intérieur », pénétration dans ce monde intérieur, donc *initiation.* Et sans attacher trop d'importance à ce mot trop galvaudé à propos de n'importe quoi, il faut bien reconnaître que les signes serpentiformes relevés sur le menhir de Kermario et sur celui du Manio témoignent d'une *entrée* possible dans un domaine apparemment interdit, apparemment couvert par la réalité quotidienne, que ce soit le Monde des Morts (le nom de *Kermario* ne peut laisser indifférent), que ce soit le Monde des Dieux. Après tout, si les gens du Mégalithique se sont donné tant de mal pour structurer et bâtir de tels ensembles monumentaux, c'est qu'ils avaient des raisons d'ordre spirituel et qu'ils croyaient à une autre vie dans un autre monde.

On a également pensé à des cérémonies de type *ophidien :* comment ne pas imaginer, à travers les alignements, de lents déroulements serpentiformes de cohortes humaines chantant les louanges de la Divinité? Il faut dire qu'une telle évocation relève davantage de la superproduction cinématographique que de la constatation scientifique la plus sobre. Certes, il est possible que les alignements de menhirs aient pu servir à des sortes de processions *ophidiennes :* le terrain s'y prête merveilleusement. Mais ce ne sont que des projections fantasmatiques qui ne s'appuient sur aucun indice réel. Et pourtant, on sait que dans de nombreuses traditions existent des « danses du serpent », et qu'elles ont leur importance dans le cadre de certaines civilisations que nous classons comme « naturistes » faute de trouver une dénomination plus appropriée. De toute façon, les grands ensembles de Carnac sont en plein air, et ils ne peuvent être considérés autrement que dans le cadre des cultes naturistes, comme le sera plus tard le *nemeton* gaulois, au milieu des forêts. L'usage actuel — qui nous vient de la Méditerranée antique — des temples bâtis, endroits secrets préservés et mis en quelque sorte à l'écart du monde, nous fait oublier l'époque où l'être humain devait se confronter directement avec les puissances invisibles qui l'environnaient et qu'il imaginait parfois comme rassurantes, parfois comme terrifiantes, mais toujours empruntant les voix profondes de la nature pour exprimer leurs volontés et tracer le plan divin sans lequel aucune société ne peut trouver de justification.

Cela dit, près des alignements encore existants de Kermario, on peut découvrir, un peu au sud, à côté de la « Petite Métairie », trois menhirs qui n'appartiennent pas à l'ensemble de Kermario et qui sont les seuls vestiges d'un antique alignement orienté nord-sud. Cela suffit à prouver que ce que nous voyons actuellement sur le territoire de Carnac ne constitue qu'une infime partie de ce qui devait exister aux temps préhistoriques. Et il semble bien que le dolmen visible de Kermario, et contourné par la route départementale — qui l'a respecté — appartienne à cet autre ensemble. Il s'agit d'ailleurs d'une variété particulière de dolmen dite « dolmen à couloir », qui autrefois, comme tous les monuments de ce genre, était recouvert de terre ou de cailloux formant un tertre artificiel. On pense que ce type de dolmen, qu'on rencontre en plusieurs exemplaires sur le littoral de la Bretagne armoricaine, date d'une époque assez reculée, peut-être de six mille à cinq mille ans avant notre ère : cela constituerait donc les toutes premières ébauches des constructions mégalithiques, puisque la pleine période du mégalithisme proprement dit se situe entre le quatrième et le troisième millénaire. Il ne faut certes pas prendre les datations — fussent-elles dues à des procédés scientifiques comme la méthode du carbone 14 — comme des réalités définitives. Les marges sont variables et parfois très imprécises, mais il faut reconnaître que ce dolmen qui fait la jonction entre les alignements de Kermario et l'alignement aujourd'hui disparu qui se situait au sud, est nettement antérieur à la construction des alignements eux-mêmes. Et là, on peut affirmer que ce dolmen est un monument funéraire, même s'il a pu, à des époques ultérieures, servir de sanctuaire à des populations dont les habitudes religieuses n'étaient pas forcément les mêmes que celles des constructeurs. Il ne faut jamais oublier que de nombreux temples païens — ainsi que des « basiliques » civiles — sont devenus des sanctuaires chrétiens et qu'ils ont constitué le schéma primitif de ce bâtiment qu'on appelle improprement l'église, le terme *ecclesia* signifiant seulement « assemblée ».

Cependant, à l'ouest de Kermario, à travers les broussailles et les bois de pins, on remarque encore des blocs de pierre, très petits. En fait, les alignements se poursuivent, même discrètement. Ils ne deviennent considérables qu'au lieu dit le Ménec, ce qui signifie simplement « pierreux ». S'étendant sur 1 165 mètres de longueur sur 100 mètres de largeur, ils comportent actuellement 1 099 menhirs disposés sur onze files. Les plus petits se trouvent à l'est, les plus grands (environ 4 mètres) à l'ouest : en fait, l'orientation suit une ligne nord-nord-est à ouest-sud-ouest. L'ensemble est grandiose, impressionnant par l'étendue et la répartition des blocs. Certains de ces blocs présentent des formes étranges où d'aucuns ont voulu — abusivement, au besoin en grattant la pierre avant de prendre des photos « irréfutables » — retrouver des visages humains. Ici, tout parle à l'imagination. On sent que le lieu est sacré, qu'il l'a toujours été, qu'il y a nécessairement quelque chose qui rattache la terre au monde céleste. Et c'est du monde entier qu'on vient ici contempler ces pierres surgies du Passé, y méditer, y rêver, ou tout simplement essayer de comprendre ce que pouvait être la civilisation de ces gens inconnus du troisième millénaire avant notre ère.

L'extrémité occidentale des alignements du Ménec forme un cromlech de 70 pierres encore debout, disposées en demi-cercle, mais malheureusement « parasité » par les maisons d'un village dont les murs sont incontestablement bâtis avec des menhirs disparus. Ici, il n'y a pas de doute, il s'agit d'un gigantesque temple en plein air, probablement voué à un culte solaire. C'est tout ce qu'on peut dire. Libre à chacun d'imaginer les cérémonies qui devaient s'y dérouler. Mais plus que jamais, comme au cœur du monument de Stonehenge, en Grande-Bretagne, on a l'impression de se trouver dans un « milieu », dans un « centre », là où convergent toutes les énergies du monde, toutes les forces de l'univers. Ce n'est qu'une impression, mais elle est si nette, et si partagée par les visiteurs-pèlerins de toute obédience qu'il est difficile de ne pas faire de ce cromlech du Ménec un authentique *nemeton*, projection idéale du Ciel sur la Terre, point de rencontre entre le communicable et l'incommunicable, entre le visible et l'invisible, entre la Vie et la Mort.

Mais les alignements ne s'arrêtent pas là. L'incroyable accumulation de monuments mégalithiques se poursuit vers l'ouest, marquée sporadiquement par des menhirs isolés qui doivent être des vestiges d'ensembles plus conséquents, par des dolmens et des tertres. En fait, le périmètre qu'on peut qualifier de « sacré » s'étend de la rivière de Crach, à l'est, à la rivière d'Étel, à l'ouest, avec des prolongements dans ce qu'on appelle aujourd'hui la presqu'île de Quiberon, et qui était, à la fin du Néolithique et au début de l'Âge des Métaux, une île proprement dite [1].

1. Les communes actuelles de Quiberon et de Saint-Pierre-Quiberon, englobant le magnifique port de Portivy, constituent une entité à part entière, nettement séparée du continent et seulement reliée à celui-ci par l'isthme de Penthièvre, résultat d'un ensablement progressif au cours des siècles. Le paysage littoral du Morbihan a beaucoup changé depuis quatre millénaires. Au sud de l'isthme de Penthièvre, il y avait donc une île, séparée par des bas-fonds qui se sont lentement comblés et qui continuent de l'être actuellement, provoquant l'apparition de la baie de Quiberon, avec, du côté oriental, une mer calme et

Dans les communes actuelles de Quiberon et de Saint-Pierre-Quiberon, on relève de nombreux menhirs isolés ou groupés par deux ou par trois qui sont d'évidents résidus d'alignements plus conséquents : en cette terre pauvre et battue par les vents du large, la pierre livrée au-dessus du sol a été une proie tentante et facile, et l'on peut très bien admettre que d'antiques lignes de menhirs ont pu servir de carrières pour la construction des maisons.

Cependant, plus à l'ouest, dans le territoire d'Erdeven, on rencontre d'autres alignements bien conservés encore qu'ils aient été entamés par la route départementale de Locmariaquer à Pont-Lorois. Au lieu dit Kerzhéro, le champ de menhirs s'étend sur une longueur de 2 105 mètres, du nord-est au sud-ouest, et comprend 1 129 pierres dont deux dépassent 6 mètres de haut. Un peu à l'écart, dans une sorte d'enclos entouré par des chênes, se trouve un groupe de menhirs dont certains sont actuellement tombés et que l'érosion a marqués de soi-disant bassins, ce qui a donné lieu à la stupide appellation encore visible sur les pancartes de « Table du Sacrifice ». Certes, là aussi, de nombreux blocs ont disparu, ayant servi à la construction des maisons d'alentour, mais on ne peut rester indifférent

paisible, du côté occidental, un océan tourmenté, avec des côtes de micaschistes extrêmement découpées (la Côte sauvage). La violence des courants marins n'exclut pas le dépôt des sables dans la zone qui s'étend de Locmariaquer à la base de la presqu'île de Quiberon, c'est-à-dire à Plouhrarnel, constituant à la fois un micro-climat et un cercle de protection contre les vents du grand large. Si, à Kerhostin, dans l'isthme de Penthièvre, l'océan et la baie proprement dite ne sont séparés que par la largeur de la route et de la voie ferrée, on ne doit pas oublier que toutes les dunes de sable actuellement en cours de boisement sont des apports marins récents : au temps de César et de Vercingétorix, c'est-à-dire au temps de la guerre des Vénètes, en 56 av. J.-C., le golfe du Morbihan n'était qu'un vaste marécage à travers lequel s'abritaient les forteresses gauloises, mais les *insulae veneticae* comprenaient, outre Belle-ile, Houat, Hoedic et Groix, la partie sud de l'actuelle presqu'île de Quiberon. Toute cette région, dont l'aspect a été profondément modifié, et qui se modifie toujours (le sol du Morbihan s'enfonce de quelques centimètres par an, et la fameuse faille d'Arradon est un épicentre de tremblements de terre peu violents mais fréquents), a cependant été très peuplée depuis la plus lointaine Préhistoire.

devant l'étrangeté de ce groupe de menhirs dans un enclos qui évoque irrésistiblement le *nemeton* des Gaulois, c'est-à-dire une clairière sacrée au milieu des forêts.

Apparemment, la zone des alignements se termine à Kerzhéro. La rivière d'Étel, qui constitue une véritable mer intérieure aux anses profondes et mélancoliques, sorte de Golfe du Morbihan en réduction, est une barrière qui semble délimiter une terre sacrée. Mais, de l'autre côté de cette rivière d'Étel, on aperçoit encore de nombreuses traces de menhirs groupés, ce qui indique l'existence antérieure d'alignements sans doute moins conséquents, mais néanmoins parfaitement repérables. C'est notamment le cas sur le territoire de Plouhinec, où l'on peut observer quelques débris de lignes organisées. L'urbanisation très poussée de cette zone a fait disparaître quantité de monuments, mais le souvenir en demeure très vivace, ne serait-ce que dans la tradition orale du lieu : on raconte toujours, en effet, que certains soirs, les pierres de Plouhinec « vont boire à la rivière d'Étel ». C'est évidemment le moment d'aller chercher le trésor qu'elles recèlent à leur base, ce qui n'est pas sans danger pour les audacieux qui perdent leur temps à compter les richesses ainsi trouvées au lieu de les emporter rapidement [1]. Dans la mémoire populaire ancestrale, les pierres mégalithiques sont toujours liées à des trésors enfouis et surveillés par des puissances surnaturelles.

Toujours est-il qu'au lieu dit Gueldro-Hillio subsistent quelques exemplaires de ces menhirs qui devaient autrefois recouvrir une plus grande surface. Il est à noter que, non loin de là, on peut voir un escarpement rocheux qui correspond à l'ancien littoral. Or cet endroit se nomme *Magouero,* ce qui est fort significatif : en effet, ce mot

1. C'est le thème de l'épreuve qui apparaît également dans toutes les traditions concernant les villes englouties : celui qui peut pénétrer dans la ville *et en revenir* avant le douzième coup de minuit, possédera les richesses de la ville ou fera resurgir la ville hors des flots.

breton, au pluriel, signifie « les murailles » (latin *maceria*), et dans la toponymie de la Bretagne armoricaine, il désigne des ruines de forteresses ou de temples remontant à des époques reculées, nécessairement avant l'arrivée des Bretons dans la péninsule. Y a-t-il eu, sur le territoire de Plouhinec (« paroisse de saint Ithinuc »), un grand sanctuaire analogue à ceux que nous voyons à Carnac? La tradition tenace des pierres de Plouhinec le laisserait penser.

La série des alignements proprement dits est terminée. Il faut aller beaucoup plus au nord, sur la crête des landes de Lanvaux, dans la forêt de Floranges très exactement, pour retrouver une ligne de menhirs aussi considérable. Encore s'agit-il seulement d'une ligne, et dont la plupart des blocs sont actuellement couchés. Mais cet alignement semble parallèle à ce qu'on appelle dans le pays *Hent Kornevek*, c'est-à-dire « chemin de Cornouaille » : il s'agit de l'ancienne voie romaine qui venait d'Angers, franchissait la Vilaine à Rieux, se prolongeait ensuite vers Castennec, en Bieuzy-les-Eaux, sur le Blavet, vers la vieille cité de Carhaix et aboutissait à l'Aber-Vrach, non loin de l'antique ville disparue de Tolente, dont la tradition populaire a gardé d'étranges souvenirs. Or, on sait que les voies romaines n'ont été que des aménagements (avec élargissement et pavage) des chemins gaulois qui étaient eux-mêmes à l'emplacement des vieilles routes préhistoriques. La voie romaine qui, venant toujours d'Angers par Rieux, bifurque vers Vannes et Quimper *(Civitas Aquilonia)*, passe par Sainte-Anne-d'Auray, au nord de la zone de Carnac, tandis qu'un embranchement va de Vannes à Locmariaquer (la véritable ville principale des Vénètes indépendants [1]) par le gué du Vincin. Il semble bien que

1. Une lecture attentive des *Commentaires* de César à propos de la guerre de 56 démontre l'impossibilité du site de Vannes en tant que port principal des Vénètes. Le port des Vénètes indépendants est nécessairement Locmariaquer, sur la rivière d'Auray. Vannes n'est que la *civitas Venetorum* d'après la conquête, autrement dit la capitale gallo-romaine : à l'époque, le site de Vannes se trouvait

les monuments mégalithiques soient toujours à proximité immédiate des voies romaines, mais cependant à l'écart, comme si une zone sacrée devait être respectée et pourtant mise à portée des facilités de communication. Toute l'aire de Carnac est accessible par les voies antiques, mais suffisamment à l'écart pour être préservée.

Mais il n'y a pas que des alignements à Carnac et dans cette région qui semble avoir été réellement une sorte de territoire sacré aux temps mégalithiques. D'autres monuments, qui ne sont pas forcément contemporains des alignements, doivent être pris en considération pour toute étude d'ensemble du phénomène mégalithique. Il y a aussi les menhirs isolés, ou en petits groupes, en cromlechs [1], les dolmens et les allées couvertes de différents types, les chambres funéraires sous tumulus [2]. Et la zone de Carnac, celle de la rivière d'Étel, celle de Locmariaquer, les deux rives de la rivière d'Auray ainsi que la presqu'île de Rhuys

---

au fond d'un marécage et ne pouvait en aucun cas servir de port à une flotte vénète que César nous décrit comme particulièrement nombreuse et importante.

1. Un *cromlech* ou *cromlec'h,* appellation bretonne qui signifie « courbe de pilier », désigne, dans la nomenclature française un cercle de menhirs. Mais dans la nomenclature anglo-saxonne, le terme désigne un tertre mégalithique (dolmen ou allée couverte).

2. Il faut rappeler certaines définitions. Un *menhir* (*maen-hir,* « pierre longue ») est une pierre dressée au-dessus du sol, mais grossièrement taillée et datant de l'époque mégalithique, tandis que le *lec'h* est un pilier de pierre beaucoup plus élaboré, parfois très lisse et orné de signes ou de figurations, datant des époques celtiques, même tardives : c'est le *lec'h* qui semble à l'origine de ce qu'on appelle la « Croix celtique » qui, en Grande-Bretagne et en Irlande (et seulement là), est parfois très ornementée. Un *dolmen* (*taol-vaen,* « table de pierre ») est une grosse dalle de pierre supportée par trois ou quatre piliers, autrefois recouvert d'un tertre artificiel, actuellement visible hors sol par suite de la récupération de la terre composant le tertre. Une allée couverte est une série de dalles reposant sur des supports, avec une chambre au fond, parfois des chambres latérales, et sous un tertre artificiel. Une allée couverte peut être simple, droite, coudée ou avec plusieurs chambres funéraires au fond. Une chambre funéraire sous tumulus est un simple tombeau sous un tertre artificiel, et sans entrée. Un tumulus est un tertre artificiel formé de terre. Un *galgal* est un tertre artificiel formé de pierres et de cailloux, souvent mélangés à de la terre : les Anglo-Saxons préfèrent le terme *cairn* pour ce type de monument. Il arrive,

et certaines îles du golfe du Morbihan, sont particulièrement pourvues de monuments de cette sorte, parmi lesquels on peut remarquer certains pétroglyphes [1] d'un intérêt prodigieux à la fois pour l'étude de l'art préhistorique et pour tenter des hypothèses à propos de la religion des constructeurs de mégalithes.

Ce qui s'impose avant tout, à Carnac, c'est le tumulus Saint-Michel, situé à très peu de distance du bourg, et du sommet duquel on a une très belle vue d'ensemble sur les alignements. Le monument est impressionnant par sa taille : il a 12 mètres de hauteur, 125 mètres de longueur et 60 mètres de largeur. Il est surmonté d'une chapelle moderne dédiée à saint Michel, ce qui n'est pas pour surprendre : le grand Archange de Lumière a souvent pris la place, dans la piété populaire, d'antiques divinités solaires [2], et il est hors de doute que, depuis l'aube des temps, le tumulus Saint-Michel ait été un lieu privilégié du culte de la Lumière, lumière éternelle bien sûr, celle qui brille dans les yeux de la Déesse des Commencements, si souvent représentée sur les pétroglyphes du Morbihan. Ce tumulus est évidemment un « Mont Saint-Michel » comme il en existe un peu partout dans l'Europe occidentale et qui constitue une sorte de phare spirituel sur les routes de pèlerinages.

Le monument est complexe. En fait, il s'agit d'un galgal, donc d'une butte artificielle construite avec des pierres et des cailloux. Le galgal central, le plus impressionnant, a été fouillé vers 1864, ce qui a permis la découverte de deux

---

en Bretagne armoricaine, que le mot *peulven* (« pilier de pierre ») soit utilisé à la place de menhir, mais le terme *menhir* est devenu international.

1. Terme savant désignant une gravure en creux sur la pierre, soit par enfoncement, soit par martèlement, soit par grattage. Le mot est couramment utilisé par les archéologues à propos des gravures trouvées dans les monuments mégalithiques, notamment sur les supports de certains dolmens ou allées couvertes.

2. Voir, dans la même collection, J. Markale, *Le Mont Saint-Michel et l'énigme du dragon,* éd. Pygmalion, 1987.

chambres funéraires. Ces chambres contenaient 14 coffres remplis d'ossements humains, ainsi que 39 haches votives en pierre rare, jadéite ou fibrolithe, objets cultuels destinés à accompagner l'âme des défunts dans leur voyage vers l'Autre Monde. Ces haches votives n'ont jamais servi à autre chose, et l'on sait qu'il existait, dans la région de Carnac, de nombreux ateliers spécialisés dans cette production, comparable à celle qui peut être observée de nos jours aux abords des grands sanctuaires et lieux de pèlerinage du Christianisme. On a également découvert dans ces deux chambres quelque 136 pendeloques diverses et grains de colliers dont quelques perles en ivoire, ainsi que des fragments de poteries. Et sur le côté oriental de ce tumulus Saint-Michel, on a repéré un dolmen datant du Néolithique primaire, ce qui prouve que le tertre a été aménagé à différentes époques, la construction de l'ensemble du monument pouvant remonter à 4 000 ans avant notre ère, avec toutes les réserves d'usage dans ce genre de datation.

Le territoire de Carnac contient deux autres tertres du modèle de Saint-Michel. L'un est situé au Moustoir, et il est beaucoup plus petit : il a 13 mètres de hauteur, 85 mètres de longueur et 36 mètres de largeur, et il est surmonté, ce qui est très rare, d'un menhir comportant une gravure. Lors des fouilles qui y ont été entreprises en 1922, on y a découvert trois squelettes, de nombreux fragments de poteries, des haches votives et aussi une statuette gallo-romaine représentant Vénus : cela prouve avec une évidence indiscutable que ce genre de monument mégalithique a été réutilisé au cours des âges par des gens appartenant à des civilisations bien différentes. Mais après tout, Vénus n'est-elle pas, à l'époque gallo-romaine, et immédiatement avant la Vierge du Christianisme, la réplique logique de la Déesse des Commencements?

Au village de Kercado se trouve également un tumulus de la même taille et de la même facture, et qui recouvre un dolmen : un des supports est gravé d'un motif vaguement anthropomorphe, et l'on voit, sur le plafond une figuration de hache-charrue. Un peu plus au nord, de part et d'autre de la route d'Auray à Quiberon, on découvre de nombreux vestiges : le tumulus de Crucuny est lui aussi surmonté d'un menhir, et les dolmens de Keriaval, à demi ruinés, offrent l'image d'un ancien tertre bouleversé. Mais c'est à Mané-Kerioned que l'intérêt s'accroît. Il y a là trois dolmens, aujourd'hui restaurés, qui faisaient partie d'un tumulus allongé limité par une enceinte quadrilatère. Deux des dolmens sont à l'air libre; le troisième, qui est resté enfoui, porte des signes gravés assez étranges. Mané-Kerioned, c'est le « Tertre des *Kérions* », autrement dit des « korrigans », ces êtres de petite taille qui, selon les croyances populaires — mais aussi selon les textes mythologiques les plus anciens —, hantent les demeures souterraines de l'Autre Monde.

Plus à l'ouest, le territoire de Plouharnel, à la base de la presqu'île de Quiberon, contient d'intéressants monuments. C'est d'abord le dolmen de Rondossec, qui comporte trois galeries souterraines, mais le plus remarquable est le dolmen de Crucuno, dans un village, à trois kilomètres du bourg. La table principale de ce mégalithe a 5 mètres 20 sur 3 mètres 80. Cette table, et une seconde, plus petite, reposent sur onze supports, formant ainsi une chambre très spacieuse. Un peu plus loin, au nord du village et à la lisière d'un bois, se trouve le dolmen de Mané Croac'h, qui est en fait une allée couverte menant à deux chambres. Il semble que le secteur de Crucuno ait été une sorte d'enceinte sacrée, car on remarque également, à l'est du village, un quadrilatère comportant encore 22 menhirs, et qui pouvait constituer un temple en plein air. Ce quadrilatère assez étrange, qui fait environ 40 mètres sur 25, est érigé selon un ordre aisément repérable : chacun des angles désigne l'un des points cardinaux, les diagonales correspondant aux levers solsticiels. L'endroit s'appelle Park-er-Vinglas, ce qui peut se traduire par « Champ des Pierres bleues ». Et beaucoup plus loin, en direction d'Erdeven, les dolmens de Mané Bras (« Grand Tertre ») et de Mané Groh (« Tertre de la Fée ») sont des édifices possédant chacun une chambre quadrangulaire prolongée par quatre compartiments latéraux. Sur l'un des supports du couloir de Mané Bras, on peut remarquer une gravure en forme d'écusson.

C'est cependant à l'est de Carnac que se trouvent les monuments les plus représentatifs de ce qu'on peut appeler l'art dolménique : la région de Locmariaquer et l'embouchure de la rivière d'Auray sont en effet particulièrement riches en tertres comportant des pétroglyphes. A vrai dire, en dehors de certaines contrées d'Irlande, comme la vallée de la Boyne, il n'y a pas en Europe de plus fortes concentrations de gravures mégalithiques. Et si ces gravures demeurent pour le moins mystérieuses et certainement inexplicables en totalité, elles constituent cependant un témoignage important concernant la civilisation des peuples constructeurs de mégalithes, à la fin du Néolithique et au début de l'Âge des Métaux.

Sur le territoire de Crach, au parc Guren, un dolmen souvent fouillé sans grand résultat contient une sculpture en creux pouvant représenter une barque sur les flots de la mer. Mais, dans le bois de Lufang, dans une allée couverte dont la table de couverture n'existe plus depuis longtemps, on a découvert un support de 1 mètre 50 comportant une étrange gravure. Cette stèle, transportée au musée de Carnac, a souvent reçu le nom de « Poulpe de Lufang », et a provoqué bien des commentaires. Elle représente une sorte de figure qu'on a du mal à considérer comme humaine et qui évoquerait davantage l'image d'un céphalopode. Et c'est cela qui pose question : il semble en effet qu'il y ait un rapport entre ce pétroglyphe et des images des civilisations anciennes de la mer Égée. Y a-t-il eu, dans la zone de Carnac, une sorte de culte, ou plutôt de « symbolisme » du poulpe, comme dans les îles égéennes? Au dolmen ruiné de Penhape, dans l'île aux Moines (golfe du Morbihan), on retrouve un pétroglyphe qui évoque également le céphalopode. Faut-il voir une commune origine de l'art mégalithique des côtes atlantiques et de l'art égéen? Dans quel sens ont joué les influences? Le « Poulpe de Lufang », toujours fascinant et énigmatique, avec ses deux yeux qui fixent éternellement l'infini, demeure l'un des objets les plus irritants par les problèmes qu'il pose sur cet art dolménique de la région de Carnac et sur les motivations métaphysiques et religieuses de ces peuples qui venaient incontestablement de la mer.

Car nous sommes ici chez des peuples de la mer. On sait maintenant de façon certaine que Locmariaquer occupe une place fondamentale dans le système mégalithique mis en place au cours de la Préhistoire. Si le territoire de Carnac est, semble-t-il, consacré aux alignements de menhirs, le territoire de Locmariaquer — qui autrefois comprenait non seulement la presqu'île actuelle devenue commune mais les environs immédiats et même les rivages de l'autre côté de la rivière d'Auray — est, de toute évidence, voué aux tertres tumulaires, qu'ils soient simplement funéraires, ou qu'ils soient également des sanctuaires. L'abondance des pétroglyphes prouve en tout cas le caractère éminemment sacré de l'endroit, et cela quatre mille ans avant notre ère, c'est-à-dire à une époque où aucun Celte, et probablement aucun Indo-Européen (de civilisation et non de race) ne se trouvaient sur le continent européen. Car, dans le cadre des sociétés dites primitives, et qui ne sont en réalité qu'à un stade archaïque par rapport à la nôtre, l'idée de sanctuaire amène nécessairement celle de point central, de « capitale », même si cette capitale peut se révéler plus théorique et symbolique que réellement politique.

Or Locmariaquer est indéniablement, et à tous les sens du terme, une « capitale », un point central, comme peut l'être le site de Tara en Irlande, ou encore Delphes pour les peuples grecs. A l'aube de l'histoire, c'est-à-dire en 56 avant J.-C., c'est le port principal des Vénètes en guerre contre César, et dont provient la flotte qui franchit le goulet du Morbihan, entre Port-Navalo et la pointe de Kerpenhir pour rencontrer la flotte romaine. Après la défaite des Vénètes et la romanisation du pays, Locmariaquer, sans doute appelée Dariorigum ou Darioritum, va se charger de constructions romaines dont il subsiste quelques fragments, en particulier des installations portuaires et un amphithéâtre. Mais le centre de gravité va se déplacer sur Vannes, au fond du golfe, qui va devenir la nouvelle capitale de la cité gallo-romaine puis de la cité gallo-franque, avant de tomber aux mains des Bretons, au VIIe siècle de notre ère. Le lieu est stratégique, au bout d'une presqu'île longeant la rivière d'Auray dont les eaux profondes permettent la navigation des bateaux de gros tonnage. On comprend fort bien comment les Vénètes — et leurs prédécesseurs — ont pu profiter des avantages de la position : ils possédaient, à l'emplacement du port actuel, à vrai dire bien déchu, un mouillage en eau profonde bien à l'abri des vents du large et des violentes marées, tout en étant très proche de la pleine mer. D'ailleurs, beaucoup plus tard, en 1665, il sera question d'installer à Kerpenhir les chantiers de construction navale de la Compagnie des Indes. On sait que le site de Lorient fut préféré. Mais au XIXe siècle, selon l'opinion de l'ingénieur Ferdinand de Lesseps, il eût été possible de construire « le port le plus complet du monde » à l'entrée du golfe du Morbihan, donc à l'emplacement de Locmariaquer. Enfin, à la fin de la Seconde Guerre mondiale, le site avait été retenu par les Américains pour un éventuel débarquement, afin de doubler les opérations de Normandie.

Tout cela montre l'importance du lieu. Certes, le bourg de Locmariaquer est petit, très modeste, même si la population est décuplée pendant deux mois d'été. Locmariaquer reste un village de pêcheurs et d'ostréiculteurs, voire d'agriculteurs qui bénéficient d'un sol riche et facilement amendable grâce aux algues. Mais le passé est là, et l'afflux des touristes ne fait qu'en prouver la réalité.

Dès qu'on s'engage sur la presqu'île, venant de Crach ou de Saint-Philibert, de nombreux vestiges mégalithiques se présentent à l'attention de l'observateur, mais c'est véritablement à l'entrée du bourg que tout commence. Bien sûr, il faut savoir que dans un champ situé à gauche de la route, vers le golfe, complètement recouvert de broussailles, se trouve le dolmen de Kerveresse, dont certains supports sont gravés assez grossièrement. Il est sans doute plus profitable d'aller sur le côté droit de la route pour visiter facilement le Mané-Lud, monument fort bien restauré et aménagé.

Le Mané-Lud (« Tertre de la Cendre ») est un tumulus allongé formé de pierres, donc un galgal, et recouvert au sommet par de la vase marine. La hauteur en est de 5,50 mètres, la longueur de 80 mètres et la largeur de 50 mètres. Il recouvre un très beau dolmen à couloir dont certains supports étaient surmontés de crânes de chevaux lors des fouilles qui y ont été pratiquées en 1864. La chambre centrale, assez petite, était complètement fermée et remplie d'ossements incinérés. On y a découvert de nombreux objets, haches en fibrolite et en silex, poteries fragmentaires, perles de callaïs, pendeloques et fusaïole de terre cuite. A l'ouest du galgal, la chambre est assez vaste, recouverte d'un grand dallage et avec une galerie qui s'ouvre vers le sud. Huit supports portent des gravures en creux.

Les signes représentés sont intéressants par leur grande variété : il y a presque ici les éléments d'un vocabulaire dont malheureusement nous ne possédons plus le code. On peut en effet voir nettement des *barques* contenant des traits verticaux qui peuvent être aussi bien des rames que des humains stylisés, des *signes en U* qui peuvent être des cornes de bélier, symbole de puissance, des *haches emmanchées* de types divers, des *haches non emmanchées,* des *crosses,* des *croix* qui peuvent être des humains stylisés, des *lignes courbes* qui peuvent être des vagues, des *colliers,* un *soleil rayonnant,* une *lune* et le fameux *écusson* qui est vraisemblablement, plus qu'un bouclier, la représentation symbolique de la divinité funéraire, représentation qu'on retrouve dans de nombreux autres tertres.

Il est évident qu'on peut gloser tant et plus sur ces figurations. La première question est pourtant de savoir si les « artistes » dolméniques ont réellement voulu transmettre un message codé dans ces signes. N'ont-ils pas tout simplement décoré les pierres qui entouraient les défunts comme on met actuellement des fleurs sur une tombe? La comparaison de ces figurations avec celles qui peuvent être relevées ailleurs, dans d'autres aires mégalithiques, ne prouve rien : on retrouve sensiblement les mêmes motifs, et cela peut signifier qu'une certaine « mode » existait en ces temps lointains. Pourtant, bien que toutes les tentatives faites pour décrypter ces mystérieuses figures, même si elles sont intéresstantes, se soient révélées en définitive parfaitement hypothétiques, on ne peut rejeter l'idée d'un message : l'Art est toujours porteur de quelque chose; l'Art n'est jamais purement gratuit. Et, en l'occurrence, il y a un Art des dolmens.

Plus loin, vers le centre du bourg, de l'autre côté du cimetière moderne, un autre ensemble mégalithique attire non seulement l'attention mais pose les questions les plus diverses. Il y a d'abord le tumulus d'Er Grah, dont certains voudraient faire une sorte de nombril du monde, à partir duquel se serait élaboré tout le tissu des monuments mégalithiques de la région et de la Bretagne tout entière. Mais le tumulus d'Er Grah, qui est un peu à l'écart, ne livre pas facilement ses secrets. Et ce n'est d'ailleurs pas lui qui retient le plus l'intérêt.

Le plus impressionnant est le Grand Menhir, dit Men-er-Hroëck (« Pierre de la Fée »), qui gît sur le sol, brisé en quatre morceaux dont le plus long mesure 12 mètres. Lorsqu'elle était dressée, cette pierre mesurait 21 mètres de hauteur pour 5 mètres de diamètre, pour un poids de 347 tonnes, ce qui est considérable : c'est probablement la pierre la plus lourde qui ait été jamais portée par des hommes, et l'on ne découvre, aux alentours, aucune trace de la carrière d'où elle a pu être extraite. Cela suppose qu'elle a été déplacée de très loin et dans des conditions stupéfiantes : il aurait fallu, d'après tous les calculs faits à ce jour, pour la transporter et la traîner sur des rouleaux de bois (technique probable du temps), au moins 125 paires de bœufs et 12 000 hommes. On a prétendu que cette pierre n'avait jamais pu être dressée, ce qui est faux : de nombreux témoignages prouvent qu'elle se trouvait debout, et d'ailleurs, comme on a retrouvé sous l'un des blocs une pièce de monnaie impériale, on est bien obligé d'admettre que cet énorme menhir était dressé lors de l'occupation romaine et probablement même après. Ce qu'on ne peut savoir, c'est s'il a été brisé par la foudre, possibilité la plus couramment admise, ou par un tremblement de terre, la région du golfe du Morbihan étant sujette à de tels phénomènes. Et, s'il faut en croire un passage du chroniqueur grec Diodore de Sicile, si précieux lorsqu'on étudie l'antiquité de l'extrême Occident, la Men-er-Hroëck pourrait bien être la fameuse *Colonne du Nord,* située à l'ouest du monde, et qui servait de repère aux navigateurs qui se risquaient dans l'Atlantique. On peut précisément se poser la question de savoir le but de l'érection d'un tel monument : était-ce seulement un symbole religieuw ou une véritable balise destinée à montrer l'entrée du port de Locmariaquer? Mais, comme on sait fort bien que les clochers des églises voisines des bords de mer servent de repères pour la navigation, on peut très bien admettre que la « Colonne du Nord », tout en étant un pilier sacré face à l'océan délimitant le monde, servait de balise pour un peuple qui était avant tout composé de marins.

On a pu dire également que la Men-er-Hroëck pouvait être le menhir indicateur du tumulus qui contient la célèbre « Table des Marchands », et qui se trouve immédiatement à côté. Il est peut-être le plus célèbre de tous les dolmens, car il a été longtemps hors sol, parfaitement visible, et visité par de nombreux curieux en des époques où l'on ne s'intéressait même pas à la civilisation mégalithique. Il s'est d'abord appelé « Table de César », car tout ce qui était antique était plus ou moins considéré comme romain, et parce que César a laissé, qu'on le veuille ou non, un souvenir impérissable dans la mémoire populaire, parfois même en réapparaissant sous l'aspect de « saint » Césaire. On lui a donné aussi le nom de *Dol-er-marh'ent,* ce qui veut dire très exactement « Table de l'Allée du Cheval », mais qui a été faussement traduit dans une francisation douteuse par « Table des Marchands », expression retraduite depuis en breton par *Taol-er-Varchanned* ou *Taol-ar-Marc'hadourien.* La toponymie suit parfois de capricieux méandres.

La Table des Marchands fait partie d'un tumulus circulaire de 36 mètres de diamètre. C'est un monument classé comme « dolmen à couloir », qui remonte aux environs de 3 000 ans avant notre ère, en tout cas plus récent que le Mané-Lud. Comme dans tous les dolmens, l'entrée est très basse, mais le plafond remonte au fur et à mesure qu'on avance vers le fond. Ce couloir débouche dans une chambre où il est facile de se tenir debout, face à un support en forme d'ogive qui contient d'intéressantes gravures en relief, et qui sépare cette chambre d'une sorte de recoin. Par derrière, l'autre face du support ogival porte des traces de gravures, dont certaines ne sont que des prolongements de celles de la face antérieure. Le plafond de la chambre comporte des gravures représentant des haches emmanchées. Mais c'est le support ogival qui retient le plus l'attention [1].

La forme générale du support est en effet celle de l'idole dite « en écusson », ou encore, par certains archéologues irrévérencieux, « à forme de marmite », à cause des anses

1. Il a malheureusement été endommagé, entre les deux guerres, par les membres d'un équipage en bordée qui y ont gravé, de façon ineffaçable, le mot « Gazelle » qui était le nom de leur navire.

qui s'y remarquent. Le cadre est délimité par une sorte de bandelette d'où irradient des demi-cercles qui peuvent être considérés comme des chevelures, ou, si l'on veut parler un langage soi-disant « ésotérique », comme l'indication de l'*aura* qui émane de la divinité représentée. En tout cas, il s'agit bel et bien d'une forme symbolique qui évoque une divinité : des exemples innombrables, à l'époque mégalithique, corroborent cette opinion, et on peut également comparer facilement cette « idole en forme de marmite » aux statues-menhirs de Corse (notamment à Filitosa) ou d'Occitanie, en particulier celles de l'Aveyron [1], statues-menhirs qui n'appartiennent pas à la civilisation mégalithique, mais qui la prolongent à une époque protoceltique, entre 800 et 500 ans avant notre ère.

A l'intérieur de ce cadre, au centre, on peut observer un soleil rayonnant, et tout autour, sur quatre rangs, des sortes de crosses dirigées en partie vers la gauche, en partie vers la droite, par rapport à l'axe central. Ces « crosses » sont-elles des insignes de commandement ou de puissance? Veulent-elles signifier des épis de blé? Sont-elles représentations de voiles? Aucune réponse n'est convaincante, mais la présence du soleil peut permettre d'affirmer qu'il s'agit d'une divinité féminine : en effet, chez les Celtes — et les Germains — et donc chez tous les peuples dont ils ont absorbé l'héritage mythologique, le soleil est féminin et la lune masculine, réalité prouvée par l'existence de nombreux mythes sur la déesse solaire primitive [2].

Au bas de cette « idole », des signes plus difficiles à remarquer comportent des cupules, des « cornes de bélier », des lignes courbes ou serpentiformes, un cercle et trois symboles lunaires. Sur l'autre face du support, en dehors des anses qui prolongent l'idole féminine, on peut distinguer l'ébauche — ou les vestiges — d'une figuration

1. Quelques exemplaires sont conservés au musée des Antiquités nationales à Saint-Germain-en-Laye; les autres sont, soit encore en place, soit au musée Fenaille de Rodez.

2. Voir J. Markale, *La Femme celte*, éd. Payot, Paris, 10e éd., 1987.

divine. Mais l'imprécision demeure totale. Il n'en reste pas moins vrai que la vision que l'on a, en entrant dans le monument et en débouchant dans la chambre centrale, est tout à fait exceptionnelle : la beauté de ce support ogival est incontestable, et, au fond, peu importe de savoir ce que veulent dire les « hiéroglyphes » inscrits dans la pierre, puisque le choc esthétique est celui qui emporte l'adhésion.

Plus près du bourg de Locmariaquer, mais un peu à l'écart au milieu de paisibles jardins potagers, le Mané-Rutual n'est pas moins remarquable que les précédents. Il s'agit d'un monument débarrassé de son tumulus et qui présente, de ce fait, des formes étranges. Il comporte une table de 17 mètres sur 4,30 mètres, pour une épaisseur de 60 centimètres, malheureusement cassée en deux parties. Cette table est supportée par une quarantaine de blocs. La plus grande partie de la table porte, gravé en relief, un écusson qui occupe presque intégralement la face intérieure. Un support de la galerie et une des tables de couverture présentent également des figurations, mais gravées en creux. Ce sont deux crosses qui sont disposées de telle sorte qu'on peut y voir des cornes de bélier. Sur l'une des dalles, c'est une hache-charrue, type particulier d'objet, vraisemblablement symbolique, qui comporte à la fois le manche, une sorte de boucle, la hache proprement dite et, au bas du manche, une tige. On peut imaginer une charrue primitive, analogue à l'araire. Mais une autre représentation, sur le support, insiste sur l'aspect symbolique de la gravure : ici, la hache proprement dite est incontestablement un phallus, et la tige qui part du bas du manche évoque, bien qu'il soit présenté de façon proéminente, un sexe féminin muni d'une commissure vaginale. Le sens profond de la hache-charrue apparaît alors très nettement : il s'agit d'un symbole de fécondité *terrienne,* et cette idée est renforcée par la gravure en relief de la grande dalle, l'écusson, qui est la représentation d'une divinité. On est en droit d'affirmer que cette divinité est de la catégorie des Déesses-Mères, tant honorées aux époques préhistoriques où la Femme avait encore une *aura* de mystère, puisqu'elle était détentrice du pouvoir de procréation.

Cette Déesse-Mère figure vraisemblablement dans la chambre funéraire du Mané-er-Hroëck (Tertre de la Fée). Ce monument, situé au sud du bourg de Locmariaquer, en direction de la pointe de Kerpenhir, est un galgal de forme ovale, de 100 mètres de long, 60 mètres de large et 12 mètres de hauteur. Il était autrefois surmonté d'un menhir de 9 mètres, ce qui était considérable, et ce qui rendait le monument visible de très loin. D'ailleurs, une légende locale prétend que cette butte fut construite par une fée pour permettre à une pauvre veuve d'apercevoir le bateau de son fils quand il reviendrait des mers lointaines. En tout cas, c'est un monument beaucoup plus récent que les autres, probablement de 2 000 ans avant notre ère. En fait, il ne s'agit pas d'un dolmen (bien que la voûte soit construite d'après la même technique) mais d'une chambre funéraire sous tumulus. Il n'y a jamais eu de couloir d'accès, et lors de la fouille, en 1863, on a dû y creuser une entrée parfaitement anachronique et inauthentique par rapport au monument. On a découvert, dans cette chambre, une grande quantité d'objets : du charbon, des cristaux de quartz, un très bel anneau-disque en jade, une cinquantaine de perles et pendeloques en callaïs et 106 haches en pierre polie. Et surtout, à l'entrée actuelle de la chambre, un superbe pilier gravé, *en réemploi,* et datant d'une époque bien antérieure, probablement un support d'un ancien dolmen.

La gravure de ce pilier est incontestablement l'un des chefs-d'œuvre de l'art mégalithique dans le Morbihan. On y remarque d'abord l'idole en forme d'écusson, qui contient deux signes serpentiformes, une hache, deux crosses, une double corne de bénier et quelques signes indéfinissables. Au-dessus, et en dessous, se trouvent différents types de haches. L'ensemble, conforme à ce que l'on découvre dans les autres tertres, présente une grande harmonie dans la facture et la concision. On peut se demander si cette pierre n'a pas été choisie par les constructeurs du Mané-er-Hroëck en raison de son caractère sacré, pour la sauver d'une destruction et la faire servir à la solidité du nouvel ouvrage.

Toujours sur le territoire de Locmariaquer, sur une pointe qui termine la grande plage de Kerpenhir, l'allée couverte des Pierres Plates est signalée par un « menhir indicateur » placé près de son entrée, au sud. C'est une allée couverte coudée ayant une chambre au fond et une autre, sur le côté gauche, à l'endroit du coude. Treize supports présentent d'intéressantes gravures en creux et qui sont toutes, semble-t-il, des représentations de la divinité féminine des tertres. C'est encore une fois ce qu'on appelle l'idole en forme d'écusson, mais cette fois, la pointe du haut a laissé place à un creux : en fait, on dirait davantage une « chasuble » comportant une riche ornementation. Sur l'une des pierres, la forme du contour extérieur est répétée à l'intérieur deux fois, et évoquée par un trait médian surmonté d'un arc de cercle. De part et d'autre du trait médian, se trouvent des doubles demi-cercles et des cercles concentriques. Sur une autre pierre, la forme est très voisine, mais l'ornementation consiste en cercles pointés; sur d'autres supports, ce sont de simples cupules, ce qui a fait parler d'idole « à boutons ». L'une des représentations est plus spéciale : de part et d'autre du cercle médian, on peut voir des traits obliques qui évoquent soit les branches d'un arbre, soit la colonne vertébrale et les côtes.

Une telle fréquence de la représentation divine, en cette allée couverte des Pierres Plates, suggère qu'il s'agit d'une sorte de sanctuaire dédié à la Déesse des Commencements, plutôt que d'un simple tombeau. D'ailleurs, les fouilles pratiquées aux Pierres Plates n'ont jamais donné de résultats. Cela pose le problème de l'utilisation réelle de ce genre de monument. Il fut un temps où l'on croyait que les dolmens étaient des « autels à sacrifices », cliché romantique par excellence. Puis ce fut la période rationaliste où les dolmens étaient exclusivement des tombeaux, parfois individuels, le plus souvent collectifs. On en vient maintenant à considérer qu'ils avaient peut-être un double usage : après tout, on enterrait bien les gens dans les églises autrefois. Et un exemple comme celui des Pierres Plates peut permettre de considérer les dolmens et les allées couvertes — qui sont munis d'une *entrée* (parfois formée d'une dalle percée), qui comportent un couloir d'accès, ce qui suppose un cheminement, une *initiation* (au sens précis du terme) — comme des sanctuaires, de véritables temples où s'accomplissaient des cérémonies qui n'étaient pas forcément destinées à de nombreux fidèles. Il est possible qu'aux âges mégalithiques, il y ait eu des rituels de foule dans des enclos sacrés comme aux alignements de Carnac, et des rituels restreints, réservés à quelques initiés, dans des monuments plus ou moins secrets, tels les dolmens et allées couvertes [1]. Des observations récentes, pratiquées dans d'autres régions que le Morbihan, notamment en Grande-Bretagne et en Irlande, sont loin d'interdire cette hypothèse.

De l'autre côté du goulet qui sépare le grand large du golfe du Morbihan, la presqu'île de Rhuys, qui constitue la rive méridionale de cette « Petite Mer », est beaucoup moins riche en monuments mégalithiques. Pourtant, de nombreux vestiges et des traces encore visibles démontrent que cette région, très anciennement occupée par les hommes et particulièrement favorisée par le climat, a vu s'épanouir une brillante civilisation au Néolithique final. Mais l'action des moines de l'abbaye de Saint-Gildas-de-Rhuys a été déterminante sur le paysage : de défrichement en défrichement, la terre s'est débarrassée de tout ce qui gênait, y compris les blocs de pierre qu'on découvrait un peu partout. Il en reste cependant quelques exemplaires remarquables.

1. Exception faite des monuments strictement funéraires du type du Mané-er-Hroëck qui ne comportaient pas d'entrée et qui n'étaient que des tombeaux vraisemblablement protégés des profanations.

Dans la commune d'Arzon, c'est d'abord la belle allée couverte du Graniol qui retient l'attention. Elle comporte quelques gravures dont une curieuse hache et une idole en « forme de marmite ». Toujours en Arzon, on découvre avec une certaine curiosité ce qu'on appelle maintenant la Butte de Tumiac, et qu'on dit aussi être la Butte de César. Il s'agit d'un tumulus circulaire de 20 mètres de hauteur pour une circonférence de 260 mètres. Cette butte, composée de trois matériaux différents, n'est ni un dolmen, ni une allée couverte, mais un galgal contenant une chambre funéraire recouverte de vase sèche et d'un enduit de pierraille. Sur un des blocs en relief, à l'intérieur de la chambre (à laquelle on accède, comme au Mané-er-Hroëck, par une ouverture artificielle), sur l'une des dalles, on peut observer des sculptures en relief représentant vraisemblablement des seins de femme : il est possible d'y voir un symbole de la protection assurée dans l'Au-Delà par la grande divinité féminine des tertres. D'autre part, une tradition locale tenace prétend que cette butte servit d'observatoire à Jules César, au moment de la bataille navale contre les Vénètes, en 56 avant J.-C. D'où le nom de « Butte de César ». Il est certain que, du sommet de la butte, on a une vue parfaite des alentours, aussi bien de l'océan que du Golfe du Morbihan. De plus, on sait maintenant, de façon à peu près certaine, que ce fameux combat naval au cours duquel fut vaincue la flotte vénète — dont les navires se déplaçaient à la voile — par la flotte romaine — dont les vaisseaux étaient mus par des rameurs — à cause d'un brusque arrêt du vent, s'est déroulé au large de Port-Navalo, à la sortie du Golfe du Morbihan.

Mais le tumulus de Tumiac, comme le Mané-er-Hroëck de Locmariaquer, appartient à la période finale du mégalithisme. Si l'on veut retrouver l'étrange et riche ornementation des constructeurs de dolmens, il faut surtout considérer, toujours dans cette même commune d'Arzon, le tumulus du Petit-Mont, sur un promontoire qui s'avance dans l'océan [1]. C'est un galgal ovale de 60 mètres de long sur 50 mètres de large, et qui s'élève à 41 mètres au-dessus du niveau de la mer. Dans sa partie orientale, il recouvrait un dolmen à galerie dont l'entrée est située à l'est. Lors des fouilles de 1865, on y a découvert des débris de poteries, une hache-marteau, des pointes de flèches et des perles de callaïs. Tous les supports de la chambre et les deux premiers de la galerie présentent des gravures en creux.

Les signes qu'on y observe sont, pour la plupart, très difficiles à interpréter. Il y a beaucoup de lignes courbes, de lignes en chevrons, des cupules, des lignes ondulées qui évoquent les vagues de la mer. L'un des supports contient le signe en U que l'on classe comme « cornes de bélier », ainsi qu'une figuration très schématisée de la divinité des tertres, réduite à la notion de chevelure. Deux autres supports font apparaître une roue à rayons : est-ce le symbole du soleil? Dans ce cas, on pourrait en conclure à la représentation d'une divinité solaire féminine. Mais, sans doute le plus étrange, dans ce dolmen du Petit-Mont, c'est un support [2] de la chambre sur lequel on a pu proposer de nombreuses interprétations. On y voit en effet des barques, des séries de lignes brisées ou se coupant, des sortes de crosses, des signes serpentiformes, des vagues, et surtout deux figurations énigmatiques. L'une est une barque incontestable dans laquelle se trouve l'idole en forme d'écusson dans son expression la plus schématique : est-ce la navigation de la divinité solaire sur l'océan? L'autre est la représentation, la plus réaliste possible, de deux pieds, vus par-dessous, comme s'il s'agissait d'une véritable empreinte. Ce réalisme, peu fréquent dans l'art

1. Le monument a été très dégradé par la construction, pendant la Seconde Guerre mondiale, d'un blockhaus du Mur de l'Atlantique, sur une position évidemment stratégique. Il est actuellement restauré et le blockhaus abrite un petit musée.

2. Classé comme support n° 8 dans le *Corpus des signes gravés des monuments mégalithiques du Morbihan,* de Saint-Just-Péquart-Le Rouzic, Paris, 1927.

dolménique, est tout à fait surprenant : que signifie cette gravure? Un autre exemple identique se trouve, sur la commune de Quiberon, non pas dans un dolmen, mais dans un abri sous roche, à Roch Priol exactement. Mais cela n'aide guère à résoudre le problème.

De l'autre côté du golfe du Morbihan, le long de la rivière d'Auray, le territoire est également riche en monuments mégalithiques. Dans la commune du Bono, parmi des tertres datant de l'Age du Fer, se trouve une très belle allée couverte coudée recouverte de son tumulus, le Mané-Verh. La galerie est impressionnante par sa longueur, 19 mètres, et on y remarque des signes gravés en creux sur quelques-uns des supports. On y reconnaît la figuration de la divinité des tertres, à la fois sous une forme de chevelure, comme à Arzon, et sous la forme de l'idole des Pierres Plates de Locmariaquer. Cette même figuration se retrouve, très altérée, sur un des supports du dolmen à galerie sous tumulus du Couëdic, sur le territoire de Baden.

Dans l'Ile-aux-Moines (Izenach), où s'élevait autrefois un prieuré dépendant de Saint-Sauveur-de-Redon, les pierres mégalithiques ne manquent pas non plus. Il faut faire une mention particulière du dolmen à galerie de Penhape, dont l'entrée est située au sud-sud-est. Trois supports sont gravés en creux, l'un d'eux étant orné sur les deux faces, ce qui est rare. On peut y voir la représentation d'une hache, et surtout cette image si particulière du poulpe, comme à l'allée couverte de Lufang, qui a donné lieu à de nombreux commentaires sur le symbole du céphalopode autour d'une aire qui semble centrée sur la mer Égée.

Au large de Larmor-Baden, l'Ile Longue contient un superbe galgal circulaire de 25 mètres de diamètre à la base et de 4 mètres 50 de hauteur. Il est formé de trois enceintes concentriques en maçonnerie rudimentaire dont les intervalles sont remplis par un blocage de pierres. Il recouvre un dolmen à galerie dont la chambre présente une voûte en encorbellement, en forme de coupole, comme à New-Grange, en Irlande. La galerie, qui est légèrement coudée, a son entrée vers le sud-est. Deux supports et deux tables de la galerie portent des gravures en creux. On y voit, deux fois représentée, l'image d'une épée ou d'un long glaive recourbé, et surtout la représentation de la déesse des tertres. Sur l'un des supports, c'est l'idole simple en forme d'écusson. Sur une autre gravure, c'est l'idole en forme pyramidale entourée d'une longue chevelure (ou de rayons lumineux), et sur un autre pilier, on retrouve l'idole en « forme de marmite », avec deux anses (ou deux oreilles), une pointe représentant sans doute la tête, et tout autour la chevelure-flamme.

La somptuosité du monument de l'Ile Longue, qui n'est rien en comparaison de celle du monument de l'île de Gavrinis, prouve en tout cas la fréquentation des petites îles du Morbihan à la fin de l'époque néolithique. On peut facilement s'en rendre compte à l'îlot de Er Lannic (« la petite terre ») entre l'île de Gavrinis et l'île de la Jument (Er Gazek). Là, il s'agit de deux cromlechs, dont l'un est actuellement immergé, ce qui laisse supposer que le sol du golfe du Morbihan s'est considérablement affaissé depuis six millénaires. Il y a en tout 49 menhirs, dont certains sont tombés. Mais 33 sont recouverts par 6 mètres d'eau lors des grandes marées. Zacharie Le Rouzic, qui avait commencé à le restaurer, supposait qu'à l'origine, il avait dû y avoir 70 menhirs englobés dans un talus de soutènement. Ce qui est certain, c'est que ce talus contenait des foyers rituels : on a retrouvé en effet des ossements d'animaux, des polissoirs, des poteries et un grand nombre de haches votives. Il est vraisemblable que de véritables « ateliers d'art sacré » se tenaient à Er Lannic, car la petitesse des haches ne fait aucun doute sur leur but symbolique : elles n'étaient pas destinées à la guerre, mais au culte. C'est dire qu'Er Lannic, avec son double cromlech, en plein cœur du golfe du Morbihan, doit être, qu'on le veuille ou non, considéré comme un centre

« sacré » de très grande importance. Et cet îlot se trouve précisément juste en face du plus beau dolmen, non seulement du Morbihan, mais aussi d'Europe, sur l'île de Gavrinis (dont le nom signifie « île de la Chèvre »).

Gavrinis est en tout cas un des hauts lieux de la Préhistoire. Son tumulus — en fait, un galgal — mesure 100 mètres de circonférence pour 8 mètres de hauteur, constituant le point culminant du golfe du Morbihan. Il recouvre un dolmen tout à fait exceptionnel par la richesse de ses gravures, datant de 3 000 ans environ avant notre ère. L'entrée s'ouvre au sud-est. La galerie fait 14 mètres de long et 1 mètre 50 de large, et elle conduit à une chambre funéraire limitée par neuf blocs de pierre très imposants, probablement transportés du continent, recouverts d'une dalle cyclopéenne de quatre mètres sur trois. L'un des supports comporte des cavités qui y ont été creusées bien après la construction du monument, et une légende locale prétend qu'on y attachait des prisonniers. Une autre version de la légende assure même qu'il y avait un établissement de Templiers à Gavrinis — ce qui est historiquement faux — et que le dolmen leur servait à mettre à l'abri leurs captifs. Il faut dire qu'en Bretagne, les « moines rouges », c'est-à-dire les Templiers, ont eu fort mauvaise réputation et que la tradition populaire leur attribue, même après leur disparition, les méfaits les plus sordides et les plus inavouables. Cela dit, les supports de la chambre sont tous gravés en creux, ainsi que la pierre qui se trouve à l'entrée de cette chambre et qui forme une sorte de seuil. Quant à ceux du couloir, vingt-trois sur vingt-neuf sont entièrement recouverts de gravures, et une des pierres de la maçonnerie interposée entre un support et la table de couverture porte elle aussi des signes gravés en creux. L'ensemble, pourvu que la lumière s'y prête, forme un fantastique labyrinthe où l'esprit, après avoir admiré la beauté incontestable des gravures, peut s'égarer à imaginer la signification profonde de ce message surgi du fond des âges obscurs.

Ce qui frappe, c'est d'abord la représentation de cette déesse des tertres tant de fois rencontrée dans les dolmens du Morbihan. Ici, à Gavrinis, elle prend un aspect *arborescent,* à moins qu'il ne s'agisse de chevelures, ou encore des ondulations de la mer. Comment savoir? Mais on reconnaît cependant le schéma initial de l'idole en forme d'écusson. Puis il y a des haches non emmanchées, des signes serpentiformes, des cercles concentriques (mais jamais de spirales comme dans le monument analogue de New-Grange, en Irlande), des arcs, des tiges de plantes stylisées, des arborescences qui peuvent signifier des fougères, à moins que ce ne soient des colonnes vertébrales avec des côtes, ou encore des arêtes de poissons. Les interprétations sont multiples, et toutes aussi valables les unes que les autres. Il y a même la possibilité de voir, sur la dalle du fond de la chambre, une sorte de personnage avec une grosse tête et des petits pieds, ce que les guides plus ou moins officiels prétendent être la déesse néolithique. Cette interprétation, ou plutôt cette « vision », est plus que douteuse, l'art mégalithique étant abstrait, géométrique ou schématique, mais, en dehors de certains éléments précis, jamais anthropomorphique.

En fait, même s'il est périlleux de tenter d'*expliquer* ces énigmatiques gravures, il est possible de les *sentir* pour ce qu'elles sont, c'est-à-dire des objets qui s'interposent entre un lointain passé dont nous ne savons historiquement presque rien et notre civilisation (avec la sensibilité et la spiritualité qu'elle renferme). Et sans tomber dans un délire d'interprétation qui ne servirait qu'à les rendre plus lointaines, plus inaccessibles, il est permis d'y voir autre chose que ce que consentent à voir les archéologues et préhistoriens officiels dont le rôle principal est de classer et de conserver.

La figuration humaine pure étant absente de ces pétroglyphes, surtout à Gavrinis, il contient d'y rechercher les éléments que les artistes mégalithiques ont pu y superposer. Ce sont avant tout des *chevelures,* marque évidente de puissance et de noblesse (souvenons-nous de Samson et Dalila avant d'accuser de tous les maux des jeunes à cheveux longs!). Mais ces chevelures sont *aussi les vagues de la mer,* et elles peuvent *encore être des flammes,* avec une connotation divine solaire. Ce qu'on appelle l'analogie n'est pas une invention de notre siècle, et la métaphore n'existe que par la superposition des images et des idées. Les cheveux, qui sont donc la marque la plus évidente de l'autorité dans les civilisations dites primitives, peuvent parfaitement être associées aux flammes, symbole de puissance et de vie, ou encore à la mer, elle-même symbole de vie et de force parfois incontrôlée. A Gavrinis, la plupart des gravures se développent à partir de la chevelure, ou bien elles en provoquent l'évocation, comme elles provoquent les mouvements de la tempête sur la mer ou les flammes d'un incendie allumé par la foudre et qui dévorent des forêts entières : n'est-ce pas la divinité solaire, laquelle gît dans les tertres obscurs pendant sa longue dormition, qui se réveille enfin et embrase le monde?

A ce thème de la chevelure, se superpose celui du collier, qui sert de réplique à la chevelure et la prolonge encore plus avant dans le cadre naturel de l'ouvrage. On a retrouvé, dans les monuments mégalithiques, de nombreuses perles de collier, et celui-ci a sans doute un élément d'apparat fort important : c'est un insigne de puissance. Les Celtes, héritiers de cette civilisation mégalithique, en développeront largement l'usage et le sens symbolique, surtout dans leurs célèbres *torques.* Un monument comme Gavrinis est tout entier consacré à « la puissance et la gloire ». Une telle richesse d'ornementation doit avoir sa justification. Certes, le caractère funéraire ne laisse aucun doute, mais il est permis de se demander si des rituels, plus ou moins secrets et réservés à une élite, ne se déroulaient pas à l'intérieur, à l'occasion de certaines fêtes. L'aspect culturel est inséparable de l'aspect funéraire.

Un autre thème prête au commentaire, celui des haches : la hache non emmanchée, dans toute sa pureté originelle, est un symbole de force devenu image de la divinité tutélaire. Il voisine souvent avec des signes serpentiformes. Or, dans toutes les traditions, les serpents, comme les dragons avec lesquels ils se confondent souvent, ont été les gardiens des trésors de l'Autre Monde.

Car Gavrinis, comme la plupart des tertres de ce genre, c'est vraiment l'Autre Monde, le domaine de l'irrationnel et du fantastique. La pierre n'est plus une pierre : elle est devenue, par l'abandon total de la matière, le témoignage le plus éblouissant du triomphe de l'esprit créateur sur la masse inerte, le triomphe de la vie sur la mort. Et cela défie les siècles. Dans l'ombre des tertres, l'image de la déesse inconnue contemple encore les quelques fidèles qui se risquent dans ces sanctuaires pour tenter d'apercevoir une infime portion de l'infini. Malheureusement, de cette vision transcendantale de l'univers due à des peuples dont l'histoire a oublié le nom, nous ne possédons plus que les négatifs, gravés en creux dans la pierre d'un monument enfoui depuis des millénaires en un îlot battu par les vents. Qui découvrira le visage réel de cette divinité? Qui pourra jamais tracer le contour authentique de cet immense sanctuaire à la mesure de l'infini que constituent les grands ensembles de Carnac et de la région avoisinante?

## III

## LES CHAMPS MÉGALITHIQUES

La civilisation mégalithique s'est répandue, à la fin de l'époque néolithique, sur la plus grande partie du continent européen. C'est dire qu'on trouve des « dolmens » et des « menhirs » dans bien d'autres endroits que la Bretagne. Cependant, on est bien obligé de reconnaître que la densité des monuments encore existants est beaucoup plus grande au voisinage de l'Atlantique, ce qui laisserait supposer que le mégalithisme est avant tout extrême-occidental. C'est en effet en France, en Espagne, au Portugal, en Grande-Bretagne, en Irlande et en Scandinavie que se trouvent la presque totalité des vestiges. C'est une observation qui est facile à faire : plus on va vers l'intérieur du continent, plus on va vers la Méditerranée, moins on découvrira de monuments mégalithiques. En outre, les plus fortes densités se situent sur le littoral maritime, ou à proximité de celui-ci, et dans les régions qui avoisinent les grands fleuves et les grandes rivières. Les constructeurs de mégalithes étaient-ils des marins? On serait tenté de le croire. Mais alors se pose la question de savoir d'où ils venaient, de l'est *ou de l'ouest?*

La période mégalithique correspond à une mutation dans les usages, et probablement dans les spéculations intellectuelles des peuples. Le second Age de la Pierre, c'est-à-dire l'Age de la Pierre polie, ou Néolithique, âge auquel appartient nécessairement la civilisation mégalithique, ne doit pas être considéré comme un tout immuable et « monolithique ». D'abord, en s'étendant sur plusieurs millénaires, il a toutes les chances d'apparaître comme composite si l'on se livre à une analyse assez poussée des vestiges à la disposition des chercheurs. Ensuite, il faut mettre en relief une réalité fondamentale : le Néolithique n'est pas apparu partout en même temps, et il n'a pas disparu d'un seul coup. Cela complique évidemment l'interprétation qu'on veut donner de certains phénomènes. Et, à la fin du Néolithique, alors que l'usage de la pierre demeure prépondérant, les métaux commencent à être utilisés : d'abord, l'or, qui a sans doute frappé par sa beauté et sa rareté; ensuite, le cuivre, qui a pu être une sorte d'*ersatz* de l'or. Mais comme l'or, métal mou, était inutilisable pour faire des armes ou des objets du quotidien, il est devenu la matière essentielle de l'ornementation et de l'étalage de la puissance. On sait qu'il en est de même pour le cuivre, mais à un moindre degré. On a retrouvé de nombreux objets en cuivre dans les monuments mégalithiques, ce qui suppose la maîtrise d'une technique d'extraction et de raffinage du minerai brut. La période mégalithique a souvent été appelée Chalcolithique. Et peu à peu, l'usage est venu de mélanger le cuivre à un autre métal, l'étain, pour aboutir à un alliage plus solide et plus fiable, le bronze. Or, on a remarqué que les grands sites mégalithiques se trouvaient à proximité des mines d'étain et de cuivre, ou sur les routes maritimes ou terrestres par lesquelles s'effectuaient le transport et le commerce de ces métaux. C'est ainsi qu'on a pu parler d'une Route de l'Étain qui, en gros, va de la mer Égée jusqu'en Irlande, en passant par l'Espagne, la Bretagne armoricaine, le Cornwall. C'est la zone où l'on constate la plus forte densité de monuments mégalithiques, et l'on est tenté de faire un rapprochement entre les deux faits. Mais le bronze n'apparaît vraiment que dans la phase ultime de la période mégalithique : on doit donc en conclure que ce ne sont pas les « bronziers » qui sont à l'origine de l'architecture et de l'art mégalithiques, mais que ce sont au contraire les peuples des mégalithes qui ont inventé la métallurgie du cuivre, puis du bronze.

Le problème de la Route de l'Étain n'est pas facile à résoudre. D'une part, il n'y a pas qu'une seule route, mais plusieurs. La principale longe les côtes de la Méditerranée, traverse le détroit de Gibraltar, remonte les côtes d'Espagne et du Portugal, franchit le golfe de Gascogne, aboutit en Bretagne armoricaine et se diversifie ensuite vers l'Irlande, la Grande-Bretagne (mais surtout du sud et de l'ouest), et la Manche, vers la mer du Nord et la Scandinavie. Mais si cette route est maritime (et côtière, comme cela se faisait en ces lointaines époques), il en existe une autre, terrestre, qui passe par la vallée du Rhône, par celle de la Saône, se diversifiant ensuite vers le nord, soit par la vallée de la Loire, soit par la vallée de la Seine, soit par la vallée de la Meuse. C'est autour de ces points forts que se situe l'implantation mégalithique, sans oublier l'axe qui va de la Méditerranée occidentale au golfe de Gascogne, entre Pyrénées et Massif Central, le long de ce qu'on appelle actuellement la « route occitane ». Il ne faut en effet pas négliger l'extrême densité de dolmens dans cette région, en particulier dans les départements du Gard et de l'Aveyron.

On remarquera que dans tout cela, la Bretagne occupe une situation privilégiée, mais non unique. C'est plutôt comme si la Bretagne armoricaine se présentait comme un relais, non seulement matériel, économique, mais également magnétique et tellurique. On sait que la nature particulière du sol et du sous-sol de la péninsule armoricaine provoque des turbulences sur les faisceaux telluriques qui parcourent la surface de la terre. Le sol granitique

— et schisteux dans le centre de la péninsule — renferme une grande quantité d'uranium, la plupart du temps très dispersé dans les roches : la radioactivité y est très forte, à la limite du supportable, ce qui n'est pas sans conséquences sur le comportement ou la santé des habitants. Le maillage des lignes telluriques y est également très particulier : le réseau est beaucoup plus serré qu'ailleurs (50 centimètres en moyenne, alors qu'on trouve 2 mètres 50 dans les autres pays). L'ensemble de ces constatations, faites selon des critères absolument scientifiques même s'ils ne sont pas toujours reconnus par la science dite officielle, ne peut laisser indifférent. On est en droit de se demander s'il n'y a pas un rapport très étroit entre la situation tellurique et magnétique de la Bretagne armoricaine et la présence de nombreux alignements. Ces alignements pourraient alors constituer de véritables pôles de rééquilibrage du réseau tellurique, chaque menhir étant l'équivalent d'une aiguille sur un point d'acupuncture. Ce n'est évidemment qu'une hypothèse parmi tant d'autres, mais elle n'est pas absurde. Le malheur, c'est que tout est faussé dans le système mis en place par les constructeurs de mégalithes parce que, au cours des siècles, de nombreux monuments ont été détruits, et parfois même déplacés inconsidérément : si l'on admet que les menhirs aient pu jouer une sorte de rôle thérapeutique, on doit admettre que leur destruction a entraîné une perturbation dans cette tentative de rééquilibrage. Il en est de même lorsqu'on restaure certains dolmens en coulant des dalles de béton qui, si elles consolident effectivement l'édifice, ne peuvent que faire écran dans un système délicat et complexe.

Quoi qu'il en soit, l'étonnement suscité par les imposants vestiges des alignements de Carnac a tendance à faire oublier qu'il y a eu d'autres champs de menhirs dans la péninsule armoricaine, et que ceux-ci, sans avoir l'importance exceptionnelle de Carnac, peuvent très bien avoir été grandioses. La nécessité de trouver des pierres pour la construction des habitations, les intempéries, le souci qu'ont toujours eu les cultivateurs de débarrasser leurs terrains de tout ce qui l'encombrait, à plus forte raison des pierres qui n'avaient pour eux plus grande signification, tout cela a fait que beaucoup d'alignements ont disparu complètement, quelques-uns ne subsistant plus guère que par quelques « épaves ». Si les alignements de Carnac sont restés aussi spectaculaires, c'est qu'ils se trouvent sur un terrain relativement maigre et pauvre, et où ils ne pouvaient nuire à l'agriculture.

A une vingtaine de kilomètres au nord de Carnac, dans la forêt de Floranges, le long de l'ancienne voie romaine dite Hent-Kornevek, une file de menhirs parfaitement repérable, bien que la plupart des blocs soient maintenant couchés, subsiste et laisse à penser qu'il y en avait d'autres aux alentours. D'ailleurs, de Camors à Saint-Gravé, vers le confluent de l'Oust et de la Vilaine, sur la longue crête granitique des landes de Lanvaux, ainsi qu'un peu plus au nord, sur la crête parallèle des terrains primaires qui va de Sérent à la Gacilly, de nombreux mégalithes dispersés sont les vestiges d'alignements très évidents qui ont été utilisés comme carrières au cours des siècles. Dans la commune de Moustoirac, en dehors du menhir isolé de Kermarquer, en plein champ, qui comporte des crosses gravées en relief, on découvre de nombreux mégalithes tout autour du village de Kerhéro. Tout cela donne l'impression d'un ensemble organisé, très cohérent et d'une assez grande importance.

On compte environ une centaine d'alignements dits simples, c'est-à-dire comportant une seule file, dans toute la péninsule armoricaine. La difficulté de leur repérage tient au fait que certains des blocs ont disparu ou ont été couchés sur le sol avant de s'enfouir sous la végétation et la terre végétale. Il faut aussi se méfier de toute interprétation abusive. Deux pierres levées forment fatalement une ligne droite, mais il est nécessaire de trouver au moins trois menhirs sur la même ligne droite pour conclure qu'il s'agit d'une file. En tout cas, on a remarqué que, lorsqu'il y a effectivement une file, l'écartement des menhirs est seulement de quelques mètres, ce qui distingue cet ensemble d'un système possible entre des menhirs isolés et séparés par une longue distance. On a également constaté que lorsque l'intention était de former une véritable file, la section horizontale la plus grande des blocs se trouvait toujours orientée dans le sens de l'alignement.

Il est impossible de citer tous les alignements ainsi répertoriés. Mais il y a des exemples bien précis et tout à fait remarquables. A Médréac, dans les Côtes-du-Nord, mais à la limite de l'Ille-et-Vilaine, l'ensemble du Lampouy s'étend sur une vaste surface, entre le menhir dit de la Pierre Carrée, qui mesure cinq mètres de haut, près du village du Chenot, jusqu'au menhir de la Roche Longue, au-delà de la frontière départementale, sur le territoire de Guitté. Cet ensemble mégalithique du Grand et du Petit Lampouy comprend environ 60 blocs en sept groupes, avec sept menhirs encore debout. Les files sont orientées du nord-ouest au sud-est. Dans la forêt de Haute-Sève, non loin de Saint-Aubin-du-Cormier, toujours en Ille-et-Vilaine, quatre menhirs sont orientés du nord-ouest au sud-est, avec deux autres menhirs aux environs immédiats. En forêt de Fougères, un curieux spectacle est constitué par ce qu'on appelle le Cordon des Druides. Il s'agit de 80 blocs de quartz qui s'étendent, en une seule file, sur 300 mètres de long. Les blocs ont de un à deux mètres de hauteur; l'orientation est également nord-ouest sud-est. Mais on s'est demandé si ce n'était pas tout simplement un filon de quartz affleurant sans aucune intervention humaine.

Dans les Côtes-du-Nord, sur le territoire de Pleubian, à Poul-ar-Varkez, près du Port de la Chaîne, on trouve une file de trois menhirs debout accompagnés de blocs couchés. L'ensemble se répartissait dans un talus orienté à peu près est-nord-est ouest-sud-ouest. Et à Pleslin, on a dénombré cinq files comprenant 65 menhirs. Mais c'est surtout dans le département du Finistère que se remarquent le plus de vestiges d'alignements.

Dans le Léon (Nord-Finistère), il y a plusieurs séries de files qui sont vraisemblablement les restes d'ensembles plus importants : c'est le cas à Trémazan et à Penfoul en Landunvez, ou encore à Saint-Ourzal et à Troanigou en Porspoder. A Plouguin, il ne subsiste plus que le menhir de Locmajan, d'une hauteur de six mètres, seul rescapé d'une file de blocs allant vers Castellourou, laquelle file était coupée par une autre qui allait vers le menhir de Lannoulouarn, aujourd'hui disparu. On sait qu'à Plougastel-Daoulas existaient plusieurs alignements qui ont été détruits : la culture des fraises est passée avant le respect des monuments. A l'est du Mont-Saint-Michel de Brasparts, en plein cœur des Monts d'Arrée, on peut encore voir un groupe nommé *An Eured Ven* (« la noce de pierre »), où a été localisée une légende de danseurs maudits. Ce groupe dépasse la vingtaine de pierres alignées est-ouest. Dans la presqu'île de Crozon, les ensembles de Leuré et de Raguenès semblent avoir compris deux files perpendiculaires de menhirs, mais ils ont été entièrement détruits. Dans cette même presqu'île, à Lostmarc'h (« la queue de cheval »), on a les ultimes vestiges d'un groupe de onze pierres encore en place sur trois files parallèles. Mais, dans cette région, ce sont les alignements de Lagatjar, sur le territoire de Camaret, qui offrent le plus d'intérêt, car ils ont été restaurés entre les deux guerres mondiales. Ils comportent quelque 65 menhirs qui s'étendent sur une file principale coupée par deux files transversales. En avant des alignements, se trouve un dolmen appelé la « Pierre du Conseil ». Actuellement, l'ensemble se prolonge sur 200 mètres, mais il est certain que ce qu'on voit n'est qu'une petite partie d'un grand ensemble qui devait occuper une surface quatre fois plus importante.

Dans la péninsule de Cornouaille dite « du Cap » (le Cap Sizun), et dans le pays Bigouden, les vestiges sont également nombreux malgré les destructions et les remembrements. A Kerfland en Plomeur, trois menhirs jalonnent une ligne sud-sud-est nord-nord-ouest. Ils ont une hauteur de trois à quatre mètres. Sur le territoire de Penmarc'h, mais à proximité de Plomeur, entre le moulin de la Madeleine et Lestriguiou, au siècle dernier, on avait compté 600 pierres rangées en quatre files. Or, vers 1900, on n'en comptait plus que 200. Il n'en subsiste actuellement que des débris. Cependant, les documents prouvent l'importance de l'ensemble, ce qui est un exemple caractéristique de ce qui s'est passé au cours des siècles : autrefois, le nombre d'alignements devait être considérable sur la péninsule armoricaine.

Les Montagnes Noires, partagées aujourd'hui entre le Finistère et le Morbihan, présentent encore quelques vestiges. Sur le versant nord, on trouve, à Saint-Goazec, une file de menhirs dite Tri-Men (les « trois pierres ») et une autre file, celle de Croas-an-Teurec, avec encore trois pierres debout et plusieurs blocs couchés. Sur la commune de Spézet, c'est tout un ensemble qui a été peu à peu détruit, y compris des menhirs portant des cupules. Sur la pente sud des Montagnes Noires, les trois menhirs de Guernagoué en Roudouallec n'ont pas survécu au remembrement.

Le département de la Loire-Atlantique, dont le sol a été travaillé et constamment modelé par les hommes, ne présente plus guère d'exemples frappants. Au village d'Arbourg, près d'Herbignac, il y avait encore au siècle dernier 57 pierres rangées sur sept files. Ce qui en restait a été détruit après la dernière guerre. Au Verger, près de Guémené-Penfao, on sait qu'il y avait un important ensemble de menhirs, mais ceux-ci ont complètement disparu.

Le site le plus étrange, et celui qui est peut-être le plus caractéristique, est celui de la région de Langon (Ille-et-Vilaine), dans la vallée de la Vilaine. C'est d'abord un groupe de menhirs appelés les « Demoiselles de Langon ». Une légende locale y voit une petite troupe de jeunes filles pétrifiées pour avoir préféré le bal aux prières des Vêpres. Il ne reste actuellement que 37 pierres rangées en six files parallèles, sur la lande du Moulin. Mais c'est sur le territoire de Saint-Just que se situent les plus beaux ensembles, sur la lande de Cojoux et celle de Tréal. Le lieu, dont le sol est très pauvre, est resté assez sauvage et secret.

Le site est très complexe : on y voit s'effilocher sur plus d'un kilomètre de petites files de menhirs (les Demoiselles de Langon) en avenue, avec des transversales, des groupes de grands menhirs (les Roches Piquées), un arc de cromlech (la Croix Saint-Pierre), en association avec des tertres tumulaires dont l'un a servi de support à d'autres menhirs. Ce tertre, nommé le Château-Bû, est couronné en effet par huit pierres levées disposées en cercle. La tradition locale prétend qu'on y accomplissait autrefois des sacrifices humains. Vers la Croix Saint-Pierre, un autre tertre a pu être daté des environs de 2000 avant notre ère. A l'est de ce tertre, se trouve une allée couverte ruinée qu'on appelle le Four Sarrazin. A Tréal, c'est le dolmen renversé de la Roche aux Fées, et sur la lande de Gremel, au sud du nouveau bourg de Saint-Just, il y a un ensemble de cinq tertres ronds en forme de Y ouvert vers le soleil levant : sur chacune des buttes, de petits menhirs sont très profondément enfoncés. Au lieu dit Severoué, enfin, on a découvert un atelier néolithique où étaient vraisemblablement travaillées les pierres qui ont servi sur ce site de Cojoux, et non loin de là, on peut encore voir le dolmen ruiné de la Roche Mathelin. Cette complexité de monuments, l'étendue de leur répartition, le nombre de pierres ayant échappé aux destructions, tout cela nous amène à penser que le site de Saint-Just devait être un immense sanctuaire mégalithique qui, sans atteindre les dimensions exceptionnelles de Carnac, obéissait aux mêmes impératifs religieux.

Dans la forêt de Paimpont, qu'on considère comme un reste de l'antique Brocéliande, un certain nombre de mégalithes ont survécu au temps. A la lisière occidentale de la forêt, en pleine lande, sur le territoire de Néant (Morbihan), non loin du lieu dit la Butte aux Tombes — et où il y a effectivement quelques tertres tumulaires, se trouve un curieux site appelé le Jardin des Moines. Il n'y a jamais eu de monastère ou de prieuré aux alentours, et l'appellation désigne probablement un sanctuaire remontant aux époques celtiques : les druides, on le sait, avaient coutume de résider et d'officier en pleine nature, au cœur des forêts ou dans des lieux écartés. Mais, en l'occurrence, le Jardin des Moines est de facture mégalithique. Il s'agit de trois enceintes de forme carrée, comprenant une cinquantaine de blocs posés comme des menhirs, mais très rapprochés. Y avait-il autrefois une dalle de couverture, ce qui supposerait un dolmen? Probablement pas. Cela fait davantage penser à une enceinte cultuelle en plein air. A l'autre extrémité de la forêt existe un fragment de dolmen en schiste rouge qu'on dit être le Tombeau de Merlin. L'appellation est récente, et liée à l'implantation des légendes arthuriennes dans le pays. Mais il n'empêche que le Tombeau de Merlin fait partie d'un tertre mégalithique fortement dégradé. Il en est de même pour la dalle de granit, dite « Perron de Merlin », qui surplombe la mystérieuse Fontaine de Barenton, centre de tant de légendes et de traditions : c'est incontestablement un débris mégalithique en réemploi. Peut-être y avait-il, près de la fontaine, un ancien tertre rituel? L'emplacement, en tout cas, est typique du *nemeton* gaulois, et l'on sait que la religion druidique doit beaucoup aux rituels et croyances des peuples qui ont précédé les Celtes en extrême Occident [1].

Mais en dehors de ces enceintes comprenant plusieurs menhirs, enceintes qui semblent avoir été très nombreuses un peu partout en Europe, mais particulièrement dans la péninsule armoricaine, il existe des menhirs manifestement isolés, manifestement placés à certains endroits qui de-

1. Voir J. Markale, *Le Druidisme,* Paris, éd. Payot, 1985.

vaient correspondre à des lieux sacrés ou qui étaient ressentis comme de véritables points névralgiques du système des courants telluriques. On a parlé de « menhirs indicateurs » : c'est vrai dans certains cas où la pierre levée indique la présence, à proximité, d'un tertre tumulaire ou d'un simple dolmen. On a prétendu que c'étaient des bornes, analogues à ce que feront plus tard les Romains le long des grandes voies de communication. Mais cet aspect utilitaire n'est aucunement contraire à l'aspect sacré, surtout dans une époque où l'on n'opérait pas de distinction systématique entre le sacré et le profane. Quoi qu'il en soit, ces menhirs isolés existent, et sont souvent l'objet d'une vénération populaire, voire de pratiques superstitieuses qui en disent long sur le symbolisme, lequel est évidemment phallique. Dans toute la Bretagne, fort nombreux sont les menhirs où les femmes stériles — ou bien celles qui voulaient avoir très vite un enfant — venaient se frotter le ventre ou les parties sexuelles les nuits sans lune de préférence, et malgré les tonitruantes malédictions du clergé chrétien. Ces rituels de fécondité remontent du fond des âges. On a beau avoir détruit certaines pierres pour éviter aux fidèles de succomber au paganisme, le paganisme s'est souvent montré plus fort, et les habitudes ancestrales perdurent même dans une société industrielle vouée au rationalisme.

Le menhir de Kerloas, qu'on appelle également Kervéatous, en Plouarzel (Finistère), est actuellement la plus grande pierre levée restée debout. Il y a 9 mètres 50 de son pied à son sommet, mais il est entouré d'une plate-forme circulaire rehaussée qui n'est autre que le bourrage, par des pierres de calage, du trou dans lequel il a été planté. On sait d'ailleurs qu'un coup de foudre, au XVIIIe siècle, lui a fait perdre une partie de son sommet. On pense qu'il avait donc, à l'origine, plus de dix mètres de haut. Et il est situé à 123 mètres d'altitude, sur le plateau du Léon, dominant à la fois la mer et les alentours. Cela pouvait être aussi bien un repère pour la navigation côtière qu'un symbole sacré destiné, comme les clochers et les calvaires, à rappeler aux fidèles le sens du divin.

Toujours dans le Finistère, et sur le plateau du Léon, on remarque un certain nombre de grands menhirs qui ont la particularité d'être taillés avec soin, et même parfois presque polis, ce qui contraste avec la forme fruste des pierres des alignements de Carnac. On peut noter le menhir de Saint-Gonvarc'h en Landunvez, qui a six mètres de hauteur, celui de Kerenneur (ou de Kerhouezel) en Porspoder, qui a 6 mètres 60. Sur le territoire de Plourin-Ploudalmézeau, on citera le menhir debout de Kergadiou, qui mesure 8 mètres 80, et à 80 mètres de distance, un autre bloc couché qui fait 10 mètres 50. Celui qui est debout est « de loin le menhir aux formes les plus parfaites qui soient; selon qu'il est regardé par une face ou par la tranche, l'impression est différente, car sa section n'a point été rendue circulaire et conserve, du bloc primitif, une symétrie à deux dimensions qui semble un caractère intrinsèque de tout menhir. C'est vu à quelques dizaines de mètres par la tranche que ce monument est le plus saisissant, et donne l'impression d'une aiguille élancée (poids environ 40 tonnes) » [1].

Il y a bien d'autres menhirs tout aussi remarquables tant par leur aspect que par leur taille. Non loin de Dol (Ille-et-Vilaine), le menhir de Champ-Dolent est certainement l'exemple le plus caractéristique et le mieux conservé actuellement de ce genre de monument. Il mesure 9 mètres 50, et sa forme est très régulière. La légende locale raconte que cette pierre serait tombée du ciel pour séparer deux frères ennemis qui allaient se battre à mort. Et l'on ajoute que le menhir s'enfonce len-tement dans le sol : quand il aura disparu complètement, alors ce sera la fin du monde. Dans les Monts d'Arrée, près de Berrien (Finistère), le menhir de Kerampeulven n'est pas aussi imposant par sa

1. P.R. Giot, *Préhistoire de la Bretagne,* Rennes, éd. Ouest-France, 1979, p. 388.

taille, mais il impressionne par son aspect général. Et le nom de Kerampeulven est tout à fait significatif : la « ville du pilier de pierre ». Il faut préciser que le terme *peulvan* ou *peulven* a été fréquemment utilisé à partir du début du XVIIe siècle pour désigner les « pierres levées ». Dans la seconde édition de son célèbre dictionnaire, en 1752, Dom Louis Le Pelletier, savant connaisseur des antiquités de la Bretagne armoricaine et témoin irremplaçable de la tradition celtique telle qu'elle était encore vécue à l'époque, précise sa pensée à ce sujet sous forme de question : « Nos anciens n'auraient-ils pas planté ces pierres pour objets de quelque culte, ou cérémonie religieuse, en guise d'idoles? » On ne peut que penser à la phrase de Jules César dans ses *Commentaires de la Guerre des Gaules* à propos du dieu gallo-romain Mercure — en fait, le Lug de la tradition irlandaise — qui est, au premier siècle avant notre ère, représenté par de nombreux *simulacra,* c'est-à-dire des piliers de pierre ou de bois non anthropomorphiques »[1].

Il est impossible d'être complet en ce domaine. La péninsule armoricaine fourmille de menhirs. Et il est probable que dix fois plus de pierres actuellement debout ont été abattues au cours des siècles, soit pour être débitées et réutilisées dans la construction des maisons, soit par réaction du clergé catholique inquiet de voir survivre des superstitions qui sentaient vraiment trop le soufre pour être récupérées ou simplement tolérées.

Certains menhirs cependant présentent des particularités, notamment des gravures en creux ou en relief. C'est un phénomène très rare, mais il est difficile de pouvoir en tirer des conclusions définitives. En effet, les menhirs, contrairement aux supports des dolmens qui sont à l'abri de l'air et enfouis sous des tertres, sont exposés à toutes les intempéries, et il est impossible de préciser si telle ou telle pierre levée a comporté autrefois des signes gravés, ou même si elle avait une vague forme anthropomorphique :

1. Voir J. Markale, *Le Druidisme,* Paris, éd. Payot, 1985, pp. 82-91.

l'érosion a joué son rôle; la pluie, le gel, la chaleur ou la foudre ont fait des ravages sur les mégalithes, tout au moins sur l'extérieur de ces mégalithes.

Néanmoins, certains monuments sont remarquables par leur « ornementation » qui est plutôt une sorte de « sacralisation ». A Carnac même, le menhir du tertre du Manio comporte des signes serpentiformes parfaitement visibles. Le menhir de Kermarquer en Moustoirac (Morbihan), sur la crête des landes de Lanvaux, comporte plusieurs crosses gravées en relief, et, sur ce menhir, on peut observer des traces flagrantes d'autres gravures qui sont à moitié effacées par les intempéries. Il faut d'ailleurs noter que, dans certains cas, les Chrétiens ne se sont pas fait faute de récupérer les menhirs en y gravant des symboles appartenant à la nouvelle religion : le célèbre menhir de Saint-Duzec, en Pleumeur-Bodou (Côtes-du-Nord), en est un témoignage accablant.

Mais, pour en revenir à la période mégalithique proprement dite, il est intéressant de remarquer cette « sacralisation ». Elle joue pour certains monuments à l'exclusion des autres, ce qui doit indiquer une destination particulière pour la pierre concernée. Malheureusement, nous n'avons pas l'explication ni le code, et nous en sommes réduits aux hypothèses, les plus folles soient-elles. Pourquoi y a-t-il des serpents parfaitement reconnaissables sur le menhir du Manio? Pourquoi y a-t-il des crosses sur le menhir de Kermarquer? Pourquoi y a-t-il des haches sur le menhir de Saint-Denec en Porspoder (Finistère), actuellement couché, mais qui présente nettement ces figurations en relief? « Les motifs figurés sur ces monuments se retrouvent sur les parois des dolmens à couloir, et notamment les crosses sur les dolmens de type ancien. C'est un excellent élément complémentaire de datation des menhirs qui montre que cette catégorie de monuments est à peu près aussi ancienne que les sépultures mégalithiques » [1].

1. P.-R. Giot, *op. cit.,* p. 401-402.

Mais, répétons-le, les alignements de Carnac sont beaucoup plus récents que les tertres tumulaires et les menhirs isolés et doivent correspondre à une profonde évolution de la civilisation mégalithique.

A cet égard, le menhir de Saint-Samson-sur-Rance (Côtes-du-Nord) est très significatif. Cette pierre fait 7 mètres hors du sol, mais elle est actuellement inclinée. Sur les faces latérales, on distingue le motif des crosses et celui des haches emmanchées, représentées en relief. Mais, en observant les autres faces, de nuit, et avec un éclairage frisant, on s'aperçoit que d'autres thèmes bien connus, carrés, rectangles, cupules, signes indéchiffrables, sont gravés. Peut-on supposer que *tous* les menhirs, du moins les menhirs isolés, aient été, lors de leur érection, soigneusement travaillés et « sacralisés »? Il n'y a pas de réponse. Pourtant, on peut aller plus loin : « Si on se laisse séduire par un parallèle ethnographique facile sinon trompeur, celui avec les mâts totémiques, on peut imaginer que des peintures aux vives couleurs pouvaient former la décoration de bien des menhirs. Ce ne peut être qu'une hypothèse parmi tant d'autres » [1]. Et il ne faudrait pas oublier qu'au Moyen Age, surtout à l'époque romane, l'intérieur des sanctuaires, que l'on s'acharne actuellement à reconstituer en insistant sur les pierres apparentes, était entièrement recouvert de peintures. C'est une réalité historique difficile à transposer sur des périodes préhistoriques, mais tout de même...

Mais ce qui parle le plus à l'imaginaire, ce sont évidemment les dolmens et les allées couvertes sous tumulus des quatrième et troisième millénaires avant notre ère. De nombreux monuments ont été détruits ou ne subsistent qu'à l'état de ruines insignifiantes, mais il en est d'autres qui sont particulièrement remarquables par leur architecture et leur disposition.

Dans les Côtes-du-Nord, non loin du lac de Guerlédan,

1. P.-R. Giot, *op. cit.*, p. 402.

sur le territoire du Quillio, se trouve une colline assez étrange, entourée de bois, sur laquelle est érigée une chapelle relativement moderne dédiée à Notre-Dame de Lorette. Mais, sur le terre-plein, parallèlement à la chapelle, on distingue une série de menhirs rangés sur deux files. Réflexion faite, il s'agit d'une allée couverte, de facture assez ancienne, dont les dalles de couverture et le tertre tumulaire ont disparu. Et quand on pense que, dans la plupart des tertres mégalithiques, le culte de la Déesse des Commencements est attesté, on ne peut que remarquer l'admirable continuité qui s'établit entre ces époques archaïques et les temps contemporains : la Vierge Marie de la religion chrétienne, sous quelque vocable qu'on l'invoque, n'est-elle pas *la même* que la Déesse des Commencements? Bien entendu, il y a là de quoi faire frémir d'indignation tous ceux qui usurpent le droit de parler au nom de la divinité et qui s'interposent entre la créature et le créateur sans se rendre compte qu'ils trahissent ainsi le message dont ils étaient les dépositaires.

Non loin de cette colline dédiée à Notre-Dame de Lorette, toujours dans les Côtes-du-Nord, sur le territoire de Laniscat, on peut remarquer le très beau tertre de Liscuis avec ses trois dolmens fort bien conservés et qui demeurent des modèles du genre. Le deuxième de ces dolmens est très spécifique, car son sol est recouvert d'un dallage de schiste disposé sur deux files, et, à l'entrée, on a retrouvé une dalle qui servait d'opercule dans l'entrée très étroite du monument. Cette allée couverte, car c'en est une, est des plus classiques : elle a 15 mètres de long et elle s'ouvre vers le nord. Elle comprend une chambre principale de plus de 8 mètres de long sur 2 mètres de large. Le « dolmen » de Liscuis I, lui, n'a que 13 mètres de long. Quant à Liscuis III, c'est également une allée couverte du type classique dit armoricain, mais ouverte à l'est. On y remarque un court vestibule, une chambre principale de 8 mètres sur 2, et une petite cellule terminale. Cet ensemble de Liscuis fait partie d'une vaste nécropole — ou d'un vaste sanctuaire — qui s'étendait autrefois sur les collines surplombant le Blavet, au centre même de la péninsule, dans un lieu assez aride et sauvage mais marqué par le confluent du Blavet et du Daoulas. De nombreux vestiges mégalithiques ont été repérés dans les environs immédiats. A Plélauff, toujours dans les Côtes-du-Nord, on a redécouvert récemment une allée couverte, celle de Kerivoelen, qui est assez particulière. Elle est orientée est-ouest, elle ne comporte pas de cellule terminale, mais elle possède une sorte de petite antichambre en forme de trapèze. La chambre est imposante : elle a 9 mètres de long sur 2 mètres de large, et elle était entièrement garnie d'un pavage très soigné en petites plaquettes de schiste gris, celui qu'on trouve en abondance dans la région. Ce qui est à remarquer, c'est la date récente de ce monument — aux environs de l'an 2000 avant J.-C. : il est contemporain des premiers tumulus de l'Age du Bronze armoricain. Cela montre d'ailleurs qu'il est très difficile d'opérer des coupures nettes entre les différentes civilisations qui se sont succédé antérieurement à l'arrivée des celtes.

Les allées couvertes échappent elles-mêmes à toute classification abusive. Leur période de construction s'étend finalement sur deux millénaires, ce qui n'est pas peu. Il y a des types spécifiques, mais qu'on doit ranger par catégories et non pas en fonction de leur âge réel. Ainsi, l'allée couverte de l'Ile-Grande en Pleumeur-Bodou (Côtes-du-Nord) est-elle à considérer comme « une allée couverte courte ». La longueur de la chambre est de 8,50 m, et sa largeur de quelque 160 cm. Les parois sont formées de dalles de granit plates. Au fond, c'est une dalle unique qui termine le monument. L'accès à cette chambre se fait par un vestibule de longueur très réduite : il n'y a qu'une dalle latérale. L'entrée est orientée au sud-est, et tout autour, on distingue les traces du tertre tumulaire. On retrouve ce type de monument à Kerbors dans le Finistère. Et il faut signaler que, dans l'îlot voisin d'Aval, existe un dolmen — qui est d'ailleurs une allée couverte du même genre, que la tradition locale — probablement d'origine cléricale — appelle le « Tombeau d'Arthur ». Il faut préciser que le mot *Aval*, en breton, signifie « pomme » et qu'il était fort tentant pour quelques esprits « cultivés » de voir dans cet îlot désertique la célèbre île d'Avalon où, d'après la légende, le roi Arthur est en dormition, veillé par sa sœur la fée Morgane, attendant le moment propice pour pouvoir reconstituer le royaume de Bretagne. En Grande-Bretagne, il y a de nombreux monuments mégalithiques qui ont une appellation identique, et il n'y a là rien que de très normal. Car les héros ne meurent jamais, et leurs tombeaux ne sont que d'évidents symboles.

Sur le territoire de Ploudalmézeau (Finistère), dans une région riche en traditions populaires très diverses, se trouve, sur l'île Carn, un étrange mégalithe. C'est un tertre tumulaire, un *cairn*, comme disent les Anglo-Saxons, ce qui explique suffisamment le nom de l'île. De plus, cette île Carn est liée à la légende du fameux Marcus-Konomorus, autrement dit le Konomor de la tradition armoricaine qui est le roi Mark de l'histoire de Tristan et Yseult, le « roi qui avait des oreilles de cheval » et qui faisait tuer tous ceux qui connaissaient son secret [1]. Il est possible de voir dans l'ensemble mégalithique de l'île Carn une sorte de temple où se déroulaient des rituels sacrificiels dont les victimes étaient des chevaux. En tout cas, le tertre peut être daté des environs de l'an 4000 avant notre ère. Il est donc assez ancien. Trois chambres y sont incluses, deux simples, une divisée en deux par un mur très épais. Ces chambres sont construites en pierres sèches, avec des voûtes en encorbellement, telles qu'on en trouve à Barnenez (Finistère) ou à New-Grange en Irlande. Et le couloir d'accès est très court.

Dans les landes de Lanvaux, à peu de distance du fameux menhir de Kermarquer, dans la commune de Colpo, sur un terrain granitique particulièrement désolé,

1. J. Markale, *La Tradition celtique en Bretagne armoricaine*, Paris, Payot, 4e éd., 1984, pp. 28-29.

se trouve une série de nécropoles mégalithiques dont la plus importante est celle de Larcuste. Ce monument a aujourd'hui disparu, mais les études faites sur lui à la fin du siècle dernier nous renseignent sur son ampleur. Et non loin de là, on a retrouvé deux tertres tumulaires, dont l'un contient deux dolmens à chambre et couloir. L'une des chambres est recouverte par une grande dalle de granit. L'autre possède une voûte à encorbellement.

Plus au sud, vers l'estuaire de la Loire, les monuments de ce type ne manquaient pas, même si la plupart d'entre eux n'ont pas survécu à l'industrialisation de la Basse-Loire. On peut signaler le dolmen de Kerbourg, sur le territoire de Saint-Lyphard, à proximité de la Grande Brière, et, de l'autre côté de l'estuaire, à Saint-Brévin, le dolmen dit « allée des Rossignols ». Mais le monument le plus remarquable, et maintenant entièrement restauré, demeure sans conteste, celui de Dissignac en Saint-Nazaire. C'est un ensemble complexe appartenant à différentes époques dont les plus anciennes remontent à l'an 4500 avant notre ère. Il y a d'abord eu deux monuments parallèles, avec des chambres centrales de forme et d'importance différentes. Celle de l'est est grande et semi-circulaire; celle de l'ouest, plus petite, devait être divisée en deux parties séparées par un mur. Le couloir des deux tombes était d'une longueur de sept mètres, et l'entrée se trouve au sud-est : ce qui est remarquable, c'est que le couloir du dolmen occidental permet d'observer le lever du soleil durant la période du solstice d'hiver, comme dans le tertre de New-Grange, en Irlande, avec lequel, le monument de Dissignac présente des affinités certaines. Au premier stade de construction, le tertre devait avoir 14 m de diamètre et comprendre deux murs, l'un en pierres sèches contenant le tertre central autour des chambres, et l'autre pour ceinturer la base avec des dalles de granit ou de quartz. Dans un deuxième temps, le monument fut agrandi. Les couloirs d'accès furent allongés de quatre mètres chacun, et l'ensemble du tertre dut être élargi, avec la construction de deux enceintes complémentaires. La dalle de plafond de la chambre occidentale présente de remarquables pétroglyphes où l'on reconnaît les motifs classiques de l'art pariétal morbihannais, des crosses et des haches emmanchées notamment, qui doivent probablement figurer symboliquement la Grande Déesse des Tertres.

Le plus grand monument mégalithique de Bretagne est sans aucun doute la célèbre Roche-aux-Fées, près d'Essé (Ille-et-Vilaine), au sud-est de Rennes. La longueur totale de cette allée couverte, actuellement hors sol et débarrassée de son tertre tumulaire, est de 19,50 mètres. La largeur en est de 6 mètres, et la hauteur de 4 mètres. Cela constitue un monument impressionnant. Les pierres sont en schiste rouge cambrien, pierre caractéristique du centre-est de la péninsule armoricaine. On s'accorde pour rattacher la Roche aux Fées aux grands dolmens d'Anjou et des bords de la Loire, dont la caractéristique est une propension au gigantisme. La chambre rectangulaire est très vaste, avec 14 mètres de longueur, une largeur de 4 mètres en moyenne, et une hauteur sous voûte de 2 mètres. Elle est divisée en quatre compartiments par trois piliers perpendiculaires à la paroi sud, et un énorme bloc en ferme l'extrémité ouest : en face, se trouve un couloir très bas de deux mètres de long. Le monument représente une certaine mode du mégalithique sans commune mesure avec les allées couvertes « classiques » du Morbihan. Il en est de même pour l'allée couverte du Mougau-Bihan en Commana (Finistère), sur les contreforts des Monts d'Arrée. C'est l'un des mégalithes les mieux conservés de toute la Bretagne. Il est long de 14 mètres, avec cinq tables soutenues par 28 supports dont certains sont gravés en creux, présentant des lances et des poignards, attributs probables de la toute-puissante divinité des tertres. De l'autre côté de la crête, sur le versant qui tombe sur le Yeun-Elez, ce marécage perdu au cœur des Monts d'Arrée, sur le territoire de Brennilis, apparaît un dolmen d'une même longueur de 14 mètres, enfoui en grande partie sous son tertre tumulaire. Il est recouvert de trois énormes dalles dont l'une peut peser 35 tonnes. Le nom de ce dolmen, ti-ar-Boudiked (la maison des Nains), indique nettement à quelles espèces d'êtres surnaturels la tradition populaire attribue la construction des mégalithes.

Cependant, le monument le plus impressionnant de toute la péninsule armoricaine est le tumulus de Barnenez en Plouezoc'h (Finistère) sur une presqu'île qui domine l'embouchure de la rivière de Morlaix. C'est en tout cas le tertre tumulaire le plus vaste du monde, sauvé *in extremis* en 1954, alors qu'il était devenu une carrière, et restauré depuis en partie. Le début de la construction remonterait à 4 500 ans avant notre ère, mais le monument a subi des transformations et des agrandissements.

L'ensemble comporte un tertre tumulaire de 70 mètres de long, ce qui est considérable, avec deux parties différentes, juxtaposées et successives. L'emplacement du monument est remarquable, au sommet d'un promontoire et dominant un très large panorama. La partie primitive, dite « cairn primaire », se présentait extérieurement comme un massif de pierres orienté d'est en ouest, avec une longueur de 35 mètres sur une largeur d'une vingtaine de mètres et une hauteur de 8 mètres, limité par deux murs en pierres sèches étagés en gradins. Ce cairn primaire contenait cinq dolmens dont les entrées se trouvaient sur la face sud, face à la rivière. Le couloir d'accès le plus court est de 7 mètres, le plus long de 11 mètres. Ces couloirs sont étroits et bas de plafond : ils conduisent à des chambres centrales. Une des dalles du plafond présente une gravure en creux représentant la fameuse idole néolitique dite « en écusson », telle qu'on la voit dans les pétroglyphes du Morbihan.

Quelque deux cents ans après l'édification du cairn primaire, six grands dolmens ont été ajoutés sur le côté occidental, sous un autre tertre tumulaire qui fait suite au premier sans discontinuité apparente, mais qui, vu la pente, a dû être étayé par des remblais. La construction est sensiblement la même, avec couloirs étroits et voûtes en encorbellement, mais avec des dallages au sol. Quelques pétroglyphes présentent des signes en U, comme dans les dolmens de Locmariaquer. On a remarqué que ces fameux signes en U se trouvent toujours à des emplacements qui pourraient être occupés par des figurations de la déesse des tertres, l'idole en forme d'écusson. Ces signes sont-ils les représentations symboliques de cette divinité?

Ce qui pose question, c'est le dolmen central du cairn primaire. De toute évidence, il n'est pas comme les autres. Son couloir est entièrement bordé de dalles granitiques surmontées par une muraille en pierre sèche soutenant la couverture. À son extrémité, on débouche sur une première chambre à peu près circulaire soutenue par de grosses dalles et recouverte par un encorbellement de pierre sèche haut de trois mètres. Deux piliers, sur lesquels se voient nettement les gravures de trois haches triangulaires et d'un arc, déterminent un passage étroit vers une chambre terminale recouverte d'une seule dalle soutenue par de gros blocs. On y aperçoit des gravures représentant des triangles, des signes en U, une croix ou une hache emmanchée, et des lignes ondulées.

« Tout concourt pour faire de ce monument central une sorte de sanctuaire dont les fonctions étaient sans doute différentes de la banale fonction de tombe collective qu'on attribue généralement aux dolmens à couloir... Ce dolmen était-il le lieu de cérémonies rituelles lors des inhumations dans les dolmens voisins? N'était-il pas plutôt la tombe réservée à une caste sociale particulière et à ses chefs? Faute de preuves, on ne peut qu'élaborer des hypothèses. Mais il subsiste ce point fondamental qui est une différenciaton architecturale flagrante, indiscutable, au sein d'un même ensemble de monuments, impliquant une différenciation fonctionnelle, malheureusement non précisée. Ce fait a d'importantes répercussions sur la vision que l'on peut avoir des autres ensembles mégalithiques d'Armorique » [1]. De toute façon, on en vient à considérer les tertres mégalithiques non seulement comme des tombeaux, mais également comme des lieux cérémoniels. Devant les entrées des dolmens de Barnenez, des débris de poteries prouvent une activité qui devait être essentiellement cultuelle. Et cette fréquentation a dû se poursuivre tout au long des siècles jusqu'à perdurer dans le cadre d'autres civilisations, à l'Âge du Bronze et pendant la période celtique de l'Âge du Fer, comme en témoignent les croyances et traditions irlandaises concernant l'univers du *sidh,* le terme *sidh* désignant l'intérieur des tertres mégalithiques peuplés par les dieux et les héros de l'ancien temps.

En dehors de la Bretagne armoricaine, on rencontre de grands ensembles mégalithiques dans toute la France, mais avec une fréquence nettement inférieure. Certes, le sud du Massif Central est riche en dolmens simples, mais qui n'offrent pas l'ornementation si particulière des monuments du Morbihan. On découvre également un certain nombre de stèles en pierre dites « statues-menhirs », dont le caractère anthropomorphique est incontestable : mais ces stèles appartiennent à une époque plus récente, constituant une évolution du mégalithisme vers l'art celtique. Pourtant, on y reconnaît les grandes lignes de la figuration de la déesse des tertres, cette mystérieuse divinité que nos lointains ancêtres ont honorée pendant des millénaires. En Bretagne, seules trois stèles anthropomorphiques nettement féminines ont été retrouvées, dont celle de Kermené en Guidel (Morbihan) : elle était en plusieurs morceaux sur un tertre néolithique, mais, en la reconstituant, on ne peut douter un seul instant de sa forme, car les seins et le collier qu'elle porte sont caractéristiques, ainsi que la tête stylisée tout à fait comparable à celle de l'idole en écusson de Locmariaquer. Il y a là une remarquable

1. J. L'Helgouac'h, *Préhistoire de la Bretagne,* Rennes, Ouest-France, 1979, p. 164.

continuité dans la représentation de la divinité féminine des tertres. Et c'est au fond la même que celle qu'on découvre dans les grottes de la vallée du Petit-Morin, en Champagne, grottes taillées dans le calcaire, ainsi que sur tous les dolmens de la région parisienne. Il y a eu *une* civilisation mégalithique sur l'ensemble de l'Europe, avec de simples variantes dues à l'époque et aux différences de terrain.

On peut aisément s'en rendre compte en observant les monuments des îles Britanniques, qui sont particulièrement nombreux et intéressants dans le sud de l'Angleterre, en Cornwall, au Pays de Galles, en Écosse et en Irlande. On comprend alors pourquoi, à l'époque romantique, les mégalithes passaient pour des « pierres druidiques » : les plus beaux et les plus caractéristiques se trouvent dans les zones à forte implantation celtique, et il était normal d'établir une relation entre ces monuments énigmatiques et la religion druidique, elle-même fort mystérieuse et peu connue.

Le plus célèbre de tous les monuments préhistoriques de Grande-Bretagne est Stonehenge, dans la partie sud de la plaine de Salisbury, environ à douze kilomètres de cette ville et à trois kilomètres d'Amesbury. Le lieu est remarquable par la concentration des vestiges du Néolithique et de l'Age du Bronze : de toute évidence, il s'agissait d'un immense sanctuaire analogue à celui de la région de Carnac. Et le site de Stonehenge est impressionnant.

En fait, comme pour les cathédrales chrétiennes dont la construction s'est étalée sur des années, voire sur des siècles, le monument mégalithique de Stonehenge a été construit en plusieurs périodes dont la plus ancienne peut remonter à 2500 avant notre ère. Il représente donc une architecture de la fin du Néolithique. D'ailleurs, le raffinement apporté à son élaboration prouve une évolution dans l'art mégalithique : l'ordonnancement a en effet de quoi surprendre ceux qui se sont habitués au caractère fruste et « barbare » des alignements de Carnac. Stonehenge n'est pas un alignement. C'est un cercle, ou plutôt une série de trois cercles, qu'on pourrait, en France, appeler un cromlech, mais qui présente les caractéristiques d'un temple en plein air entouré par une multitude de petits tertres funéraires qui font du monument un centre symbolique incontestable. Ici, on se trouve *au milieu de quelque chose.* Et si d'innombrables hypothèses ont été formulées à propos de Stonehenge, l'une d'elles a toutes les chances d'être la meilleure, celle qui consiste à voir un sanctuaire voué au culte solaire. L'architecture en elle-même et les traditions qui se sont perpétuées au sujet de ce monument, tout concorde à faire de Stonehenge un point cultuel central où le soleil, considéré comme une divinité de la vie, se pose sur la terre à certaines époques de l'année pour régénérer celle-ci et établir les grandes lignes de la délicate fusion entre le visible et l'invisible, fusion qui demeure, quoi qu'on fasse, la motivation de tous les systèmes religieux.

Durant la première période, dite Stonehenge I, les constructeurs ont commencé par établir une enceinte de terre de 91 mètres de diamètre, bordée d'un fossé qui pouvait avoir à l'origine une profondeur de 180 centimètres. A l'entrée, vers le nord-est, se trouvaient deux blocs de pierre, et tout autour, un cercle de 56 menhirs de petite dimension. C'est à ce moment qu'on érigea la fameuse Heel Stone — ainsi nommée à cause d'une légende selon laquelle un moine aurait été frappé au talon par la pierre lancée par le diable —, dont le poids est de 35 tonnes et qui a dû nécessiter 250 hommes pour assurer son transport.

A la seconde période, dite Stonehenge II, quatre-vingts pierres bleues furent placées en deux cercles concentriques. Ce qui est extraordinaire, c'est que ces pierres proviennent du Pays de Galles, des Preseli Moutains exactement, à quelque deux cents kilomètres de Stonehenge. Il devait y avoir une raison précise à ce transport de pierres, et leur choix a dû obéir à des considérations d'ordre religieux et même magique. La tradition populaire, reprise en 1132 par Geoffroy de Monmouth, l'introducteur de la légende arthurienne dans la littérature européenne, prétend que c'est l'enchanteur Merlin qui, par sa puissance magique, aurait transporté les pierres de Stonehenge, non pas du Pays de Galles, mais d'Irlande. En tout cas, cette tradition fait nettement état d'un transport de pierres originaires de très loin.

Pendant la troisième période, dite Stonehenge III, on érigea les fameux blocs gigantesques surmontés de linteaux qui donnent au monument son aspect si particulier et à vrai dire unique dans tous les vestiges mégalithiques. Il y a trente piliers, dont certains sont actuellement couchés, et l'ensemble présente un aspect réel de temple circulaire enfermant une sorte de sanctuaire probablement réservé aux officiants lors des cérémonies qui s'y déroulaient. On n'en sait guère plus. La seule certitude, c'est que le matin du solstice d'été, le premier rayon du soleil levant suit la ligne de l'avenue et vient frapper la pierre qui se trouve au centre du monument et qu'on nomme l'Altar Stone. On peut en déduire, sans trop risquer de se tromper, que le jour du solstice d'été de grandes cérémonies se déroulaient à Stonehenge. Mais était-ce vraiment un culte solaire? Personne ne peut l'affirmer, bien que de récentes observations scientifiques aient pu démontrer que le monument avait été élaboré selon des considérations astronomiques — et donc également astrologiques — très précises. On a même parlé à ce propos d'un véritable observatoire pour l'étude des constellations.

Ce qui est certain, c'est que Stonehenge a été complété, aménagé et réutilisé pendant l'Age du Bronze, et très probablement jusque vers 900 avant J.-C. Or, on sait que la civilisation de l'Age du Bronze privilégiait le culte solaire. C'est en contradiction avec la civilisation mégalithique proprement dite qui, les gravures découvertes dans les dolmens en font foi, privilégiait le culte de la Déesse des Tertres. Mais après tout, comme on sait que dans les langues celtiques et germaniques le soleil est féminin et la lune masculine, on peut prétendre qu'il s'agit de la même croyance en une divinité protectrice, la Déesse des Commencements, qui, sur un plan symbolique, peut très bien avoir été honorée comme *soleil noir*, c'est-à-dire comme « lumière de l'Autre Monde », à l'intérieur des tertres mégalithiques, avant d'être l'objet d'un culte plus « réaliste », et cette fois en plein air. Sur l'une des pierres qu'on nomme les trilithes (deux piliers et un linteau), on peut d'ailleurs observer une gravure en creux qui rappelle l'idole néolithique classique du Morbihan. Quelles que soient les solutions envisagées, il est probable que Stonehenge gardera longtemps son mystère. Le temple existe, en pleine lumière, comme un témoignage irréfutable de la spiritualité des constructeurs de mégalithes, de leur art, de leur technique, de leurs connaissances astronomiques. Mais le temple est vide, seulement battu par les vents...

Il n'en reste pas moins que Stonehenge est l'exemple le plus parfait des cercles de pierres mégalithiques, ce que l'on appelle en France des cromlechs. On a pu identifier 900 cercles de pierres en Grande-Bretagne, mais aucun n'est aussi achevé et aussi élaboré que Stonehenge.

Toujours dans la plaine de Salisbury, laquelle plaine paraît bien avoir été une sorte de « Champs-Élysées » préhistoriques, on ne peut passer sous silence les cercles d'Avebury, dans le nord du Wiltshire, à huit kilomètres à l'ouest de Marlborough. Il s'agit de la plus large enceinte mégalithique connue, si l'on excepte bien entendu les alignements de Carnac, lesquels n'ont pas la forme circulaire. La surface occupée par l'ensemble occupe dix hectares, ce qui est considérable. Comme à Stonehenge, l'enceinte consiste en une levée de terre surplombant un fossé, avec, à l'intérieur, un cercle d'une centaine de pierres. La longueur de la circonférence est de 1 350 mètres. Le fossé devait avoir quelque neuf mètres de profondeur à l'origine. Le grand cercle englobe deux autres cercles, beaucoup plus petits. Celui du nord pouvait comprendre 27 pierres sur un diamètre de 97 mètres. Celui du sud devait avoir 29 pierres sur un diamètre de 100 mètres. Des avenues sont encore visibles pour parvenir au centre même du sanctuaire, car il est évident qu'il s'agit, comme à Carnac et comme à Stonehenge, d'un immense temple en plein air. Mais pour quelles cérémonies? C'est l'éternelle question qu'on se pose et qui risque fort de demeurer sans réponse.

Tout ce qu'on sait, c'est que la construction d'Avebury remonte à la dernière période du Néolithique. En ce sens, Avebury est presque contemporain de Stonehenge, c'est-à-dire date de 2500 à 2000 ans avant notre ère. Mais à Avebury, il n'y a pas eu intervention de ceux qui ont placé à Stonehenge les fameux piliers avec leurs linteaux. L'aspect général est celui d'un cromlech classique, bien que son extension le rende absolument unique en son genre. Mais là aussi, seul demeure le temple, avec toutes les énigmes qu'il propose. Cela laisse évidemment libre cours à l'imagination, parce qu'il est impossible, pour nous, de ne pas tenter de donner une explication ou une justification à ces travaux gigantesques. Et il faut bien reconnaître que sur le plan pratique, de tels monuments ne servent à rien. Il est donc nécessaire de supposer des raisons sinon religieuses ou métaphysiques, du moins scientifiques.

Dans la péninsule formée par le Devon et le Cornwall, région demeurée très longtemps sous influence celtique, et pays d'origine de la tradition du « roi » Arthur, on peut découvrir un nombre assez considérable de monuments mégalithiques. Et il ne faut pas s'étonner si certains de ces monuments portent des appellations en rapport avec la légende arthurienne, comme le « Tombeau d'Arthur », la « Roche de Merlin » ou autres « piliers de Tristan ». En France, dans ce genre d'appellation, c'est Gargantua qui détient le record.

Ces monuments de l'extrême sud-ouest de l'Angleterre sont de types très divers. On retrouve des cercles de pierre, comme ceux de Boscawen-Un et de Merry Maidens en Saint-Buryan, celui de Tregeseal en Saint-Just, ou celui de Boskenanan en Madron, dans la péninsule de Penwith (Cornwall). On découvre de très beaux menhirs isolés un peu partout, des dolmens, comme ceux de Zennor, de Madron et de Morvah, toujours dans la péninsule de Penwith, ainsi que des allées couvertes sous des tertres tumulaires, notamment à Zennor. Mais ce qui paraît sans doute le plus étrange, ce sont les « pierres trouées », comme celle appelée Men-an-Tol (pierre de la Table) en Madron. Il s'agit d'une pierre de forme circulaire, assez finement taillée et percée en son milieu d'un trou qui fait environ le tiers de l'ensemble. Actuellement, cette pierre de Madron se trouve entre deux petits menhirs, ce qui permet d'avoir une étrange perspective lorsqu'on se place au dos d'un des menhirs et qu'on aperçoit le second menhir à travers le trou. La légende locale prétend qu'on peut guérir de certaines maladies lorsqu'on passe à travers le trou. Mais ici, tout semble faussé, car il est probable que cette Men-an-Tol (que les Anglais traduisent faussement par « holed stone », c'est-à-dire « pierre à trou », à cause de la quasi-homophonie du cornique et breton *taol*, « table », et *toull*, « trou ») n'est pas à sa place originale. Il s'agit vraisemblablement d'une dalle d'entrée d'un dolmen ou d'une allée couverte récupérée lors de la destruction du monument primitif. Cette pierre trouée fait en effet penser à ces dalles qui obstruent le couloir d'entrée de certains dolmens continentaux, notamment de la région du Vexin français, et qu'on qualifie volontiers de « trou de l'âme », ou de « passage de l'âme ». Il y a réutilisation d'une pierre ancienne. Mais il n'empêche que cette Men-an-Tol provoque bien des questions qui demeurent sans réponses. Il faut signaler qu'on peut voir une pierre de ce genre, mais avec un trou beaucoup plus petit, en Écosse, dans la région de Galloway : là, la pierre se présente comme un menhir isolé, muni de ce trou manifestement artificiel.

Dans la même région de Galloway, longtemps occupée par ceux qu'on appelait les « Bretons du Nord », et qui, jusqu'au VIIe siècle de notre ère, ont été les fidèles gardiens de la civilisation celtique contre les Saxons et contre les Pictes du nord, il existe de nombreux monuments du genre dolmens et allées couvertes. L'un des plus intéressants parmi ces monuments est le tertre tumulaire de Cairnholy (dont le nom est significatif : « Tertre sacré », mauvaise traduction anglaise d'un ancien *Carn Ulaidh,* « tertre des Ulates », les Ulates étant les habitants gaëls de l'Ulster, mais que les Anglais traduisent faussement par « tertre au trésor »). Ce tertre tumulaire de Cairnholy contient deux allées couvertes sur un promontoire remarquablement situé et qui domine la mer. Ces mégalithes datent de la fin du Néolithique, mais, comme bien d'autres monuments de ce genre, ils ont été occupés et réutilisés à l'Age du Bronze.

Toujours en Écosse, dans le comté d'Argyll, à Kilmartin, à douze kilomètres au nord de Lochgilphead, se remarque une série de tertres contenant des dolmens à chambre funéraire et galeries assez imposantes. Ils font partie d'un ensemble mégalithique qui a dû avoir une grande importance à la fin du Néolithique et qui, comme de nombreux cairns de la région, a été récupéré par les peuples de l'Age du Bronze. Ces cinq tertres sont complétés par un cercle de pierres appelé Temple Wood, qui comporte une sorte d'autel central et qui devait avoir la valeur d'un temple en plein air. Ce lieu, le nom anglais actuel l'indique assez clairement, a dû servir d'emplacement sacré, de *nemeton,* pour les Celtes, car il s'agit bel et bien d'une clairière sacrée au milieu des bois, caractéristique essentielle du culte druidique. Mais ce n'est pas le seul exemple de continuité qu'on peut observer entre les constructions mégalithiques et le culte druidique.

Le Pays de Galles fourmille de dolmens et d'allées couvertes. Le terrain étant très pauvre, surtout dans le nord de la principauté, les monuments sont restés souvent intacts, les agriculteurs n'ayant pas procédé à leur élimination systématique comme cela s'est souvent produit dans les régions agricoles plus riches. L'un des plus intéressants de ces monuments est sans doute le tertre de Capel Garmon, à deux kilomètres au sud-est de Betws-y-Coed, en Gwynedd. Il s'agit d'un curieux dolmen, avec un couloir ouvert sur le flanc du tertre et conduisant à deux chambres funéraires latérales. Mais il y a une fausse entrée, ce qui n'est pas sans susciter de questions sur la véritable destination du tertre. Dans le comté de Cardigan, en Dyfed, à une dizaine de kilomètres de Cardigan, le dolmen, maintenant à ciel ouvert, de Pentre-Ifan est un des exemples les mieux conservés de l'art mégalithique au Pays de Galles. Le site est aussi connu comme *Coetan Arthur*, c'est-à-dire comme « Tombeau d'Arthur ». C'est dire la connotation que la tradition populaire établit entre les monuments de la Préhistoire et ce personnage à la fois cornique et gallois d'Arthur, autour duquel se sont cristallisés, au cours du Moyen Age, tous les anciens mythes et tous les schémas archaïques de la religion celtique. Et, non loin du lac Bala, en plein cœur des montagnes galloises, lac qu'on appelle aussi Llynn Tegid, et sur lequel est localisée la légende du barde Taliesin, on montre encore un dolmen ruiné considéré comme le tombeau de Taliesin : la tradition locale prétend que quiconque tente l'expérience de passer la nuit sur ce dolmen se réveille obligatoirement poète ou fou.

Au nord-ouest du Gwynedd, l'île de Môn *(Insula Mona)*, que les Anglo-Saxons ont nommée Anglesey, est incontestablement, d'après le texte de la *Vie d'Agricola* de Tacite, le lieu même du druidisme, tout au moins un endroit où s'étaient établis de véritables collèges druidiques. Mais l'île de Môn est parsemée de monuments mégalithiques, dolmens ou menhirs. L'un d'eux est particulièrement remarquable, celui qu'on nomme Bryn Celli Ddu, c'est-à-dire la « Colline du Bois noir ». Il s'agit d'un tertre tumulaire dont la construction est complexe. Le monument actuel a été construit sur un tertre plus ancien, et il présente des éléments architecturaux qui font croire à un sanctuaire initiatique et sacrificiel plutôt qu'à un simple tombeau mégalithique. L'un des supports de cette allée couverte, maintenant déplacé, est recouvert de signes gravés en creux qui peuvent indiquer de façon symbolique le voyage de l'âme dans l'Autre Monde. On ne peut que tenter une analogie avec les pratiques chamaniques dont le druidisme paraît être très proche par certains aspects de son culte. Le tertre de Bryn Celli Ddu, parfaitement conservé et mis en valeur, est l'un des exemples les plus caractéristiques et les plus beaux des mégalithes de l'île de Môn. Et, lui aussi, comme le tertre de Barnenez, en Bretagne armoricaine, pose le problème de la finalité réelle des allées couvertes sous tumulus : tombeaux ou sanctuaires? La question doit être débattue, mais dans l'état actuel de nos connaissances, il est difficile d'apporter une réponse définitive. La solution devrait apparaître si l'on tient compte de la permanence des cultes et des croyances à travers les diverses couches culturelles qui se sont succédé sur un même territoire. Mais là, faute de documents, nous en sommes réduits à des hypothèses, parfois sans lendemain.

A cet égard, c'est l'Irlande qui devrait apporter quelque lumière sur ces problèmes, pour l'excellente raison qu'il s'y trouve d'innombrables monuments mégalithiques, dont certains de tout premier ordre, et que, d'autre part, les manuscrits irlandais du haut Moyen Age nous ont conservé de multiples et utiles renseignements sur une tradition préchrétienne encore très vivante lors de l'introduction de la nouvelle religion. Cette situation particulière de l'Irlande, qui n'a jamais été conquise par les Romains, qui n'a jamais fait partie de l'Empire, et qui, pourtant, a été un phare du christianisme en Occident, fournit des directions de recherche. Car nulle part ailleurs, les mégalithes ne sont autant liés à une tradition ancestrale qui a perduré au cours des siècles, en dépit des vicissitudes de l'histoire.

Bien sûr, en Irlande, on découvrira de nombreux menhirs, des dolmens isolés, des cercles de pierres, des tertres tumulaires. Quelques-uns d'entre eux sont encore enfouis sous la végétation. D'autres émergent lentement lorsque des découvertes fortuites les font apparaître au grand jour. Quelques-uns sont justement célèbres dans le monde entier parce qu'ils représentent une étape décisive du mégalithisme et qu'ils sont relativement bien conservés dans un pays dont le sol est pauvre et qui n'a pas eu à être débarrassé, comme en France notamment, des pierres qui encombraient les champs ou les pâturages.

Il serait parfaitement vain de citer tous les mégalithes d'Irlande, toutes ces « pierres à légendes » qui remontent très loin dans la nuit des temps. Cependant, il est bon d'en nommer certains qui offrent un intérêt parfois hors de proportion avec leur taille, leur ampleur ou leur état de conservation. C'est le cas du monument qu'on appelle Portal Dolmen et qui se trouve en plein cœur du Burren, cette région calcaire et désertique située au sud de la baie de Galway, et dont le climat très doux permet l'éclosion, dans les moindres creux remplis de terre, d'une végétation presque exotique.

Ce Portal Dolmen, nommé également Poulnabrone Dolmen, est un monument considérable par son aspect et par sa situation dans un lieu entièrement désertique. C'est évidemment un tombeau mégalithique qui remonte à 2500 ou 2000 ans avant notre ère. La table du dolmen est une immense dalle de 365 sur 213 centimètres et pèse environ une centaine de tonnes. La hauteur de la chambre varie de 1 mètre 90 au nord à 2 mètres 05 au sud. La chambre elle-même mesure 243 sur 122 centimètres. Le monument, actuellement à l'air libre, se trouvait autrefois au centre d'un tertre tumulaire dont on remarque quelques vestiges et qui avait une forme circulaire, de 9 mètres de diamètre. Le nom de Poulnabrone, qui est gaélique, peut signifier la « tour des chagrins », ce qui indique une croyance populaire concernant des sacrifices qui s'y seraient déroulés. Il est vrai que dans ce même Burren, à trois kilomètres de Cahermore (« la Grande Forteresse »), un autre dolmen, relativement bien conservé lui aussi, celui de Gleninsheen, est parfois appelé l'Autel des Druides. Le rapport étroit entre les mégalithes et la religion des Celtes est constamment repris par la tradition populaire. Et puisque les mégalithes sont antérieurs d'au moins deux mille ans aux Celtes, il faut bien admettre qu'il existe quand même une relation entre la civilisation mégalithique et celle que les Celtes conquérants sont venus instaurer à l'extrême Occident de l'Europe. Le tout est de savoir dans quelles conditions, et à partir de quels critères s'est faite cette assimilation ou cette identification.

En tout cas, si, en France, de nombreux monuments sont dus à Gargantua, image folklorique d'une ancienne divinité gauloise gigantesque (analogue à l'Héraklès grec), si dans l'ouest de la Grande-Bretagne, de nombreux dolmens sont des tombeaux d'Arthur ou de Merlin, les mégalithes irlandais sont la plupart du temps dédiés à des personnages bien connus de la mythologie gaélique. Les « lits de Diarmaid et Grainné », allusion à une célèbre légende qui est le prototype de l'histoire de Tristan et Yseult, ne manquent pas, non plus que les « forteresses d'Oengus », le Mac Oc, fils du grand dieu Dagda. Il semble d'ailleurs que la mythologie gaélique d'Irlande soit totalement inséparable des mégalithes qui parsèment la terre de l'Ile Verte, celle qu'on dit aussi être l'Ile des Saints. Mais les Saints et les Héros de l'Antiquité païenne ne sont-ils pas les deux aspects de personnages uniques?

Il y a cependant en Irlande des monuments qui attirent particulièrement l'attention : ce sont les tertres de la Vallée de la Boyne et ceux qui se trouvent immédiatement aux alentours de cette vallée qui porte le nom de l'une des plus puissantes déesses du panthéon irlandais, Boann, ou encore *Bo-Vinda*, la « Vache Blanche », divinité féminine des eaux et de la fécondité qui se retrouve curieusement dans la légende arthurienne sous les traits et le nom de

Viviane, celle qui *enserre* Merlin dans un château d'air invisible en pleine forêt de Brocéliande.

C'est d'abord le site de Tara, au centre mythique et symbolique de l'Irlande. Tara a été la capitale de l'Irlande païenne, ou plutôt le siège d'une royauté suprême à vrai dire beaucoup plus morale que réelle. Mais cette royauté ayant un caractère sacré, l'importance du site met en évidence la permanence des traditions qui remontent à la plus lointaine Préhistoire, probablement bien avant l'arrivée des constructeurs de mégalithes. Tara est comparable à Delphes : c'est une sorte de nombril du monde à l'usage de cette île perdue en plein Atlantique et qui parvient difficilement à s'intégrer à la vie continentale tout en ayant sur celle-ci une influence considérable qui s'est souvent révélée essentielle pendant le haut Moyen Age.

Ici, c'est le comté de Midhe (en anglais Meath. C'est le « milieu » (sens du mot gaélique *Midhe*) théorique de l'Irlande, avec en son centre même la colline de Tara, acropole royale, ancien sanctuaire d'une déesse-mère, la même que celle dont on retrouve l'image gravée dans les tertres. Tous les trois ans, les peuples gaëls se réunissaient à Tara en des fêtes somptueuses qui ne faisaient que reprendre une tradition beaucoup plus ancienne. On y élisait le roi suprême, l'*ard-ri*, qui ne possédait qu'un pouvoir nominal mais qui n'en était pas moins le chef sacré de tous les peuples de l'île. Et le rituel qui présidait à son élection procédait autant de la magie que de la religion. A Tara se trouvait en effet une pierre sacrée, la Pierre de Tara, et cette pierre criait lorsqu'un futur roi d'Irlande s'asseyait sur elle. On n'a pas manqué de faire un rapprochement entre ce rituel d'intronisation royale et le Siège périlleux de la légende christianisée du Saint-Graal. On dit que cette pierre, la *lia Fail*, est celle qui se dresse sur la colline de Tara, plus exactement sur un monticule appelé Cormac House. Cette pierre est évidemment un menhir.

Le site de Tara est assez désolé, et l'on n'y voit plus

guère que des vestiges mégalithiques. Le *Rath na Riogh* (« forteresse royale ») est une enceinte préhistorique autrefois défendue par un rempart de terre précédé d'un fossé. Au nord de cette enceinte, le Mont des Otages date de 2 000 ans avant notre ère : c'est une chambre funéraire sous tumulus, qui a été réutilisée à différentes époques. Au sud, s'élève un tertre sur lequel on raconte que se trouvait le palais du roi et qu'on nomme Rath Laoghairé, et sur une autre colline artificielle, le Rath na Seaned passe pour avoir été le lieu de réunion des peuples irlandais lorsqu'ils venaient à Tara pour les grandes fêtes. Au nord de ce tertre, on peut encore remarquer un long et étroit passage entouré de remparts de terre, probablement l'entrée de tout le site, mais que la tradition prétend être le Banqueting Hall, lieu de festin pour les convives de haut rang. La colline de Tara est incontestablement de fondation mégalithique, mais elle a été tellement fréquentée et aménagée au cours des siècles qui ont suivi sa fondation qu'il n'y reste plus grand-chose d'authentique. Il faut quand même prendre garde à la tradition mythologique irlandaise : il semble qu'elle soit fidèle à la mystérieuse histoire de Tara lorsqu'elle place à cet endroit cette enceinte nommée Grainné's Fort. On y retrouve le nom de l'héroïne irlandaise Grainné, prototype d'Yseult la Blonde. Or Grainné provient du mot gaélique *grian*, qui signifie « soleil ». N'y a-t-il pas là l'indication d'un antique culte solaire? La question mérite tout au moins d'être posée.

Plus au nord-est, sur la plus haute éminence des Loughcrew Mountains, toujours dans le comté de Meath, sur une position idéale commandant une large vue sur toute l'Irlande, des monts du Sligo à l'ouest, aux monts de Carlingford sur la côte est, apparaît un des plus étranges complexes mégalithiques qui soient, connu sous le nom de Loughcrew. A vrai dire, à l'origine, il devait y avoir dans les environs immédiats de cinquante à cent tertres tumulaires. De nos jours, il en subsiste sept à peu près intacts, parfaitement observables et riches en ornementations diverses.

C'est en effet dans les sept cairns de Loughcrew que se trouve la plus grande concentration de pétroglyphes existant au monde. La plupart des supports des dolmens qui se trouvent intégrés aux tertres portent des signes mystérieux où l'on reconnaît évidemment quelques-uns des symboles utilisés dans les dolmens du Morbihan. Mais il y en a d'autres, et d'une telle variété qu'il serait vain de vouloir les décrire tous.

Certains pétroglyphes présentent d'étonnants ensembles. Ainsi la pierre 14 du cairn T fait apparaître des sortes de cercles contenant des roues solaires qui peuvent être considérées comme des fleurs. Ce motif intrigue, d'autant plus qu'il voisine avec d'indéniables représentations schématiques du soleil, avec des roues pointées — qui sont peut-être lunaires — et avec des formes vaguement ovoïdes contenant des colonnes vertébrales ou des arborescences : ces dernières représentations veulent-elles signifier cette éternelle Déesse des Commencements? On serait tenté de le croire, bien que des études récentes aient voulu conclure à des représentations astronomiques : ces pétroglyphes de Loughcrew seraient en fait des cartes du ciel à la fin de l'époque néolithique. L'hypothèse n'est pas plus absurde qu'aucune autre en ce domaine. Il suffit de la signaler. Mais la pierre 11 du cairn U montre deux figurations assez nettes de cette déesse des tertres, du type de l'idole en forme d'écusson, assez proches de ce qui est représenté à Gavrinis, dont la principale caractéristique est la chevelure. Et si les figurations solaires abondent sur les pierres des différents cairns de Loughcrew, il faut bien dire que nous y retrouvons bon nombre de haches non emmanchées, de signes en U, de lignes ondulées et serpentiformes, de losanges, de cornes, de crosses et autres attributs habituels dans ce genre de monument. Par contre, et c'est ce qui n'existe pas dans les dolmens du Morbihan, on remarque des spirales, soit seules, soit en couples, formant un symbole, celui bien connu du *sol invictus,* ou encore du *vin* et du *yang.* Quant à la pierre 8 du cairn U, elle présente incontestablement une image stylisée de la Déesse des Tertres, caractérisée par des lignes courbes et marquée par deux yeux dont l'aspect magique et provocateur n'échappera pas à tout bon observateur.

Il serait périlleux de tenter une explication détaillée des pétroglyphes de Loughcrew. Il faut se contenter d'établir des rapprochements avec d'autres pétroglyphes découverts dans des tertres analogues. Il y a là certes les éléments d'un message que les artistes mégalithiques ont cru bon de nous transmettre. Mais encore une fois, où est le code qui permettrait d'en comprendre la signification? Et, d'ailleurs, y a-t-il une signification ou plusieurs? Le propre du symbolisme, surtout en matière de religion, est de montrer un chemin initiatique de façon parfaitement ambiguë : de cette façon, seuls ceux qui persévèrent et qui sont capables d'assumer l'ambiguïté parviennent à découvrir la solution. Et cette solution n'est sûrement pas unique, car ce serait alors oublier la diversité et la pluralité des êtres. Les brillantes théories émises ces dernières années sur les repères astronomiques que constitueraient les différents tertres de Loughcrew ne sont certainement pas en contradiction avec les autres hypothèses qui voient dans les pétroglyphes une sorte de message spirituel à usage mystique ou religieux. D'ailleurs, en ces temps lointains où ont œuvré les artistes des mégalithes, le Sacré et le Profane étaient absolument confondus. Le problème ne se posait pas alors, et tout symbole pouvait revêtir le sens qui convenait, au moment opportun, à toute bifurcation de l'intelligence en prise directe avec le cosmos.

Et quelle que soit la solution qu'on puisse envisager à propos des tertres de Loughcrew, il est sage de se résoudre à ceci : nous sommes en présence d'un extraordinaire sanctuaire — dont il ne nous reste que quelques éléments — qui prouve l'état spirituel supérieur qui devait être celui des constructeurs, deux mille ans avant notre ère. De Loughcrew, on aperçoit la colline de Tara. Ce n'est certainement pas l'effet du hasard. Il semble qu'il y ait en

Irlande une véritable chaîne mégalithique grâce à laquelle tous les monuments occupent une place délibérément choisie en fonction d'un ensemble que nous ne sommes pas en mesure de déterminer sans risquer de nous égarer dans l'imaginaire le plus fou. Il existe actuellement en Irlande 200 tombes du même type que Loughcrew, dispersées sur l'ensemble du territoire. Parmi elles, le groupe des 40 tombes de Carrowkeel (comté de Sligo) et celui de Carrowmore (également dans le Sligo) sont assez impressionnants. Mais les plus remarquables de ces monuments, par leur architecture et leur ornementation, demeurent les trois tertres de la vallée de la Boyne, Dowth, Knowth et surtout New-Grange.

New-Grange est sans doute, avec Gavrinis, le plus beau dolmen du monde. C'est un lieu sacré, par sa fonction même, mais aussi par l'importance qu'il a acquise dans la tradition mythologique des Celtes : c'est le célèbre tertre de Brugh-na-Boyne, autrement dit le « Palais de la Boyne » des anciennes épopées mythologiques, domaine des dieux et des héros, théâtre de bien des aventures extraordinaires. Il semble que, dans aucun autre monument mégalithique, il n'y ait une telle accumulation de traditions et de croyances.

On pense que le début de la construction de New-Grange remonte à 3 200 avant notre ère. Le monument est situé sur une colline qui domine la vallée de la Boyne, à un kilomètre de celle-ci et à quatorze kilomètres de son embouchure, près de la ville de Drogheda, sur la côte est. La colline de Slane, où saint Patrick alluma symboliquement le feu pascal au moment de l'introduction du Christianisme en Irlande, se trouve à huit kilomètres. La colline païenne de Tara est à une quinzaine de kilomètres. Il n'est pas douteux que cette région ait été considérée, dans l'Irlande antique, comme une sorte de lieu privilégié dans les délicats rapports entre le monde divin et le monde humain. Et il est visible que les tertres de Dowth et de Knowth, qui sont distants d'à peine un kilomètre de

New-Grange, formaient avec lui un complexe funéraire et religieux de toute première importance.

New-Grange consiste en un immense tertre tumulaire de forme arrondie entouré d'un cercle de pierres. A l'extérieur de cette aire, on remarque un grand cercle de menhirs comprenant 35 pierres levées, d'un diamètre de 103 mètres et formant une surface de deux acres. La butte elle-même a un diamètre de 80 à 85 mètres et une hauteur de 50 mètres bordée par 97 pierres en quartz ou en granit disposées tous les 50 ou 60 centimètres, et dont certaines portent des gravures. Le tertre contient un magnifique dolmen à couloir dont la voûte est à encorbellement, d'une technique si parfaite que pas une goutte d'eau ne peut ruisseler à l'intérieur, celui-ci se présentant dans un état de sécheresse remarquable. Le couloir a 20 mètres de long et un mètre de large, d'une hauteur allant de 1 mètre 50 à 2 mètres. La chambre a 5 mètres 20 à l'entrée et 6 mètres 50 dans le fond, 6 mètres de hauteur en son centre. Elle est soutenue par des piliers gravés et contient des bassins de pierre dans lesquels étaient déposés les restes de ceux qu'on inhumait ici. A l'entrée du couloir, se trouve, à l'extérieur, une pierre couchée magnifiquement gravée de signes géométriques faisant apparaître la spirale comme l'élément le plus important. L'orientation est très particulière : quatre minutes après le moment du lever du soleil le jour du solstice d'hiver, les rayons lumineux traversent le couloir et vont frapper le bassin funéraire au fond de la chambre. Et ce qui est le plus étonnant, c'est que la lumière ne pénètre pas directement par l'ouverture normale du couloir, mais par les interstices des pierres de construction du plafond. Il y a là, de toute évidence, une volonté délibérée de mettre en valeur, par un système sophistiqué, l'idée que, même au centre de la terre, la lumière du soleil peut pénétrer : c'est le triomphe de la vie sur la mort, en plein cœur des mois les plus sombres de l'hiver. Cela nous indique en tout cas très clairement que les constructeurs de New-Grange considéraient, comme leurs successeurs les druides, quelque trois mille ans plus tard, que « la mort n'était que le milieu d'une longue vie ».

Ce thème est répercuté dans les gravures qu'on découvre avec émerveillement sur les pierres. Les cercles concentriques abondent, ainsi que les spirales : on y voit même le fameux *triskell,* c'est-à-dire la triple spirale, qui est en quelque sorte l'emblème des Celtes. A ce moment-là, on comprend combien la civilisation mégalithique a pu influencer les Celtes et marquer leurs croyances et leurs pratiques religieuses. On découvre également des motifs en chevrons, des losanges, des cupules, et le motif en collier qui doit caractériser l'antique déesse des tertres. Mais, d'une façon générale, les gravures de New-Grange paraissent beaucoup plus élaborées que celles d'autres monuments du genre. Seul le dolmen de Gavrinis supporte la comparaison : mais l'ornementation est sensiblement différente. Quant aux gravures des tertres de Dowth et de Knowth, elles sont de même nature, mais peut-être plus proches de celles relevées à Loughcrew.

L'impression que procure New-Grange est absolument inoubliable. Le monument, parfaitement restauré, se présente comme un temple de la lumière, au sommet d'une colline qu'on sent être une colline inspirée. On se glisse alors dans le « saint des saints », dans une de ces cellules souterraines où l'on a conscience que la vie et la mort ne sont que les deux aspects d'une même réalité. Pas plus que les autres grands tertres mégalithiques, New-Grange ne peut être considéré que comme une sépulture. C'en est une évidemment. Mais c'est surtout un étonnant sanctuaire voué à la lumière, à la lumière divine qui vient d'en haut, et qui se répand dans les veines de la terre pour lui donner une vie nouvelle. Ainsi s'opère la délicate fusion entre le réel et l'imaginaire, entre le visible et l'invisible, entre le communicable et l'incommunicable. Le message des constructeurs de mégalithes est là, devant nos yeux. A nous d'essayer de le déchiffrer.

L'immensité des alignements de Carnac, l'étrangeté des

grands dolmens de Locmariaquer, la beauté du tertre de Gavrinis, la grandeur du tertre de Barnenez, l'image exaltante du monument de Stonehenge, le mystère profond de New-Grange : autant de phares qui illuminent le monde à la recherche de cette civilisation mégalithique toujours présente à nos yeux, mais que nous voyons trop comme un vestige du passé alors qu'elle détient peut-être le secret de notre comportement.

DEUXIÈME PARTIE

# Interrogations

# I

# LES PIERRES À LÉGENDES

La disposition des monuments mégalithiques, leur taille, leur aspect souvent surprenant, leur répartition surtout dans des endroits déserts ou sauvages, tout cela a contribué à interroger les générations quant à l'origine et au but de ces pierres qu'on savait n'être pas naturelles. La première réponse a été que nul être humain ne pouvait être capable d'avoir transporté et mis en place des blocs de pierre aussi énormes. D'où l'intervention de puissances mystérieuses qui, d'une façon ou d'une autre, selon la croyance populaire, avaient laissé ainsi le souvenir de leur passage sur cette terre. L'érection d'un mégalithe, surtout quand on sait qu'il pèse un poids considérable, suppose un miracle. Et l'on a ainsi raconté des miracles.

A Carnac, ce miracle, c'est celui de saint Kornéli qui, poursuivi par des soldats romains, et sur le point d'être rejoint par eux, demande à Dieu de le protéger de ses ennemis. C'est Dieu qui opère le miracle en métamorphosant les soldats en menhirs. Certes, le miracle est logique : les blocs de pierre sont si bien ordonnés qu'on dirait effectivement une armée bien en rang et qui a été figée dans l'immobilité au moment où elle se préparait à se lancer dans le combat. Où la légende n'est plus logique, du moins selon notre point de vue, c'est quand elle fait référence à des soldats romains poursuivant un saint qui, en principe, devrait être le saint Corneille qui fut pape à Rome. La contradiction apparaît alors, mais les légendes ont leur propre logique. D'ailleurs, dans le cas de Carnac, il s'agit d'une légende christianisée : on sait que toute christianisation de légende provoque une adaptation d'un thème ancien à une réalité nouvelle. Si l'on veut s'attaquer au thème ancien, il faut en arriver à supposer que saint Kornéli recouvre une réalité préchrétienne qui n'a rien à voir avec un pape romain. Et c'est l'image de ce dieu bizarre du panthéon gaulois qu'est le Kernunnos souvent représenté dans les bas-reliefs de l'époque gallo-romaine.

Ce Kernunnos porte des cornes. Saint Kornéli ne peut porter des cornes : dans ce cas, il ressemblerait trop au diable, et ce n'est pas ce qu'on cherchait à dire. Qu'à cela ne tienne : il suffit de représenter saint Kornéli en compagnie d'un animal porteur de cornes, qui serait alors son animal familier, son symbole, et le personnage conserve sa dimension originelle tout en empruntant une coloration chrétienne entièrement nouvelle. C'est ainsi que saint Kornéli protège les bêtes à cornes, autrement dit les troupeaux qui, autrefois dans la région de Carnac, constituaient à peu près le seul moyen d'existence des habitants. Le passage du mythe païen à l'hagiographie chrétienne s'est fait en douceur.

Mais ce passage, ou plutôt cette continuité, constitue une révélation sur le véritable caractère de Kernunnos, et par conséquent donne des indications précieuses sur le culte qui devait être pratiqué autrefois, à Carnac comme dans tous les pays occupés par les Celtes, en l'honneur de ce dieu cornu. Disons d'abord que Kernunnos se présente aussi bien comme revêtu de cornes de cerf (comme sur l'autel païen du musée de Reims) que muni de cornes de bovidés (comme sur l'autel des Nautes du musée de Cluny à Paris), ou même ailleurs avec des cornes d'ovins. Et Kernunnos, tout en étant classé parmi les dieux gaulois, n'appartient pas au panthéon celtique. Son nom, qui peut provenir aussi bien du nom de la corne que de la racine indo-européenne qui a donné le latin *crescere,* « croître », évoque une idée de puissance et d'abondance. De fait, dans les figurations gallo-romaines, il se présente comme un dieu de la fécondité, donc comme un dieu de la troisième fonction indo-européenne.

Or, il est de toute évidence que la troisième fonction, qui concerne la classe des producteurs, fait référence à des peuples qui ont été soumis par les Indo-Européens et contraints par eux — qui se réservaient les deux premières fonctions, la guerrière et la sacerdotale — à produire pour la collectivité. En l'occurrence, les Celtes, qui ont envahi l'Europe occidentale, vers le VIIe siècle avant notre ère, n'ont fait que s'imposer à des populations autochtones dont ils se sont servis ensuite pour constituer leur civilisation telle que nous la connaissons. Et comme les dieux ne font que recouvrir des fonctions divines socialisées, il était nécessaire que les populations autochtones continuent à avoir leurs propres dieux fonctionnels. Kernunnos a été l'un de ceux-là. Le problème est de savoir si ce personnage *existait* avant l'arrivée des Celtes conquérants ou si ce sont les Celtes qui l'ont imposé à leurs « producteurs ». Nous avons dit que le nom pouvait être indo-européen. Mais il peut aussi être pré-indo-européen et n'avoir de rapports avec la corne ou avec l'idée de croissance que par suite d'une rencontre homophonique. En l'occurrence, il n'est pas possible d'éviter le rapprochement entre Kernunnos (et Kornéli) et le nom de Carnac. Et si Carnac provient d'un terme très ancien désignant les tertres funéraires (le *cairn*), Kernunnos pourrait très bien être considéré comme la divinité des Tertres, et, dans ce cas, le personnage pourrait remonter à l'époque mégalithique.

L'élément le plus important paraît être la corne, celle-ci ayant acquis au cours des millénaires différentes significations symboliques liées à la puissance, au renouvellement et, en définitive, à la croissance. Il n'est pas inutile de se référer à tous les pétroglyphes qui présentent des signes en U et des « cornes de béliers ». Ceux-ci sont particulièrement abondants dans les dolmens de Locmariaquer, autrement dit dans l'aire mégalithique de Carnac, et on en trouve ailleurs, y compris en Irlande, mêlés à d'autres signes qui font penser au rayonnement solaire, donc à une idée de fécondité. Il faut aussi songer que, dans certains cas, les cornes tombent et se renouvellent, comme pour les cervidés : cette réalité en quelque sorte biologique prend valeur de symbole et devient souvent un véritable rite de renouvellement de la fécondité.

Paradoxalement, cette idée se retrouve dans les *cornes du cocu.* C'est une croyance populaire bien établie que tout mari cocu porte des cornes, mais personne n'est capable d'expliquer l'origine de cette croyance. Il est vrai que celle-ci se perd dans la nuit des temps et qu'il ne nous en reste plus que l'image, d'autant plus que l'image se teinte d'une certaine vulgarité. Pourtant, si l'on se réfère à des mythes bien connus comme ceux du roi Mark ou du roi Arthur, on peut facilement comprendre la signification des cornes du cocu, non pas comme symbole de honte et de déshonneur, mais comme symbole de puissance et de renouvellement.

En effet, si l'on prend l'exemple du roi Arthur, on ne peut qu'être frappé par le fait qu'il s'agit d'un roi incapable par lui-même de procurer la prospérité et la sécurité à son royaume. Par définition, pour assumer sa fonction royale, il a besoin de ses chevaliers. Il n'est rien sans eux. Et, dans le déroulement de l'épopée arthurienne, on s'aperçoit que le royaume d'Arthur, et l'institution de la Table Ronde qui le schématise, ne peuvent tenir que par la participation de Lancelot du Lac, l'amant de la reine, celui qui cocufie le roi. A partir du moment où Lancelot se retire, le royaume va à sa perte. D'ailleurs, si l'on en croit le texte du roman en prose du XIIIe siècle, Arthur le sait très bien : lorsque Lancelot se présente pour la première fois à la cour, le roi remarque sa valeur et veut se l'attacher; et il dit clairement à la reine Guenièvre de *tout entreprendre* pour retenir ce guerrier hors pair. Est-ce que par hasard la fonction principale du roi serait d'être cocu? On serait tenté de le croire. Mais la réalité concerne beaucoup plus le plan symbolique que le plan sexuel ou sentimental.

En effet, si l'on compare l'aventure arthurienne aux données du légendaire irlandais, on s'aperçoit alors que le roi celtique n'est que le commun dénominateur d'une société qui n'a *pratiquement* aucun besoin de lui, sinon sur le plan théorique, symbolique, moral, et bien entendu *sacré*. La souveraineté réelle est incarnée par le personnage de la reine, la mère et l'amante, projection humaine de la Déesse des Commencements, véritable détentrice de la puissance. Et c'est cette reine qui confie ses pouvoirs à ceux dont la collectivité a besoin. Le récit irlandais de *La Razzia des bœufs de Cualngé*, l'une des plus anciennes épopées occidentales, est très précis sur ce point : la reine Mebdh prodigue l'*amitié de ses cuisses* à tout guerrier dont elle a besoin du concours pour assurer le succès d'une expédition. Et son mari, le roi Ailill, est bien obligé de l'admettre et de le supporter, même si sa jalousie se manifeste parfois.

La tradition mythologique irlandaise, qui nous est parvenue sous un aspect relativement archaïque, grâce au patient travail des moines des monastères celtiques, est infiniment précieuse pour nous permettre de comprendre les époques lointaines du passé de l'extrême Occident. Et il faut obligatoirement s'y référer à propos de la civilisation des constructeurs de mégalithes. On doit constater que la civilisation celtique, l'irlandaise tout particulièrement, est l'héritière en ligne directe de la civilisation mégalithique : ce n'est pas un postulat, mais une réalité autant historique qu'archéologique. Si l'on veut comprendre quelque chose à la mentalité des peuples des mégalithes, il faut aller chercher ce qu'il en reste chez leurs successeurs, de même que pour comprendre certains éléments de la civilisation celtique, notamment les conceptions religieuses druidiques, il est nécessaire d'en examiner les lignes de force qui ont été intégrées dans le Christianisme primitif, tel qu'il a été vécu par les Celtes insulaires. En ce sens, saint Kornéli nous ouvre une voie qui débouche sur le Kernunnos gaulois, et, à partir de là, sur la spiritualité des constructeurs de mégalithes.

On constate ainsi dans le cycle mythologique irlandais trois grandes options fondamentales qui correspondent à trois stades de civilisation. Le cycle dit historique, ou cycle des rois — dont l'équivalent breton est le cycle d'Arthur — est à l'image d'une civilisation de sédentaires agriculteurs et éleveurs de porcs (on sait l'importance du porc dans la vie quotidienne des Celtes). Le cycle d'Ulster témoigne d'une civilisation d'éleveurs de bovins. Le cycle de Leinster, dit aussi cycle ossianique, bien qu'il nous soit parvenu sous une forme très altérée, paraît le plus archaïque et rend compte d'une civilisation de chasseurs, probablement des descendants de ces chasseurs de cervidés qui, à la fin du Paléolithique, ont pu survivre dans des conditions climatiques difficiles, grâce à la présence de nombreux troupeaux de rennes en extrême Occident. Ce cycle de Leinster est celui des *Fiana,* troupe de cavaliers errants chasseurs de cerfs et liés d'une façon ou d'une autre au culte des cervidés. Le roi des *Fiana* est Finn, dont le véritable nom est *Demné,* c'est-à-dire le « Daim ». Il épouse une femme, Sadv, qui, la moitié de l'année, se trouve, à cause de la malédiction d'un druide, sous la forme d'une biche. De cette femme-biche, il a un fils qui est nommé *Oisin* (Ossian), c'est-à-dire le « Faon ». Et son petit-fils sera nommé *Oscar,* c'est-à-dire « celui qui aime les cerfs ». C'est plus qu'il n'en faut. Le cycle ossianique est de toute évidence lié à une civilisation où le cervidé joue un rôle prépondérant non seulement dans la vie quotidienne (la nourriture) mais également dans la projection religieuse, le Cerf acquérant valeur de divinité protectrice du groupe ainsi considéré. C'est là qu'il convient de faire un rapprochement entre ce Finn, roi des Fiana, et le dieu gaulois cornu Kernunnos. Il est infiniment probable que la première image du personnage de Kernunnos était celle d'un dieu aux cornes de cerf. Et n'oublions pas que les noms de Finn et des *Fiana* proviennent de la même racine que le nom du peuple des Vénètes, sur le territoire desquels se trouve le site de Carnac. Il faudra y revenir.

Pour l'instant, il suffit de considérer Kernunnos comme étant une représentation divine susceptible d'envelopper le grand sanctuaire qui s'étale sous nos yeux à Carnac. Quel était le nom de cette représentation divine au moment de l'érection des alignements, nous n'en savons rien. Tout ce que l'on peut dire, c'est que saint Kornéli a pris le relais dans l'église paroissiale comme dans la légende racontée autrefois par les enfants du village. Et à chaque fête patronale de Carnac, les paysannes se faisaient un devoir d'amener en procession, qui leur vache, qui leur bouc, qui leur bélier, jusqu'à la fontaine dédiée à saint Kornéli, et qui se trouve en contrebas du bourg. Il n'y a pas de rite qui ne se justifie, et qui ne soit appuyé par la Tradition. Si la légende locale prétend que les menhirs des alignements sont dus à une intervention divine suscitée par saint Kornéli, c'est qu'il y a une réalité fondamentale qui se dissimule sous cette histoire. Les symboles étant des objets concrets mis au service d'une idée, ils sont révélateurs d'un système de pensée, à condition de pouvoir en décrypter le sens profond. Le premier élément de notre confrontation avec les monuments mégalithiques est donc ce mystérieux personnage de Kernunnos, le dieu cornu, devenu dans l'hagiographie chrétienne le bon saint Kornéli, protecteur des bêtes à cornes, et accessoirement pape romain, ce qui n'est pas non plus négligeable quand on songe que, pendant de nombreux siècles, les chrétientés celtiques ont eu maille à partir avec la hiérarchie mise en place à Rome.

S'il y avait encore des bûchers pour « sauver » les hérétiques, nul doute que « saint » Kornéli serait le premier à y monter.

Un deuxième personnage mythologique est lié aux mégalithes, et il est parmi les plus connus : il s'agit de Gargantua. Ici, nous touchons au fond du puits ténébreux qui recèle les mystères de l'extrême Occident.

En effet, si Gargantua est bien connu, c'est qu'il est en fait le plus méconnu de tous les personnages dits folkloriques. On croit qu'il s'agit d'une invention — géniale — de Rabelais. On a tort. Rabelais n'a fait que reprendre un héros de la mythologie française populaire, bien vivante encore de son temps, et que, par une intuition fantastique, il a senti au cœur même du problème des origines. En faisant de Gargantua le modèle type de l'humaniste de la Renaissance, à la fois héritier d'un passé traditionnel savamment digéré et propagateur des idées nouvelles, notamment en matière de religion, François Rabelais savait parfaitement ce qu'il faisait : il insistait sur une figure divine *fondatrice.* Ce n'est pas parce que Rabelais a écrit un chef-d'œuvre de la prose française sous le titre de *Gargantua* que ce personnage a acquis ses lettres de noblesse. C'est parce qu'il avait déjà ses lettres de noblesse que Rabelais s'en est emparé. Il s'est passé pour Gargantua ce qui s'est passé pour le soi-disant roi Arthur : il existait bien avant que le savant clerc Geoffroy de Monmouth ait eu l'idée de raconter — en latin, en 1132, ou en 1135 — les aventures plus ou moins imaginaires qu'on lui attribuait depuis plusieurs siècles dans le Cornwall et dans le sud du Pays de Galles.

Sur tout le territoire français, les mégalithes placés sous le vocable de Gargantua sont innombrables. Ici c'est la Pierre de Gargantua. Là, c'est le Pet de Gargantua ou la Crotte de Gargantua. La connotation scatologique ne fait que renforcer la signification du personnage divin : tout ce qui sort du corps divin est divin, il n'est pour le prouver que de faire mention de la Cène, telle qu'elle est rapportée par les Évangélistes officiels, dûment patentés par les Pères de l'Église (*Ceci est mon corps, ceci est mon sang...* cette formule en dit long sur le fétichisme, et le fétichisme n'est pas absent de la scatologie). De la même façon que nombre d'étangs sont des « pisses de Gargantua », des mégalithes, généralement des menhirs, sont des « crottes » de Gargantua, et d'autres sont des « graviers » de Gargantua, « gravier » étant pris dans le sens de calcul rénal abandonné en pleine nature par un géant en pleine crise de coliques néphrétiques. Les divinités, dans toutes les mythologies, ont les mêmes faiblesses et les mêmes maladies que les pauvres mortels. D'ailleurs, est-on sûr que les divinités soient immortelles? L'exemple de la mythologie germanique prouve le contraire, et Odin-Wotan est aussi faible et désemparé devant la loi des Nornes que le pauvre Zeus devant l'*Anangkè* (le *Fatum* latin aveugle) qui régit le monde supérieur comme le monde inférieur. C'est à croire que, comme le disait déjà Plutarque, prêtre de Delphes au Ier siècle après J.-C., les mythologies sont de belles histoires inventées par les prêtres pour rendre compte des mutations d'une unique divinité, à moins que ce ne soit pour abuser les fidèles avides de formules sécurisantes. Les dieux qui apparaissent dans les temples grecs et romains ne sont que des pantins que les prêtres manipulent pour masquer leur ignorance quant à la Divinité primordiale et supérieure, celle qui n'a ni nom ni forme, celle qui est terrible parce qu'elle est incommunicable et innommable. L'*ignominie des prêtres* de n'importe quelle religion, comme disait André Breton, n'a pas de limite : ils font semblant de savoir pour mieux assurer leur domination sur des êtres humains anxieux de leur destinée et qu'on endort par de belles histoires. Plutarque savait de quoi il parlait, lui qui *interprétait* les paroles incohérentes de la Pythie de Delphes.

Gargantua est un personnage exemplaire. Une fois décrypté, il représente la puissance constructrice et destructrice (l'une ne va pas sans l'autre) du *Deus abscons* qui est la clef de tout l'univers et la justification de la vie (et de la mort). Il recouvre la notion grecque primitive d'Héraklès, le géant pourchasseur de monstres, et pourtant abandonné, avec ingratitude, par son père divin. Gargantua est l'image de ce qu'on appelle le démiurge, et il était normal qu'on lui attribuât des monuments mégalithiques de dimensions tout à fait exceptionnelles.

Ce sont les auteurs grecs et latins qui nous parlent de lui en premier, mais en l'assimilant à Héraklès. Il aurait fondé Alésia, lieu sacré par excellence, bien qu'on ne puisse savoir quel est le véritable site à lui donner [1]. Étant tombé amoureux de la fille du roi d'Alésia, il l'épouse, et il en a un fils auquel il donne le nom de Galatès : on voit tout de suite qu'il s'agit d'une légende étiologique destinée à expliquer l'origine divine des *Gaulois* et des *Galates* (les deux termes étant identiques). La figuration du dieu-géant, sous le vocable d'Héraklès en Grèce, est universelle et permet de fournir des explications apparemment rationnelles sur certains sites remarquables ou sur certains monuments dont l'étrangeté ou l'ampleur défie le travail de la main des hommes. Il était donc normal qu'on attribuât à un dieu géant la fondation de certaines villes ou l'érection de certains mégalithes.

Mais les Grecs et les Latins, lorsqu'ils parlent des dieux indigènes, transposent toujours sur le mode grec (ou latin). D'après les détails des traditions concernant Gargantua, il est évident que le nom d'Héraklès n'est qu'une hellénisation du Gargantua gaulois, de même que le dieu Mercure, que César dit être honoré par-dessus tous les dieux en

1. Tous les textes prouvent que l'Alésia de Vercingétorix et de César ne peut pas être Alise-Sainte-Reine, comme veulent le faire croire les archéologues officiels — *et les syndicats d'initiative,* émanations des commerçants concernés — depuis le Second Empire, mais doit se situer quelque part dans le Jura. En fait, on peut dénombrer sur le territoire gaulois quelque neuf *Alésia :* le nom est générique et peut désigner différentes forteresses-sanctuaires. Il y a donc eu plusieurs Alésia, dont Alise-Sainte-Reine, mais le tout est de savoir quelle est la place forte où s'est joué le sort de la Gaule indépendante.

Gaule, n'est que la transcription latine du dieu pan-celtique Lug, le Multiple Artisan. Ce Gargantua est pourtant un personnage que la toponymie a retenu depuis fort longtemps : au Monte-Gargano, dans les Pouilles, en Italie, lieu privilégié par excellence, puisque détonateur du culte de saint Michel en Occident [1], répond le Mont-Gargan de la Corrèze, ou le lieu-dit Gargan dans la région parisienne qui a donné naissance à la commune de Livry-Gargan. Dans les traditions bretonnes insulaires répercutées par Geoffroy de Monmouth, il apparaît sous le nom gallois de Gwrgwnt. Sur les autels des églises du continent, notamment dans l'est de la France, on le retrouve sous le vocable de « saint » Gorgon. Et il a évidemment à voir avec la *gargouille* qui hante l'extérieur de nos cathédrales.

Le nom de Gargantua a provoqué certaines discussions. L'explication la plus simple consisterait à y voir le mot latin *gurges,* « gorge » : ainsi Gargantua serait un géant doué d'une grande *gorge,* ce que confirmeraient son appétit insatiable et sa soif inextinguible. D'ailleurs, sa mère se nomme Gargamelle, où l'on retrouve le même mot, et son père est Grandgousier, c'est-à-dire « grand gosier ». Mais il y a une autre étymologie possible, celtique celle-là, qui ferait venir le nom de deux mots brittoniques, *gar,* « cuisse », et *cam* (avec la mutation en *gam*), « courbe ». Gargantua et sa mère Gargamelle seraient donc des géants « à la cuisse courbe », c'est-à-dire boîteux, caractéristique de certains personnages divins qui sont affligés d'une tare physique généralement contradictoire avec la fonction qu'ils incarnent. Ainsi le dieu germanique Odin-Wotan, le « très voyant », est borgne, et Tyr, le dieu habile, est manchot. Gargantua, qui est un géant puissant et rapide, est donc normalement boîteux [2].

---

1. Voir, dans la même collection, J. Markale, *Le Mont-Saint-Michel et l'énigme du dragon,* Paris, éd. Pygmalion, 1987.

2. Voir J. Markale, *Le Druidisme,* Paris, Payot, 1983, pp. 124-126. J'ai proposé cette étymologie d'après un conte populaire du Morbihan dans lequel

Quoi qu'il en soit, Gargantua est le nom gaulois d'un dieu nommé Dagda dans la mythologie irlandaise. Dagda, le « dieu bon », qui est aussi *Ollathir* (« père de tous »), se caractérise par sa force, son appétit glouton, sa rapidité et son incroyable activité sexuelle. Et il réside dans le tertre de Brugh-na-Boyne, d'après certains textes, c'est-à-dire dans le monument mégalithique de New-Grange. Si l'on se réfère à la liste des divinités gauloises données par César dans ses *Commentaires*, et qu'il recouvre d'appellations romaines, il s'agit du Jupiter gallo-romain. Or ce Jupiter, qui n'est romain que de nom, est parfois représenté de façon étrange, surtout dans la Gaule de l'est : sous forme d'un cavalier terrassant un monstre anguipède. Comme le fait remarquer Paul-Marie Duval, « alors qu'aucun dieu romain (sauf les Dioscures dans des cas exceptionnels) n'a été représenté à cheval, ici le dieu du ciel est même figuré en cavalier militaire, tenant le foudre, parfois la roue. La dédicace le nomme constamment *Iupiter Optimus Maximus* [1]. C'est dire l'importance de cette divinité *qui vient d'ailleurs.* Un texte de 1532, qui raconte quelques aventures de Gargantua, et qui est antérieur à l'ouvrage de Rabelais, fait naître les personnages de Grangousier et de Gargamelle, mais ces deux géants sont *fabriqués* magiquement par l'enchanteur Merlin dans des conditions assez curieuses[2].

Ce n'est donc pas sans raison si la tradition populaire attribue à Gargantua tant de menhirs et de dolmens. La taille gigantesque de ces pierres a toujours provoqué la croyance qu'elles n'avaient pu être apportées et mises en

intervient un mystérieux *Gergant,* lanceur de sel comme Pantagruel, le fils de Gargantua.

1. P.-M. Duval, *Les dieux de la Gaule,* nouv. éd., p. 74.

2. Merlin se sert d'os de baleine (jeu de mots à propos du dieu gaulois de la lumière, Belenos, le « Brillant »), des rognures d'ongles de Lancelot du Lac (forme littéraire du dieu celtique Lug) et de cheveux de la reine Guenièvre (personnification littéraire de la déesse-mère primitive).

place que par des êtres doués d'une force surhumaine. Dans certains textes du Moyen Age, Stonehenge est nommé *Chorea Gigantum,* la « Danse des Géants », et il y a bien d'autres exemples de cette sorte. Dans de nombreux cas, on raconte qu'un géant habite encore sous un dolmen et qu'il n'est pas souhaitable de passer par là durant la nuit : on risque d'être maltraité par le géant et même d'être dévoré par lui, car ce géant est parfois un ogre qui dévore tous les vivants qui sont à sa portée. Sur ce thème éminemment folklorique, mais d'origine mythologique, on a même bâti des théories pseudo-scientifiques concernant une époque lointaine où il y aurait eu des géants sur la terre. Ce sont ces géants, provoqués disent certains par une attraction plus forte de la lune, celle-ci s'étant rapprochée de la terre — ou même surgissant de la terre[1] — qui auraient construit ainsi tous les monuments mégalithiques. Il suffisait de se référer à la *Genèse,* à propos de la fameuse chute des Fils de Dieu (les Anges) et de leur copulation avec les filles des hommes. Le malheur, si l'on veut admettre cette brillante théorie, est qu'elle est parfaite pour expliquer les menhirs et les dolmens en tant que monuments *extérieurs,* mais qu'elle bute sur une réalité quand il s'agit d'expliquer l'*intérieur* des dolmens et allées couvertes qui sont à la fois des tombeaux et des sanctuaires : on ne voit pas comment des géants auraient pu tenir dans ces lieux particulièrement exigus.

D'ailleurs, la tradition populaire n'est pas avare de contradictions. Si on attribue certains mégalithes aux géants, on en attribue d'autres aux nains. En Bretagne armoricaine, ce sont très souvent les Korrigans qui ont construit les dolmens et les allées couvertes, et ce sont eux qui y vivent, cachés du monde des humains. Ils sortent la nuit pour accomplir de mystérieuses besognes, soit pour aider ceux qui le méritent, soit pour châtier ceux qui se

1. C'est l'une des hypothèses concernant l'Atlantide. Cette île Atlantide, à la suite d'une catastrophe, aurait été projetée dans le ciel et serait devenue la lune.

sont montrés téméraires à leur égard. Ces Korrigans, qu'on appelle dans le pays vannetais des Kerions *(Kerioned)* ou des ozegans *(ozeganned),* ailleurs des poulpicans, des poulpiquets, et que la tradition galloise nomme les *Corannieit,* sont un peuple de nains qui vivent sous la terre et qui sont doués de pouvoirs magiques. Depuis la Contre-Réforme du XVIIe siècle et les nombreuses prédications dans les campagnes bretonnes, ces Êtres de l'Ombre ont acquis une allure quelque peu diabolique qu'ils n'avaient pas auparavant : dans certains contes, ils apparaissent comme les auxiliaires du diable.

Le diable lui-même est lié aux mégalithes. Quelques mégalithes sont des pierres que le diable a abandonnées lors de ses courses errantes dans le monde. Parfois même, c'est la « Mère du Diable » qui a abandonné ces pierres. Mais, le plus souvent, le diable veille jalousement sur certaines pierres, des menhirs en particulier : car sous certains mégalithes, il y a des trésors cachés. Bien entendu, ces trésors sont de l'*or maudit.* Malheur à ceux qui tentent de s'en emparer. On raconte que certains menhirs se déplacent en de rares occasions et pendant peu de temps : pour s'emparer du trésor qui se trouve enfoui sous son emplacement, il faut faire vite, sinon, on se fait écraser par l'énorme bloc, et, de préférence, il faut faire le signe de la croix pour éviter d'être saisi par le diable, toujours en train de guetter aux alentours.

Cette croyance en l'existence de trésors sous les mégalithes provient du fait que lors de découvertes fortuites, les gens des campagnes ont effectivement trouvé parfois des pièces d'or, des objets précieux. Les dolmens sous tumulus ont souvent servi de cachettes à certaines époques troublées. Cela explique d'ailleurs pourquoi tant de monuments mégalithiques ont été détruits ou bouleversés par des fouilles sauvages dans le but de récupérer des fortunes supposées. Et l'imagination faisant son office, la réalité se mêlant aux souvenirs mythologiques, ces trésors sont devenus magiques, divins ou diaboliques selon les cas, toujours revêtus d'une aura de mystère, toujours difficiles à atteindre : il y a toujours un gardien des trésors de l'Autre Monde, que ce soit un Korrigan, un serpent ou un dragon, le diable, ou une mauvaise sorcière.

Les dolmens sous tertres tumulaires sont souvent les demeures privilégiées des fées. Autrefois, les fées vivaient sur la terre, parce que tout le monde croyait en elles (sous-entendu : avant l'introduction du Christianisme). Maintenant que seules quelques personnes croient encore en elles, elles ont disparu : elles se cachent dans les sombres demeures mégalithiques et n'en sortent que la nuit, parfois pour ravir les enfants et les emmener avec elles, parfois pour accomplir quelque action charitable envers des braves gens.

Car les fées sont ambiguës, à la fois bonnes et mauvaises. Elles ne sont ni plus ni moins que les images folkloriques de l'ancienne divinité des tertres, de cette Déesse des Commencements si souvent représentée sur les pétroglyphes des dolmens. Cette déesse étant à la fois celle de la vie et celle de la mort, ce caractère est passé sur les personnages qui ont pris sa succession. Une légende de Belle-Ile résume assez bien cette ambiguïté. Sur la route de Port-Donant, il y a deux menhirs, l'un et l'autre séparés par la route, menhirs qu'on appelle Jean et Jeanne de Runelo. Ce sont deux amants qui ont été ainsi changés en pierres par des druides qui voulaient empêcher leur mariage. Mais il y a une fée dans les environs, et cette fée permet, certaines nuits, aux deux menhirs de se déplacer et de se rapprocher. Cependant quiconque apercevrait la fée accomplissant cette bonne action mourrait sur-le-champ : les êtres de l'Autre Monde apprécient fort que les humains ne les espionnent point.

Cependant, les fées font bon ménage avec les Korrigans et avec les Géants. Ils appartiennent tous à cet Autre Monde, cet univers parallèle dans lequel les humains se risquent parfois, non sans danger. A Marpiré, dans le canton de Vitré (Ille-et-Vilaine), il y avait autrefois un grand dolmen nommé la Roche aux Fées. C'était la demeure des « bonnes Dames ». Mais il ne fallait pas passer trop près, car alors les fées ensorcelaient les imprudents, les filles notamment, car elles ne pouvaient alors s'empêcher de « courir les garçons ». A Saint-Goazec (Finistère), sur le versant nord des Montagnes Noires, un géant vivait avec sa fille dans une allée couverte, près de Kastell-Ruffel. Mais la fille tomba amoureuse d'un des officiers de son père et s'enfuit avec lui. Le père les poursuivit et, arrachant les pierres de ses remparts, il les lança sur eux. Heureusement, la fille, qui était fée, réussit à éviter les projectiles : ce sont ceux-ci qui forment l'alignement de menhirs qu'on voit sur la lande de Saint-Jean.

Ce conte de Saint-Goazec est révélateur de la mythologie profonde attachée aux mégalithes. Il s'agit d'un schéma bien connu : celui du jeune garçon qui devient le domestique d'un géant ou d'un magicien, qui tombe amoureux de la fille de celui-ci, et qui, grâce à l'aide de la jeune fille, s'enfuit en échappant à la vengeance du père. On rencontre des variantes de ce récit en Bretagne et dans toutes les régions, notamment au sud du Massif Central et au Pays de Galles. Ce qui est intéressant à observer ici, c'est que les Êtres de l'Autre Monde peuvent, dans certains cas, accepter de recevoir dans leur domaine des humains, mais pour en faire leurs serviteurs : à partir du moment où l'humain outrepasse ses droits, ravit la fille du Géant, et symboliquement s'empare des secrets de cet Autre Monde, il est poursuivi comme un malfaiteur et risque de ne jamais revenir dans le monde des vivants. Et pourtant, les échanges sont possibles entre les deux mondes.

Les épopées irlandaises anciennes nous renseignent avec précision sur les rapports délicats qui existent entre humains et habitants des Tertres. A vrai dire, ces récits mythologiques traduisent exactement, dans un style archaïque, tout ce qui concerne les croyances à propos des mégalithes.

Le monde souterrain des tertres, c'est le *sidh*, mot gaélique qui signifie « paix » et qui désigne d'une façon générale l'ensemble du monde parallèle où vivent les dieux, les héros de l'ancien temps, les êtres féériques. Pourquoi vivent-ils ainsi dans l'univers souterrain, dans les grands tertres tumulaires? Le fameux *Leabhar Gabala* (Livre des Conquêtes), compilé au XIIe siècle d'après les traditions orales les plus diverses, ne se fait pas faute de nous l'expliquer.

L'île d'Irlande, depuis le déluge, a été, nous raconte-t-on, occupée par cinq races. La première est celle de Partholon, venue immédiatement après le déluge. La seconde est celle de Nemed (= le Sacré). La troisième est celle des Fir Bolg (= les Hommes Foudre). Ces peuples se heurtent toujours à des adversaires mystérieux, les Fomoré, qui se trouvent quelque part dans les îles, en plein océan, et qui semblent signifier les forces obscures et négatives continuellement prêtes à détruire ce qui se construit. Les Fomoré semblent l'équivalent des Géants de la mythologie germanique, qui veulent s'attaquer à Asgard, la citadelle des Dieux, d'où la nécessité de fortifier le Valhalla *(Valhöll)* en y intégrant le plus possible de guerriers valeureux tués au combat.

Arrive la quatrième race, les Tuatha Dé Danann (Gens de la Déesse Dana) qui, après s'être mesurés eux aussi aux Fomoré, éliminent les Fir Bolg et introduisent en Irlande la science, la connaissance, la magie et le druidisme. Si la race de Partholon représente un peuple uniquement occupé à survivre matériellement, la race de Nemed, un peuple qui introduit la notion de sacré dans le quotidien, la race des Fir Bolg, les techniques métallurgiques des forgerons, les Tuatha Dé Danann représentent l'évolution de la société vers un système de valeurs autant social, moral, intellectuel que religieux. Les Tuatha Dé Danann sont en effet les dieux de l'ancienne Irlande, et l'on reconnaît parmi eux les répartitions fonctionnelles communes à tous les Indo-Européens. Ce n'est pas par hasard si la tradition en fait les introducteurs du druidisme.

Mais les Tuatha Dé Danann se font battre par un nouveau peuple, les Fils de Mile, c'est-à-dire les Celtes gaëls, à la bataille de Tailtiu. Un traité de paix est alors conclu entre eux. Au terme de cet accord, les Gaëls auront la surface de l'Irlande tandis que les Tuatha Dé Danann auront le royaume souterrain du *sidh,* c'est-à-dire le domaine des tertres mégalithiques, ainsi que la suprématie des îles lointaines (les îles merveilleuses de l'Autre Monde).

Certes, sur un plan rationnel, la fable est éclairante : les peuples anciens vaincus, tués au combat ou morts de vieillesse, sont enterrés dans la terre d'Irlande. Il ne faudrait pas oublier que les tertres mégalithiques sont des tombeaux. Mais ce qui change tout, c'est que les Tuatha Dé Danann sont néanmoins les dieux des Gaëls : ils ne peuvent donc mourir. C'est pourquoi on les fait vivre dans un univers parallèle, un monde invisible, ce qui n'exclut aucunement la communication entre les deux royaumes. C'est si vrai que la grande fête celtique de *Samain,* le premier jour, ou plutôt la première nuit, de novembre, véritable jour de l'An, est consacrée à l'exaltation de la communauté des vivants et des morts, des humains et des dieux. On remarquera au passage que cette fête païenne de *Samain* a été entièrement récupérée par le Christianisme, devenant la Toussaint, célébration de la Communion des Saints, vivants et morts, fête qui, on le sait, est particulièrement suivie dans tous les pays où la tradition celtique demeure sous-jacente.

Un récit illustre parfaitement cette notion. Il s'agit de l'épisode final (le manuscrit se termine sur une lacune) d'une épopée du cycle de Leinster consacrée aux *Enfances de Finn.* Le jeune héros, Finn mal Cumail, après une enfance mouvementée, a acquis son initiation par les armes et par la magie. Il a en effet obtenu certains pouvoirs surnaturels, comme tout bon héros qui se respecte. Il lui arrive alors une étrange aventure. Chaque soir de *Samain,* au *sidh* de Bri Ele (probablement l'un des tertres de la vallée de la Boyne), les hommes d'Irlande viennent courtiser une très belle fille du nom d'Ele (qui donne son nom au tertre), « car les tertres d'Irlande étaient toujours ouverts à *Samain* et alors rien n'était caché de ce qui était dans les tertres ». Or, chaque année, l'un des soupirants était tué sans qu'on sache jamais qui était le meurtrier. Précisément, en cette nuit de *Samain*, l'un des soupirants, le poète Oircbel, est tué, et Finn décide de le venger. Il va demander conseil à Fiacail, fils de Conchen, le mari de sa tante paternelle. Fiacail lui dit d'aller s'asseoir entre les deux Mamelons d'Anu, c'est-à-dire entre deux tertres peuplés de fées [1]. Comme c'est la nuit de *Samain*, les tertres s'ouvrent : Finn est témoin d'un dialogue et d'un échange de nourriture entre les habitants des deux tertres. Puis il jette la lance que lui a confiée Fiacail, et la lance atteint la colline de Marghé où se trouve le *sidh* Ele. Fiacail rejoint alors Finn et tous deux entendent une grande lamentation dans le tertre, car la lance jetée par Finn a tué le responsable des meurtres, un amoureux de la fille, qui tuait chaque année, par jalousie, un des prétendants venus de l'extérieur. De plus, Finn, pour récupérer la lance, se saisit d'une des femmes du tertre et ne consent à la libérer qu'en échange de la lance.

Par la suite, Finn surprend trois femmes en train de se lamenter sur le tertre de la colline de Slanga. Quand elles l'aperçoivent, elles disparaissent dans le tertre, mais pas assez vite, car Finn, qui prend goût à ce genre d'aventure, en attrape une par la broche de son vêtement et arrache cette broche. « Alors la femme alla après lui et le supplia

1. En fait, les Mamelons d'Anu sont deux sommets des monts du Kerry, très caractéristiques et qui jouent un grand rôle dans la tradition irlandaise. Le nom d'Anu est le même que celui de Dana (Dôn chez les Gallois), la mère des dieux, et rappelle bien entendu la mystérieuse Anna du légendaire gallois, devenue en Bretagne armoricaine la non moins énigmatique sainte Anne, mère de la Vierge Marie. L'équivalent latin est Anna Parenna, l'équivalent indien, Anna Pourna, nom donné à un sommet de l'Himalaya. C'est l'éternelle figure de la Déesse des Commencements.

de lui rendre la broche de son manteau. Elle dit qu'il n'était pas convenable pour elle de rentrer dans le tertre avec une telle marque de déshonneur, et elle lui promit une récompense. [1] » Comme le manuscrit s'interrompt sur cette phrase, nous ne saurons jamais ce que promet la femme-fée. Mais on peut supposer qu'il s'agit de pouvoirs magiques et que Finn les obtient en redonnant la broche à la femme du tertre.

Il y a donc possibilité de communication entre les deux mondes, même si cette communication s'établit parfois dans des conditions difficiles et avec une nuance évidente d'hostilité. D'après d'autres récits sur ce thème, on s'aperçoit que les habitants des tertres viennent souvent dans le monde des vivants pour régler certaines affaires personnelles, se venger d'affronts subis autrefois, ou tout simplement essayer de désorganiser la société des Fils de Mile, leurs vainqueurs. Il semble bien que les « fantômes » ne soient pas loin.

Mais l'Autre Monde, le royaume souterrain des Tertres, est assez semblable au monde de la surface. Il n'en est même pas le reflet, il en est le *parallèle :* une fois franchi le fameux couloir qui mène à la chambre funéraire, on débouche — symboliquement — dans des plaines, des vallées, des montagnes avec des lacs, des forêts, tous éléments du paysage de la surface. Et l'on y vit apparemment de la même façon. Le récit très étrange des *Aventures de Néra* apporte beaucoup de précisions sur ce point.

Le héros, le jeune Néra, est un affidé de la reine Mebdh et du roi Ailill de Connaught qui résident dans leur palais de Cruachan, sur la colline du même nom (aujourd'hui Croghan). Or, un soir de *Samain,* le roi Ailill demande à Néra d'aller chercher quelque chose dans la « maison des supplices », probablement le local où étaient emprisonnés les ennemis capturés. Néra se trouve entraîné dans une

1. J. Markale, *L'Épopée celtique d'Irlande,* Paris, Payot, 2e éd., 1978, pp. 148-149.

fantastique aventure. Dans la maison des supplices, un pendu — par les pieds — lui demande de l'eau pour boire. Il lui donne de l'eau et finit, sur la demande du supplicié, par l'emporter sur son dos. C'est ainsi qu'il débouche à l'intérieur du *sidh* de Cruachan, dans l'univers souterrain qui se situe immédiatement au-dessous du palais de la reine Mebdh, dans un tertre mégalithique. En fait, Néra ne fait pas la différence entre les deux mondes. Ce n'est que longtemps après qu'il finit par comprendre en quel lieu il se trouve. On lui donne une femme et une vache. Il fait paître sa vache, s'occupe de sa femme et de sa maison, et il lui naît même un fils. Un jour, le roi du *sidh* lui dit de remonter à la surface et de prévenir Ailill et Mebdh que les habitants du tertre vont attaquer les humains qui résident à Cruachan. Néra revient et retrouve la compagnie qu'il avait laissée autour d'Ailill comme s'il ne s'était écoulé que quelques instants entre le moment de son départ et celui de son arrivée. Il prévient les siens du danger qui les menace. Ailill et Mebdh décident alors une expédition préventive contre le *sidh.* Ce qui est fait. Tout est saccagé dans le tertre, et tous les trésors qui s'y trouvaient accumulés sont ramenés. Seuls la femme et le fils de Néra sont épargnés, ainsi que ses propres biens. Néra retourne alors dans le *sidh,* et comme le dit le texte, « il s'y trouve encore ».

L'histoire est exemplaire. Sur un plan rationnel, elle nous montre comment les Gaëls imaginaient l'intérieur des Tertres, surtout pour aller y rafler tous les trésors qui s'y trouvaient enfouis. Sur le plan mythologique, elle illustre parfaitement la croyance — qui persiste encore dans certains milieux ruraux, aussi bien en Irlande qu'en Bretagne — que les monuments mégalithiques sont les demeures de peuples féériques possédant de grandes richesses et vivant une vie parallèle tout en étant totalement différente : à l'intérieur du *sidh,* le temps n'est pas le même, ou plutôt, le temps, tel qu'on le conçoit sur la surface de la terre, n'existe pas. Ainsi se dessine le thème du dormeur qui se réveille après une bonne nuit de sommeil alors qu'il s'est écoulé plusieurs siècles. Ce thème constitue la trame de très nombreux contes populaires et se retrouve dans des épopées mythologiques.

Une autre histoire, très connue, celle d'Étaine, nous entraîne également dans les profondeurs d'un tertre célèbre, celui de Brugh-na-Boyne, autrement dit de New-Grange. Et nous y retrouvons le personnage de Gargantua sous sa figuration irlandaise de Dagda. Ce Dagda, dont un autre nom est Eochaid Ollathir, est amoureux d'Eithné, autre nom de Boyne (Boann) et de Brigit (déesse de la poésie et des techniques, équivalent de la Minerve gallo-romaine dont parle César), qui est l'épouse d'Elcmar, chef du palais de la Brugh, donc le tertre de New-Grange, et accessoirement la propre fille de Dagda. Les adultères et les incestes sont fréquents dans les récits mythologiques, mais il faut bien entendu les prendre dans un sens très symbolique. Dagda s'arrange pour éloigner Elcmar pendant l'espace d'une journée, et il peut ainsi satisfaire sa passion pour Eithné. Mais cette journée est symbolique, car Eithné a le temps de donner naissance à un fils, Oengus, le Mac Oc (= Jeune Fils), qui, pour éviter tout ennui avec Elcmar, sera confié à Mider, roi du *sidh* de Bri-Leith, un autre tertre mégalithique. Ce Mider, divinité du monde souterrain, pourrait bien être le même que celui qui est représenté sur un bas-relief gallo-romain du musée de Strasbourg avec la dédicace *deo Medru*.

Oengus, le « Jeune Fils », est donc élevé par Mider selon la coutume très particulière aux Irlandais du *fosterage* : c'est-à-dire qu'il acquiert autant de droits dans sa famille adoptive que dans sa famille naturelle. Une fois parvenu à l'âge adulte, il apprend qu'il est le fils de Dagda et d'Eithné, femme d'Elcmar de la Brug. Il demande à son père adoptif de le conduire à son père réel. Mider l'emmène donc chez Dadga et dit à celui-ci : « Il désire se faire reconnaître par son père pour qu'une terre lui soit donnée, car il n'est pas juste que ton fils soit sans terre, alors que toi, tu es roi des tertres d'Irlande». On remarquera au passage la suprématie attribuée à Dagda-Gargantua sur le peuple-fée qui réside à l'intérieur des grands tertres mégalithiques. Dagda accueille fort bien son fils, mais il déclare que la terre qu'il lui réserve n'est pas actuellement vacante : il s'agit du tertre de Brugh-na-Boyne qui est tenu par Elcmar. Mider se fâche et réclame justice pour Oengus, et Dagda finit par échafauder avec Mider un plan quelque peu machiavélique pour déposséder Elcmar du tertre sans attenter à sa vie. Le prochain soir de *Samain,* c'est-à-dire lorsque le *sidh* sera ouvert et donc sans défense, Oengus, qu'Elcmar ne connaît pas, devra se présenter et provoquer celui-ci en le menaçant de mort s'il ne lui accorde pas la souveraineté de son domaine pendant un jour et une nuit. Et ensuite, Oengus ne devra pas rendre le tertre à Elcmar avant d'avoir demandé l'arbitrage de Dagda.

Tout se déroule comme prévu. Ayant refusé de rendre Brugh-na-Boyne à Elcmar, le Mac Oc fait appeler Dagda pour qu'il rende son jugement. Dagda déclare alors que, pendant la fête de *Samain,* l'expression « un jour et une nuit » possède un sens intemporel et équivaut symboliquement à l'éternité. Par conséquent, Elcmar ne peut nier qu'il a donné la souveraineté du tertre de Brugh-na-Boyne à Oengus pour l'éternité. Elcmar est dépossédé légalement de son domaine, mais pour le consoler, Dagda lui offre la souveraineté d'un autre tertre, le *sidh* de Cletech. Et Oengus s'installe donc à Brugh-na-Boyne dont il est le légitime propriétaire. C'est là que, plus tard, recevant son père adoptif Mider, il se voit obligé par celui-ci d'aller demander en mariage la belle Étaine, fille du roi d'Irlande, dont Mider est amoureux. Oengus accomplit sa difficile mission (le roi d'Irlande se méfie du peuple des tertres et exige d'énormes compensations) et ramène Étaine à New-Grange où elle épouse Mider. C'est toujours là, par la suite, qu'Oengus recueillera Étaine, transformée en papillon par la magie de la première femme de Mider, car

Oengus est officiellement le garant de la sécurité d'Étaine aux yeux de tous les Gaëls d'Irlande comme aux yeux de tous les peuples des tertres. Le passage vaut la peine d'être cité : « Pendant sept ans, l'insecte ne trouva ni sommet, ni arbre, ni colline, ni hauteur en Irlande pour se poser, mais seulement les rochers et les vagues de la mer. Et elle erra dans les airs jusqu'à ce que sept années se fussent écoulées. Alors elle tomba sur une frange du manteau du Mac Oc, comme il se trouvait sur le tertre de la Brug. Oengus la mit sur sa poitrine, dans le pli de son manteau. Il l'emmena à sa demeure et à sa *chambre de soleil* qui avait de brillantes fenêtres... Il y plaça des ornements de pourpre... Le Mac Oc prit l'habitude de dormir dans la chambre de soleil chaque nuit auprès d'elle et il la réconforta jusqu'à ce que sa joie et ses couleurs fussent revenues. Puis il remplit la chambre de soleil d'herbes vertes et belles, et l'insecte prospéra sur les fleurs de ces bonnes et précieuses herbes. » [1]

Voilà donc cette *chambre de soleil* qui apparaît dans plusieurs textes celtiques ou d'origine celtique, notamment dans le célèbre texte de la *Folie Tristan* et dans le récit irlandais des *Aventures d'Art fils de Conn.* Il s'agit d'une variante du Château de Verre, ou de l'île de Verre — qu'on a longtemps identifié avec Glastonbury, en Grande-Bretagne, en vertu d'une fausse étymologie — qui est l'Autre Monde séparé par des remparts invisibles du monde des hommes. C'est la fameuse cité de Gorre du *Lancelot* de Chrétien de Troyes, où Méléagant a enfermé la reine Guenièvre. C'est également le Château d'Air invisible où l'enchanteur Merlin s'est laissé consciemment enfermer par la fée Viviane, autre visage d'Eithné-Boann-Brigit. De toute évidence, il y a ici le souvenir d'antiques rituels de régénération par la chaleur et la lumière du soleil, rituels qui devaient s'accompagner de véritables traitements thérapeutiques.

1. J. Markale, *L'Épopée celtique d'Irlande*, p. 47.

Car ce qui est le plus surprenant, avec cette *chambre de soleil* où Oengus régénère l'insecte Étaine *à l'intérieur du palais de Brugh-na-Boyne,* c'est que *cette chambre de soleil existe réellement dans le tertre de New-Grange :* le matin du solstice d'hiver, c'est une constatation scientifique, les rayons du soleil viennent frapper le bassin funéraire qui se trouve au fond de la chambre, laquelle joue alors le rôle effectif d'une *chambre de soleil.* Tout cela n'est certainement pas dû au hasard. D'une part, il y a un lieu, un tertre dûment étudié scientifiquement, où le soleil se manifeste à l'intérieur de la chambre, selon un appareillage technique incontestable; d'autre part, il y a un récit mythologique où il est question d'un rituel de régénération par le soleil. On ne peut que penser à ce qui se passe, le matin du solstice d'été, dans le château de Montségur [1], quelles que soient les conclusions qu'on puisse tirer de ce dernier cas. Et le tertre de New-Grange n'est pas le seul à offrir cette particularité. Il y en a d'autres, aussi bien dans le voisinage immédiat, à Dowth, à Knowth ou à Loughcrew, que dans certains tertres du Morbihan, aux environs de Carnac. Pourquoi n'a-t-on jamais osé comparer une observation archéologique et astronomique avec le texte d'un récit légendaire dont le schéma remonte à la nuit des temps?

Et puis, il y a Stonehenge.

Les traditions concernant ce monument mégalithique unique en son genre sont très nombreuses et diverses. La pierre qu'on nomme *Heel Stone* a été jetée par le diable sur un moine qui s'était caché pour observer celui-ci en train d'assembler les gros blocs. Selon cette légende, c'est donc Satan en personne qui aurait construit Stonehenge. La fable est cléricale chrétienne. Mais que recouvre exactement le diable dans ce cas? N'oublions pas que Satan, d'après la tradition chrétienne, a été le plus beau et le plus brillant des archanges avant de se révolter et d'être

1. Voir chez le même éditeur, dans la même collection, J. Markale, *Montségur et l'énigme cathare,* Paris, 1986.

précipité dans l'abîme. Ce personnage n'est-il pas, dans le but d'écarter toute tendance au paganisme, l'image d'un ancien dieu de lumière qu'on honorait dans le sanctuaire mégalithique? Il ne faut pas oublier que, le jour du solstice d'été, les premiers rayons du soleil levant suivent la grande avenue de Stonehenge pour frapper la pierre d'autel qui se trouve au centre même du sanctuaire.

Une autre légende est apparemment éloignée du thème solaire. Elle se situe à l'époque des premières invasions saxonnes dans l'île de Bretagne, avant l'apparition du fabuleux roi Arthur, c'est-à-dire au milieu du V^e^ siècle de notre ère. C'est Geoffroy de Monmouth qui la raconte dans son *Historia Regum Britanniae,* se contentant d'ailleurs de broder sur un texte antérieur, l'*Historia Britonnum* attribuée à un certain Nennius. Le roi Vortigern, qui est un usurpateur, a fait venir des Saxons pour se débarrasser de ses ennemis. Mais les Saxons, ayant pris goût à l'île de Bretagne, n'en repartent pas et se font attribuer des terres. Ils font également venir de nombreux autres Saxons du continent. La situation devient intolérable, et Vortigern essaie de traiter avec eux dans des conditions difficiles. Le chef saxon Hengist revient de Germanie avec trois cent mille hommes. Il invite Vortigern à un festin, en compagnie des principaux chefs bretons, dans la plaine de Salisbury, à proximité du monument de Stonehenge. Hengist a ordonné aux siens de dissimuler chacun un long couteau dans sa chaussure, et, au moment où il criera « Nimed our saxes » (Tirez vos couteaux), d'égorger son voisin. Seul Vortigern doit être épargné parce qu'il est le gendre d'Hengist et qu'il peut encore servir à celui-ci. C'est ainsi que sont égorgés quatre cent soixante chefs bretons dans ce qu'on a appelé le « Complot des Longs Couteaux ». Il y a pourtant un rescapé, en dehors du roi, un certain Eldol, comte de Gloucester, qui, ayant saisi un pieu, tua soixante-dix Saxons.

Cette tragique anecdote nous est présentée comme un événement historique, et même quelque peu « patriotique ». Il est certain que le malheureux Vortigern a eu maille à partir avec ses peu fidèles alliés les Saxons, ce qui ne l'a d'ailleurs pas empêché, selon les hagiographes, de s'enfuir par la suite en Bretagne armoricaine, d'y devenir ermite et d'être considéré comme un saint sous le nom de Gurthiern. Mais cet événement soi-disant historique et soi-disant relatif à la conquête de l'île de Bretagne par les Saxons, s'il est possible, n'a jamais pu être réellement prouvé. Tout au moins n'a-t-on jamais prouvé qu'il s'était déroulé tout près de Stonehenge. Il semble, en réalité, que l'ardent patriote Geoffroy de Monmouth (un clerc gallois) ait voulu donner aux malheureuses victimes bretonnes un cadre digne de leur sacrifice et en quelque sorte sacraliser celui-ci en le localisant à Stonehenge. Et comme, malgré tout, Geoffroy de Monmouth possédait des informations sûres — qu'il ne savait pas utiliser scientifiquement la plupart du temps —, il est possible de prétendre qu'il s'agit en fait d'un amalgame entre un événement historique et une réalité presque quotidienne à Stonehenge, à savoir des sacrifices sanglants. Pourquoi pas? Tous les peuples de la Préhistoire ont accompli des sacrifices sanglants, même si ceux-ci étaient la plupart du temps symboliques. Il y a peut-être dans le récit de l'*Historia Regum Britanniae* le souvenir d'une époque très lointaine où l'on pratiquait des sacrifices dans le sanctuaire de Stonehenge, en l'honneur d'une divinité qui, de toute évidence, devait posséder un caractère solaire.

La même *Historia* fait d'ailleurs mention de la légende de fondation de Stonehenge par Merlin. L'événement se situe au moins une dizaine d'années après le « Complot des Longs Couteaux », et le caractère funéraire du monument est clairement mis en avant. Le roi de Bretagne est maintenant Aurelius Ambrosius (Emrys Wledig) dont Merlin est le conseiller avant de devenir celui d'Uther Pendragon, puis celui d'Arthur. Un jour que le roi vient le voir, Merlin lui dit : « Si tu veux honorer tes morts par une sépulture perpétuelle, envoie des messagers au Cercle des Géants qui se trouve sur la montagne de Killara en Irlande. Là, en effet, se trouvent des pierres que personne de ce temps ne pourrait assembler, sinon par art ingénieux. Grandes sont ces pierres et elles n'ont pas leur pareille en vertu. Qu'on les range en cercle dans cet endroit, et elles tiendront perpétuellement ». Le roi s'étonne qu'il faille aller chercher si loin des pierres alors qu'il y en a tant dans l'île de Bretagne. Merlin répond : « Ce sont des pierres mystiques et douées de différentes vertus curatives. Autrefois les Géants les ont apportées du fond de l'Afrique et ils les ont placées en Irlande, alors qu'ils l'habitaient. A cause de cela, ils les mettaient dans leurs bains et guérissaient ainsi leurs maladies. Ils les mélangeaient avec des emplâtres d'herbes pour guérir leurs blessures. » [1] Aurelius Ambrosius envoie une armée en Irlande, en compagnie de Merlin, et sous la conduite de son frère Uther Pendragon. Après avoir vaincu le roi d'Irlande qui s'opposait à ce que les Bretons emportassent les pierres, les soldats essaient de déplacer les blocs sous l'œil goguenard de Merlin, lequel finit par employer sa magie pour les conduire dans les navires, et, de là, en Bretagne. Merlin, toujours par ses sortilèges, les met en place à l'endroit voulu, et le roi fait célébrer de grandes fêtes.

Le récit de Geoffroy de Monmouth, où celui-ci ne fait que reprendre des traditions populaires dans lesquelles Merlin ne joue pas forcément un rôle, est intéressant à plusieurs titres. D'abord, il nous montre une filiation certaine entre l'Irlande et l'île de Bretagne : Stonehenge est fabriqué, sinon avec les pierres d'Irlande, du moins sur le modèle qu'on trouvait en Irlande. Il y a continuité dans le

1. D'après Giraud de Cambrie, chroniqueur de la fin du XIIe siècle, dont les descriptions du Pays de Galles et de l'Irlande sont si précieuses, « aux temps anciens, en Irlande, il y avait un admirable ensemble de pierres appelé *Chorea Gigantum,* parce que c'étaient les géants qui les avaient amenées du fond de l'Afrique en Irlande, et qui les avaient érigées dans la plaine de Kildare autant par magie que par force ».

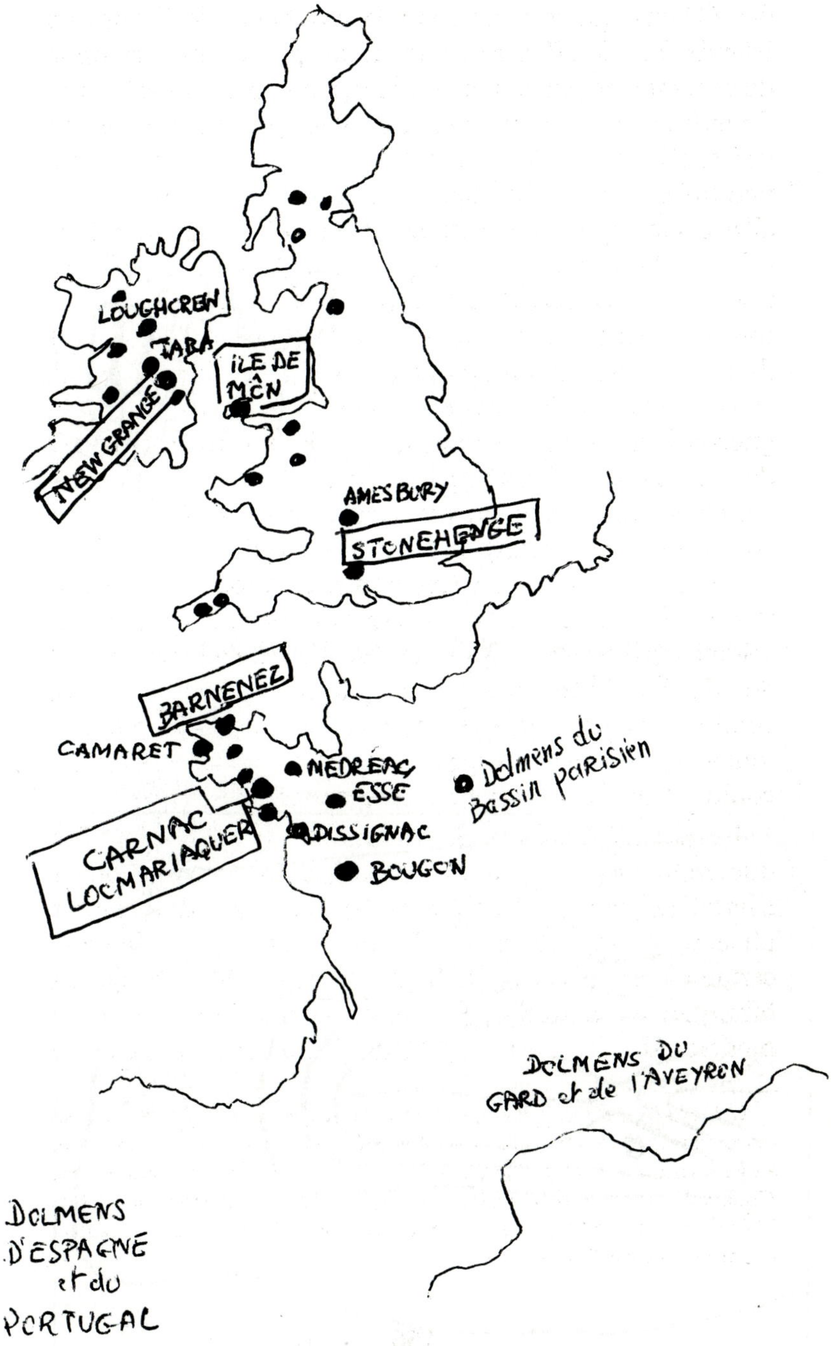


Principaux sites mégalithiques
du nord-ouest de l'Europe.

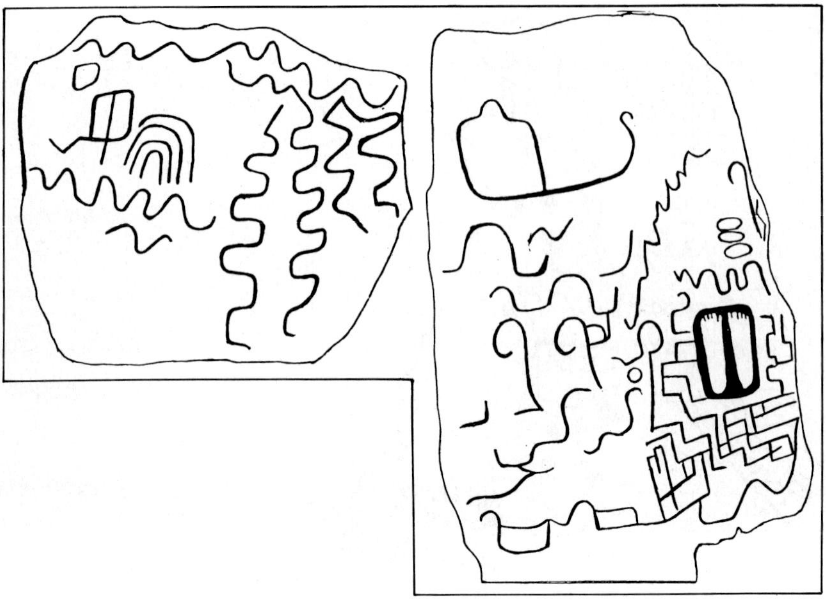

Arzon : les dalles gravées du Petit-Mont, d'après Z. Le Rouzic.

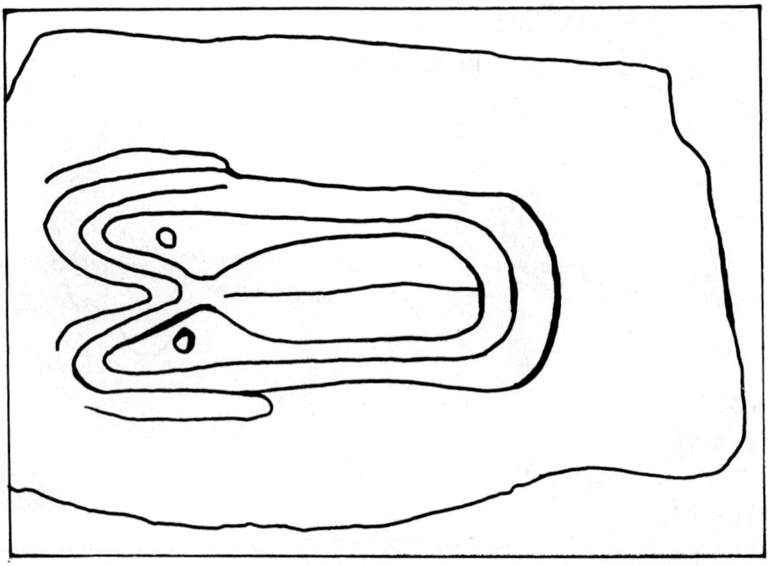

Allée couverte du bois de Luffang. Une gravure de 1,50 m.

L'idole en forme d'écusson vue au XIX$^{e}$ siècle
(les Pierres plates à Locmariaquer).

Carnac : tumulus du Mont-Saint-Michel, d'après Z. Le Rouzic.

Vue d'une partie des pierres levées de Carnac, proche de Quiberon.

La christianisation des menhirs s'est poursuivie jusqu'au XIXe siècle.

Pour les historiens romantiques, les Celtes accomplissaient des sacrifices humains sur les dolmens.

Gavrinis vu à l'époque romantique.

Le menhir du champ Dolent, à Dol.

monde mégalithique, ce qui apparaît nettement dans l'architecture des grands dolmens sous tumulus. Il y a parenté entre tous les alignements, que ce soient ceux d'Irlande, ceux de la plaine de Salisbury ou ceux de la région de Carnac.

Ensuite, il s'agit d'honorer des morts. Le monument de Stonehenge paraît davantage un sanctuaire qu'une nécropole. Si l'on peut toujours hésiter sur la double destination d'un dolmen, tombeau et temple, il semble que Stonehenge soit, comme les alignements de Carnac, entièrement consacré aux manifestations du culte. Mais à Stonehenge, *la nécropole est autour :* le monument occupe le centre d'un vaste champ circulaire balisé par de nombreux tumuli, qui sont parfaitement visibles quand on se trouve près du sanctuaire. Il est bien évident que la construction de Stonehenge n'a rien à voir avec les démêlés des Bretons et des Saxons, mais l'aventure propose quand même une certaine justification du monument, sorte de phare central, de sanctuaire central, pourquoi pas dédié à une divinité lumineuse, à l'intérieur d'une vaste nécropole qui occupe tous les terrains d'alentour.

Enfin, on met l'accent, dans le texte, sur la difficulté du transport de ces pierres. Le problème a dû se poser effectivement, puisque toutes les pierres bleues de Stonehenge proviennent, non pas d'Irlande, mais tout de même d'assez loin, puisqu'il s'agit du comté de Pembroke au Pays de Galles. Geoffroy de Monmouth insiste sur le fait qu'aucun homme ne peut déplacer ces pierres, et que seul un *art ingénieux* est capable d'un tel exploit. D'ailleurs, les géants eux-mêmes avaient pratiqué autant par magie que par force. De quoi s'agit-il exactement? Certes, il est facile de prétendre que, tout au long des siècles, les différentes générations qui se sont étonnées sur les menhirs et les dolmens avaient imaginé l'intervention d'êtres surnaturels pour le transport et la mise en place de ces blocs colossaux. Les géants sont tout naturellement mis en avant. Mais autant par leur *magie.* On est alors en droit de se demander si cette tradition ne cache pas une réalité, à savoir la possibilité qu'avaient certains hommes de la Préhistoire, héritiers de civilisations inconnues, de déplacer d'énormes pierres par des moyens psychiques. La question qu'on se pose n'est pas tellement absurde, car on sait que, théoriquement, une pensée humaine, entrant en contact avec l'énergie vibratoire d'un objet, peut, dans certaines conditions, le déplacer. Les phénomènes parapsychologiques du déplacement des objets sans intervention matérielle sont bien connus. On peut alors envisager froidement des gens capables d'aller encore plus loin, de mettre leur propre énergie vibratoire en harmonie avec l'énergie vibratoire d'un objet, fût-ce un bloc de pierre de plusieurs tonnes. Ce serait une hypothèse qui en vaudrait bien d'autres, et qui aurait le mérite d'être en accord avec de nombreuses légendes qui, prises en leur sens symbolique, sont très souvent l'écho d'une réalité historique dont nous n'avons par ailleurs plus aucune trace. A Carnac, c'est un phénomène de métamorphose que la légende rapporte. A Stonehenge, c'est un phénomène de déplacement d'objets par la force du psychisme. Dans les contes populaires, il arrive fréquemment que des fées, des enchanteurs, ou même simplement des sorciers, donnent au héros des recettes pour opérer de tels prodiges. Et ces recettes, compte tenu de la symbolique inhérente à tout récit de ce genre, sont toujours d'ordre pyschique, nécessitant une grande concentration de l'esprit et un effort de volonté. Mais c'est cet effort de volonté qui est surhumain, même si le héros est présenté comme quelqu'un d'exceptionnel. Après cela, on peut toujours démontrer qu'à l'aide de certaines techniques très matérielles, comme l'utilisation des rondins sous les blocs de pierre, et le système des leviers et des cales, il est très facile à peu d'hommes de transporter puis de mettre en place des mégalithes; mais on ne pourra pas écarter d'emblée la solution qui privilégie la force psychique de l'être humain.

Il y a aussi le problème de l'énergie solaire.

Nous avons vu qu'à New-Grange, la réalité archéologique et astronomique est en accord parfait avec la légende mythologique. Nous avons vu qu'il était possible d'envisager des techniques thérapeutiques de régénération par l'effet des rayons solaires. Pourquoi ne ferait-on pas intervenir cette énergie solaire dans la manipulation et l'élaboration des grands sanctuaires mégalithiques comme Carnac ou Stonehenge? Là encore, l'hypothèse n'est pas plus absurde que les autres.

De plus, Stonehenge est absolument voué au culte solaire, quelles que soient les liturgies qui y étaient pratiquées. Et cette réputation provient de l'Antiquité classique. On peut lire dans l'œuvre du Grec Diodore de Sicile des considérations assez étranges sur un monument que l'auteur dit être hyperboréen, mais qu'il place dans l'île de Bretagne, et dans lequel tout le monde s'accorde à reconnaître Stonehenge. Il faut dire que pour les géographes de l'Antiquité, les Celtes, les Cimbres, les Hyperboréens, tous ces peuples se confondaient dans le brouillard, le brouillard que de rares navigateurs méditerranéens osaient aborder au-delà des Colonnes d'Hercule. Bref, Diodore de Sicile parle des Hyperboréens qui habitent l'île de Bretagne. C'est une terre qui produit deux récoltes par an, et c'est là le lieu de naissance de Lêto, autrement dit Latone, la mère d'Apollon et d'Artémis, *ce qui explique pourquoi les insulaires vénèrent particulièrement Apollon.*

Nous y voilà. Pour un Grec de la période hellénistique, comme pour les Latins, Apollon est le dieu du soleil, ce qu'il n'est absolument pas à l'origine. Les Grecs eux-mêmes disaient qu'Apollon était venu d'Hyperborée et que son culte avait été amené par la deuxième vague des envahisseurs hellènes, les Doriens. Mais l'Apollon des origines est un dieu des arts et de la médecine, ce qu'il est encore à l'époque de César pour les Gaulois : l'Apollon décrit par le proconsul romain n'a rien du dieu gréco-latin de l'époque : il ressemble davantage au Diancecht irlandais qui est, lui aussi, un dieu médecin. Et en plus, *il dispose des secrets qui permettent de composer une « fontaine de Santé »*, grâce à des brins d'herbes de toute l'Irlande. Or, d'après la tradition mise par écrit dans l'*Historia Regum Britanniae*, il semble bien que les pierres de Stonehenge, qui proviennent d'Irlande, *aient eu cette même valeur thérapeutique*, puisque les Géants avaient l'habitude d'en mettre dans leurs bains et de les intégrer à des emplâtres qui guérissaient tout. Nous aurions donc à Stonehenge, comme dans la plupart des monuments mégalithiques, deux idées-forces, celle de la lumière solaire (quel que soit le dieu ou la déesse) et celle de la guérison.

Allons plus loin, grâce au texte de Diodore de Sicile. Il vient de citer le grand temple en plein air dans lequel on reconnaît Stonehenge. « Les habitants sont pour la plupart des joueurs de cithare et célèbrent sans cesse les louanges du dieu dans le temple, en accompagnant le chant des hymnes de leurs instruments ». Apollon d'ailleurs « *passe pour descendre dans cette île tous les dix-neuf ans* » (Diodore, II, 47).

Voilà qui est fort intéressant. Le cycle lunaire de dix-neuf ans est celui qui a été choisi par les Chrétientés celtiques pour fixer les dates de Pâques, ce qui a valu auxdites Chrétientés celtiques des démêlés sans fin avec les autorités romaines. Et, de plus, en étudiant les différentes positions des mégalithes, aussi bien en Grande-Bretagne et en Irlande que dans la région de Carnac, on en est venu à considérer que, bien souvent, le plan général que semblent avoir suivi les constructeurs, met en évidence ce fameux cycle de dix-neuf ans (très exactement, 18,6 années) qui module l'oscillation mensuelle des points du lever et du coucher de la lune, en tenant compte des moments extrêmes de la déclinaison lunaire. Ce cycle de dix-neuf ans est en tout cas lunaire. Cela semble peu conforme avec Apollon qui, pourtant, descend tous les dix-neuf ans dans l'île. A moins que...

Il est bon de répéter que dans les langues celtiques et

germaniques, le soleil est un mot féminin et la lune un mot masculin. Il est bon de répéter que les Celtes n'avaient pas de dieu solaire à proprement parler, mais le souvenir d'une déesse solaire dont l'ultime image se retrouve sous les traits d'Yseult la Blonde. Il est également utile de répéter que la civilisation celtique — et en particulier la mythologie — a hérité d'une grande partie des civilisations antérieures, dont la mégalithique. Si le soleil est féminin chez les Celtes, contrairement à ce qui se passe chez les autres Indo-Européens d'Orient, c'est que cette notion de féminité du soleil leur vient d'ailleurs. Les Celtes — comme les Germains — ont emprunté aux populations autochtones qu'ils ont conquises la conception d'un soleil féminin et d'une lune masculine. Il ne peut y avoir d'erreur sur ce point.

Dans ces conditions, tout devient clair : si Apollon, d'après Diodore de Sicile, vient tous les dix-neuf ans dans l'île de Bretagne, donc à Stonehenge, c'est parce qu'il est considéré comme le dieu-lune qui vient se recharger, se régénérer, dans cette véritable *chambre de soleil* qu'est le sanctuaire de Stonehenge. Et, en écartant le symbolisme mythologique, disons qu'à Stonehenge, temple solaire, tous les dix-neuf ans, on procédait à des rituels de régénération. Sans le soleil, la lune disparaît, puisqu'elle ne reçoit son énergie que du soleil. Mais le soleil, sans la lune, ne sait peut-être pas qu'il existe, ou tout au moins n'a pas l'occasion de se manifester. C'est en tout cas le sens figuré qu'on peut attribuer à ce délicat système luni-solaire qui paraît avoir été celui des constructeurs de mégalithes.

Allons toujours plus loin. L'auteur hispano-latin Pomponius Méla, qui répercute des traditions archaïques, ne tarit pas d'éloges sur les Hyperboréens : « Terre sacrée, leur contrée est exposée au soleil et dotée d'une grande fertilité. Religieux observateurs de la justice, ils coulent des jours plus longs et plus heureux qu'aucun autre peuple au monde. Toujours au sein de la paix et des plaisirs, ils n'ont jamais connu la guerre ni les querelles. Ils font des sacrifices en l'honneur de leurs dieux et particulièrement d'Apollon... Ils passent leur vie dans les bois sacrés et les forêts » (Méla, III, 5). Cette enthousiaste description corrobore celle que fait Pline l'Ancien de ces mêmes Hyperboréens, en s'inspirant d'ailleurs d'Hérodote :

« Au-delà de l'Aquilon se trouve une nation heureuse, si on en croit les récits, appelée les Hyperboréens, et chez qui les hommes atteignent une grande vieillesse. Des merveilles fabuleuses en sont racontées. On dit que là sont les gonds du monde et la dernière limite de la révolution des autres... Il n'y a dans l'année qu'un lever de soleil au solstice d'été, qu'un coucher au solstice d'hiver. La contrée est bien exposée, d'une température heureuse et exempte de tout souffle nuisible. Les habitants ont pour demeures les forêts et les bois sacrés; le culte des dieux est célébré par les particuliers et par l'ensemble du peuple. La discorde y est ignorée, ainsi que toute maladie. On n'y meurt que par satiété de la vie : après un repas, après des jouissances données aux dernières heures de la vieillesse, on saute dans la mer du haut d'un certain rocher; c'est pour eux le genre de sépulture le plus heureux... On ne peut guère douter de l'existence de cette nation, car trop d'écrivains rapportent qu'il était d'usage d'envoyer les prémices des fruits dans l'île de Délos à Apollon qu'ils honoraient particulièrement. Les prémices étaient apportés par des vierges, respectées et accueillies hospitalièrement pendant quelques années par les nations intermédiaires. Puis, des violences ayant été commises contre les messagères, les Hyperboréens se décidèrent à déposer ces offrandes sur les frontières des peuples limitrophes » (*Hist. nat.* IV, 26).

Il n'est pas question de prendre à la lettre tout ce qui est raconté ici. La contradiction est trop flagrante entre la situation des Hyperboréens au-delà du cercle polaire, ayant une seule nuit et un seul jour dans l'année, et la description du pays dont le climat est merveilleux. Le terme « Hyperboréen » ne veut donc rien dire et ne sert que pour nommer un peuple que personne n'a été visiter, mais que l'on sait exister quelque part, du côté du nord. Pourtant, ce texte revêt une grande importance si l'on en mesure la portée symbolique.

Il y a d'abord la référence aux solstices : c'est une indication précieuse concernant non pas une réalité (que les Méditerranéens connaissaient par ouï-dire) mais un rituel, lequel rituel est attesté dans les monuments mégalithiques, à Carnac, à New-Grange et à Stonehenge, puisque de nombreux monuments mégalithiques sont orientés de façon à recevoir les rayons du soleil levant soit au solstice d'été, soit au solstice d'hiver. Là est la fameuse *chambre de soleil.*

Il y a ensuite la contrée merveilleuse, qui produit tout à n'importe quelle saison et où les hommes sont doués d'une sorte d'immortalité. Cela concerne l'Île Bienheureuse, celle qu'on appelle, chez les Celtes, l'île d'Avalon ou Emain Ablach, autrement dit l'île des Pommiers que Geoffroy de Monmouth tente de décrire : « Il n'est point nécessaire que les habitants la cultivent. Toute culture est absente, sauf celle que fait la nature elle-même. Les moissons y sont riches et les forêts y sont couvertes de pommes et de raisins. Le sol produit tout comme si c'était de l'herbe. On y vit cent années et plus. Neuf sœurs y gouvernent par une douce loi et font connaître cette loi à ceux qui viennent de nos régions vers elles. De ces neuf sœurs, il en est une qui dépasse toutes les autres par sa beauté et par sa puissance. Morgane est son nom, et elle enseigne à quoi servent les plantes, comment guérir les maladies. Elle connaît l'art de changer l'aspect d'un visage, de voler à travers les airs » *(Vita Merlini).* On peut comparer cette savante description avec les strophes lyriques intégrées au récit irlandais de la *Navigation de Bran :*

« Inconnues sont la douleur et la traîtrise,
ni chagrin, ni deuil, ni mort,

ni maladie, ni faiblesse,
voilà le signe d'Emain...
Quel merveilleux pays que ce pays!
les jeunes n'y vieillissent point. »

Ce pays de l'Éternelle Jeunesse, cette « Terre de la Promesse », comme l'appellent certains textes, c'est Emain Ablach, toujours l'*Insula Pomorum* que nous retrouvons dans le mythe d'Avalon. Mais si, pour les besoins de la vraisemblance, ce pays merveilleux se trouve quelque part dans une île, en plein océan, et vers le soleil couchant, il peut également être dans l'univers souterrain des tertres, dans le royaume du *sidh,* c'est-à-dire de la paix. Les conteurs insistent toujours sur les plaines merveilleuses qui se trouvent à l'intérieur du *sidh.* Dans le récit irlandais de la *Maladie de Cûchulainn,* le héros est sollicité par une femme-fée de venir avec elle dans son domaine souterrain. Cûchulainn, très prudent, envoie son cocher Loëg pour aller voir ce qui se passe dans cet étrange pays. Loëg fait son rapport. Il vante les charmes d'une incomparable contrée, « les troupeaux de chevaux gris, à la crinière tachetée, trois arbres de couleur pourpre sur lesquels chantent des oiseaux, longuement, doucement, un arbre à la porte du château, arbre d'argent où brille le soleil — sa splendeur est pareille à l'or —, une fontaine, une cuve d'hydromel, trois vingtaines d'arbres qui nourrissent trois cents hommes de leur fruit multiple et simple, et surtout une fille dans la maison noble, qui se distingue des femmes d'Irlande, avec une chevelure blonde qui flotte », femme qui « ferait perdre la tête à des armées ». Et tout cela à l'intérieur d'un tertre mégalithique...

Cette croyance fantasmatique a perduré pendant longtemps, attachée aux grands dolmens qu'on avait parfois peur de pénétrer. Les contes populaires répercutent encore la description enthousiaste de cette Terre des Fées. Dans un conte breton armoricain, la *Saga de Koadalan,* le jeune héros, après diverses aventures, est retenu prisonnier par le magicien Foulkes. « Foulkes le précipita dans un puits très profond (il avait plus d'une lieue de profondeur), et il tomba au milieu d'un grand bois ». Il est tout de même assez étonnant de se retrouver ainsi sous terre au milieu d'un grand bois. D'ailleurs, Koadalan, qui ne sait pas où il se trouve, marche longtemps, finit par s'endormir sur un gros rocher, et se réveille lorsque le jour paraît. Tout se passe comme si *en bas* il y avait la même chose qu'*en haut*. Cela semble en conformité avec l'un des préceptes de la *Table d'Émeraude* attribuée à Hermès Trismégiste : « Ce qui est en haut est comme ce qui est en bas. »

Un autre thème développé par Pline l'Ancien montre la mesure exacte qu'il convient de donner à cette description du pays des Hyperboréens : ce sont les vierges qui vont porter les prémices des fruits jusqu'à Délos. A un moment donné, on a fait violence à ces vierges,et depuis lors, elles ne sortent plus de leur domaine. Il est impossible de ne pas comparer ce détail avec ce qu'on trouve dans l'*Élucidation*, un texte français de la fin du XIIe siècle qui sert de préface à l'aventure du Graal dans la version de Chrétien de Troyes et de ses continuateurs immédiats. On y relate en effet que les fées du château du Graal recevaient autrefois les voyageurs en leur offrant des coupes remplies d'un breuvage réconfortant. Mais, un jour, le roi Amangon viola une des fées, et depuis ce temps, les fées ne se montrent plus : elles se sont enfermées dans leur domaine et n'en sortent que rarement. D'ailleurs, Pline dit lui-même que « les Hyperboréens se cachent la nuit dans des cavernes ». La description de Pline est donc un conte de fées. Mais il a un rapport certain avec la croyance que l'intérieur des monuments mégalithiques est peuplé d'êtres féeriques ou divins, qui, après avoir eu des différends avec les humains (la guerre entre les Gaëls et les Tuatha Dé Danann), se sont enfouis dans leurs tertres et n'en sortent qu'à certaines occasions, à la fête de *Samain* notamment.

Un dernier élément du texte de Pline doit être mis en avant : la relation privilégiée que semblent avoir les

Hyperboréens avec l'île de Délos. Ainsi s'esquissent les grandes lignes d'une géographie sacrée qui permet de joindre les grands sanctuaires apolliniens de la Méditerranée orientale à d'autres sanctuaires plus mystérieux de l'Europe du nord. Apollon est vraiment un dieu importé en Grèce. Il est d'origine hyperboréenne. Mais ce n'est pas l'Apollon-Soleil de la dernière phase mythologique des Grecs : c'est le dieu protecteur, le dieu guérisseur, le dieu maître des arts, le Diancecht de la tradition irlandaise, maître de la fontaine de santé, et qui vient, tous les dix-neuf ans, se régénérer à Stonehenge. Après cela, comment s'étonner si les habitants du *sidh* ne connaissent ni la maladie, ni la mort, ni la faiblesse, ni le malheur? Le mot *sidh* signifie la « paix », répétons-le. Mais ici, il ne s'agit pas de la *paix éternelle* qui règne sur les cimetières modernes. C'est une *paix vivante* caractérisée par un refus de la mort.

En Bretagne armoricaine, quand quelqu'un meurt, on dit souvent qu'il a « attrapé l'autre moitié ». C'est assez révélateur de la sérénité des Celtes. Quand ils sont arrivés en extrême Occident, le nombre de menhirs et de dolmens sous tertres tumulaires devait être impressionnant. Ils ne les ont pas détruits. Ils les ont intégrés à leurs propres croyances. Ils ont peuplé les tertres de tous ceux qui *avaient attrapé l'autre moitié,* et parfois même ils allaient les visiter lorsqu'ils avaient eu la chance de découvrir l'*herbe d'or,* cette herbe très rare qui permet de franchir impunément la limite qui sépare notre monde du royaume des Fées, celui qui est sous la terre.

Carnac est sans doute en plein cœur des chemins qui mènent à ce royaume des fées et des dieux d'autrefois. C'est du moins ce que racontent les pierres à légendes.

II

## RÊVES ET RÉALITÉS

Les interprétations qu'on a pu proposer sur Carnac et les monuments mégalithiques en général, depuis quelques siècles, sont innombrables, contradictoires, et bien souvent parfaitement à côté des véritables questions. C'est le manque d'informations précises qui a conduit à ces interprétations parfois délirantes. Car tout manque d'information favorise l'imaginaire, surtout lorsqu'on s'acharne à savoir d'une façon désespérée quel pouvait être le but de ces peuples mystérieux qui prenaient la peine de sortir de terre des blocs de pierre invraisemblables pour les ériger à certains endroits et non à d'autres.

Une plaisanterie contemporaine, bien connue chez les archéologues, rend exactement compte de la situation. On prétend qu'en 1944, à la Libération, les Américains se seraient exclamés en voyant pour la première fois les alignements de Carnac : « Ah! ces Allemands, ils n'ont jamais été capables de construire des barrages antichars! » Cela vaut bien les soldats romains changés en pierres par saint Kornéli! Et on a entendu bien pire depuis lors.

A partir du moment où les « antiquaires » ont commencé à se poser des questions sur l'origine des mégalithes, sur leur utilité, sur leur justification, tout était possible. Cela a été d'abord la certitude que c'étaient les Romains qui avaient construit ces alignements, comme la plupart des dolmens sous tertre tumulaire. Si l'on part du postulat qu'avant les Romains nos ancêtres étaient de purs barbares tout juste capables de vivre dans des huttes en bois, il est évident que toute construction requérant un certain sens de l'architecture, et surtout exigeant de considérables efforts techniques, ne peut être considérée que comme romaine. Cependant, comme les modèles authentiquement romains ne manquaient pas, et que les mégalithes offrent un aspect peu compatible avec celui des monuments romains, on abandonna très vite cette hypothèse. Il fallait aller plus loin, et remonter le temps.

D'où un nouveau postulat : puisque les Romains étaient venus donner la civilisation aux Gaulois, c'est que les Gaulois occupaient le territoire avant eux, et comme on n'avait aucune notion précise, en dehors des Gaulois, des peuples qui avaient précédé les Romains, tout avait tendance à devenir gaulois. Les menhirs et les dolmens furent donc gaulois. Mais il était difficile de prétendre que les dolmens pouvaient servir d'habitations [1]. On abandonna donc l'idée d'une architecture civile pour aller vers d'autres directions. But militaire? Il en a été question à plusieurs reprises. La Butte de César, autrement dit le tumulus de Tumiac, n'est-il pas un excellent observatoire pour voir ce qui se passe aux alentours? Et il n'est pas le seul monument mégalithique à pouvoir être considéré

1. Cela s'est pourtant réellement produit à diverses époques : des malheureux sans abri ont élu, du moins provisoirement, domicile dans des dolmens. L'exemple des Pierres Plates, en Locmariaquer, pendant la Seconde Guerre mondiale, nous le prouve, car un vagabond y est resté pendant plusieurs mois. Pendant les troubles des guerres de Religion, et pendant la Révolution, de nombreux mégalithes à demi enfouis ont réellement servi d'abris et de cachettes.

ainsi. Mais le but militaire apparaissant comme bien minime, surtout à propos de peuples qui ne devaient pas être très doués en stratégie, on en vint à considérer l'aspect religieux de la question.

Ce n'était d'ailleurs pas nouveau, puisque d'après un édit de Charlemagne, au début du IXe siècle, on sait que les populations des campagnes continuaient, à une époque où pourtant le Christianisme n'était pas discuté, ni menacé, à rendre un culte aux mégalithes. L'empereur, en interdisant tout culte païen devant les menhirs et les dolmens, et en ordonnant même de détruire ceux-ci, se conformait aux idées iconoclastes du temps. Mais cela signifie que les populations des campagnes n'avaient jamais oublié que les mégalithes étaient des pierres sacrées. Depuis lors, le clergé s'est arrangé soit pour christianiser certains menhirs en les parant de la croix, soit en les faisant détruire. Et aux époques modernes, ce sont les bulldozers qui ont raison de ces vestiges des temps anciens, les nécessités économiques n'ayant plus aucune communication avec les choses du Sacré.

Les dolmens sont donc devenus, essentiellement depuis la fin du XVIIIe siècle, des « autels druidiques ». Et l'on ne s'est pas fait faute de décrire avec un luxe incroyable de détails comment les druides immolaient leurs malheureuses victimes sur ces autels de la superstition. Curieusement, personne ne s'était avisé d'un fait pourtant évident : il fallait que ces druides fussent particulièrement grands pour opérer sur les tables des dolmens. D'ailleurs, tous les dolmens étaient autrefois recouverts d'un tertre tumulaire, ce qui réfute d'emblée toute conception d'autel à sacrifices. Mais cette image a eu la vie dure, et on l'a retrouvée très longtemps dans des livres dits sérieux, y compris dans les manuels d'histoire à l'usage des écoles primaires.

Pour les menhirs, l'interprétation ne pouvait être que différente, et même beaucoup plus délicate. On imaginait mal l'utilité de ces pierres levées, à plus forte raison quand elles étaient groupées. Un menhir isolé pouvait à la rigueur servir de borne, de point de repère, ou même de symbole religieux analogue aux calvaires qu'on découvre à la croisée des chemins ou le long de ces mêmes chemins. Mais un alignement de menhirs, cela excitait davantage la curiosité.

Les Romantiques avaient cru, en toute bonne foi, que les Gaulois — on ne disait pas encore les Celtes — avaient érigé ces monuments, et comme l'image du druide, qu'on venait de redécouvrir dans le magasin des accessoires oubliés, devenait prépondérante, on imagina que les druides, se plaçant contre les menhirs, se chargeaient de la force mystérieuse de la terre. D'autres dirent d'ailleurs que, les menhirs étant de véritables condensateurs de l'énergie céleste, c'était au pied des menhirs qu'ils prenaient leur inspiration et entraient en communication avec les dieux. Dans une autre direction, les sceptiques avouaient tout simplement que les menhirs des alignements étaient des pierres tombales : Carnac n'était plus alors qu'un immense cimetière. Le malheur est qu'on n'a jamais découvert la moindre trace d'inhumation au pied des menhirs. Ce qu'on peut affirmer, c'est que les menhirs — et les alignements de menhirs — n'ont rigoureusement aucun caractère funéraire.

Mais sur la lancée, on imagina plus tard une autre théorie : les druides pouvaient entrer en communication télépathique entre eux en se plaçant dans l'axe des menhirs. C'était la téléphonie sans fil avant la lettre. Tout cela paraît une fine plaisanterie, mais il faut préciser que plusieurs générations ont cru à ces fadaises parce qu'elles n'avaient aucun moyen de vérifier quoi que ce soit. Il est bien évident que les menhirs ne sont pas placés au hasard, et qu'il est très possible qu'ils soient érigés en fonction des lignes telluriques qui parcourent la surface de la terre. On en est venu ainsi à imaginer que les alignements de Carnac correspondaient à une zone particulièrement perturbée de l'écorce terrestre, et que ces pierres levées avaient été placées là, nous l'avons dit plus haut, pour canaliser et rectifier les courants telluriques. En somme, un menhir était analogue à une aiguille d'acupuncture : planté dans le sol, il réveillait et ordonnait une énergie profonde qui jusqu'alors se trouvait inutilisée ou dispersée. C'est un point de vue qui mérite qu'on s'y arrête.

Les hommes de la Préhistoire vivaient en contact permanent avec la nature. Certes, ils n'avaient pas à leur disposition des données scientifiques précises, ni des instruments de mesure. Mais ils avaient suffisamment d'expérience pratique pour savoir quelles étaient les parties de la terre qui étaient favorables à la survie, quelles étaient les régions où des phénomènes inexpliqués venaient perturber le cycle normal de l'existence des êtres et des choses. De plus, on le sait grâce aux notions qui sont ensuite passées dans la tradition des peuples historiques, à force de vivre en symbiose avec la nature, ils avaient acquis la certitude que l'être humain fait partie d'un ensemble cohérent. Expliquer l'être humain, c'est également expliquer son environnement. On peut dire que les constructeurs de mégalithes étaient écologistes sans le savoir. Leur longue fréquentation des processus climatiques, des rythmes des saisons, de la succession des étapes lunaires, leurs observations sur la germination des plantes, leurs réflexions sur les matériaux indispensables à l'amélioration des conditions d'existence, tout cela concourait à une certaine « sagesse », celle-ci devant être prise au sens de connaissance à tendances rationalisantes.

Les hommes de la fin du Néolithique n'avaient pas été sans remarquer que la vie humaine dépend de la qualité de son environnement. Ils se sont efforcés de donner à celui-ci le maximum d'efficacité, même s'ils ne comprenaient pas toujours bien ce qui se passait, non dans l'invisible, mais derrière les apparences des choses. La science moderne est née de cette confrontation permanente entre l'être humain superbement isolé dans sa conscience et les objets qui l'entourent. Quand, encore au XXe siècle, certaines maisons de village ou de campagne passent pour être maudites, parce que les décès s'y multiplient de façon alarmante, c'est qu'il y a une raison. Les gens d'autrefois le savaient, même s'ils ne pouvaient y trouver une explication rationnelle, faute de quoi ils concluaient à l'intervention de puissances surnaturelles maléfiques. On a compris de nos jours que cette « sagesse » n'était pas sans fondement : ces maisons dites maudites sont souvent situées sur une veine granitique contenant de l'uranium dans des conditions variables mais suffisantes pour provoquer des maladies du type cancer ou leucémie, tant la radioactivité y est plus forte qu'ailleurs. On aura beau traiter les anciennes habitudes et croyances de superstitions, on ne fera que nier l'observation patiente et finalement « raisonnable » qui a conduit à édicter certaines règles de vie et certaines formes thérapeutiques. Les mesures faites grâce à des appareils du genre détecteur de radioactivité permettent de faire justice de ces « superstitions ». Les maisons « maudites » l'étaient bel et bien. Le tout est de s'entendre sur la signification du mot « maudit ».

Par les mêmes instruments de mesure, on peut s'apercevoir avec une facilité déconcertante que les alignements de Carnac se trouvent situés dans une zone où cette radioactivité est particulièrement forte (terrains granitiques avec failles discrètes mais profondes, présence d'uranium dispersé dans les roches). De plus, le fait que les constructeurs de mégalithes aient délibérément choisi les roches qu'ils mettaient en place, parfois en allant les chercher très loin, suppose que ces peuples avaient une certaine connaissance de la *vertu* des pierres, même s'ils étaient incapables d'en analyser la composition. A cet égard, le *savoir* mégalithique valait bien la pseudo-science qui a prévalu pendant les dix-neuf siècles du Christianisme.

Pourquoi en effet avoir utilisé, à Carnac par exemple, tel type de roche par rapport à tel autre? Pourquoi, comme à Stonehenge, avoir transporté de si loin des pierres bleues qu'on aurait peut-être trouvées à proximité? Pourquoi, comme dans les grands dolmens sous tertres tumulaires de

Locmariaquer, avoir utilisé des dalles rocheuses provenant d'un filon bien spécifique? Les monuments mégalithiques ne sont pas des objets artificiels. Ils sont issus de la terre elle-même. Ce sont des pierres qui *bougent,* dans le sens qu'elles ont une vie propre, spécifique, bien qu'elles soient inertes en apparence. Cela suppose, de la part des constructeurs, tout au moins de la part des architectes qui ont présidé à cette élaboration, sinon une science, du moins une réflexion critique qui est déjà une attitude scientifique. Qu'on fasse intervenir alors des puissances surnaturelles ou tout simplement des équations et des graphiques, cela ne change rien au fait qu'à l'époque mégalithique, les hommes ont pris conscience que tout ce qui les environnait les concernait.

C'est pourquoi il est impossible de rejeter comme stupide la théorie des points d'acupuncture sur les circuits nerveux ou musculaires de la surface terrestre. Les courants telluriques existent, même si certains esprits dits éclairés les rejettent comme résidus de l'âge des superstitions. La radioactivité existe et il ne viendrait à l'idée de personne de le nier. La présence abondante des menhirs dans un lieu particulièrement soumis au tellurisme et à la radioactivité prouve en tout cas qu'ils ne sont pas là par hasard et qu'ils doivent jouer un rôle quelconque, en excluant bien entendu toute magie.

On rétorquera que c'est aller chercher très loin ce qui est l'évidence même, à savoir que les menhirs qui constituent les alignements de Carnac ne sont autre chose que des tombeaux *fictifs* et *symboliques :* aux temps mégalithiques, on se réservait un emplacement dans l'Autre Monde et pour marquer cette sorte de « réservation », on prenait à son compte l'érection d'un menhir dans un grand ensemble, soit en l'érigeant soi-même, soit en le faisant ériger par des professionnels. Ainsi s'expliquerait la dimension exceptionnelle du site de Carnac, le lieu le plus riche en convergences telluriques et le plus propice à ce contact avec les puissances célestes. Cette théorie a le mérite d'être d'une extrême simplicité : Carnac ne serait ni plus ni moins qu'un monument aux morts. Mais elle est loin d'emporter la conviction, le caractère funéraire des alignements n'étant point établi.

Il y a la théorie sexuelle. Il est hors de doute qu'un menhir a un aspect phallique. Le menhir planté dans la terre féminine (la déesse-mère) a une signification sexuelle assez nette : il s'agit de l'union sacrée entre l'humain et le divin, d'un hiérogame mettant en contact le ciel et la terre. Pourquoi pas? Les cultes phalliques ne sont pas rares dans l'Antiquité, et rien n'exclut qu'ils n'aient point existé à l'époque préhistorique. Le symbole du menhir phallique et du dolmen vaginal est si apparent qu'il en devient banal. Même Gustave Flaubert l'avait remarqué dans son *Bouvard et Pécuchet.* Cette interprétation « psychanalytique » n'a rien d'absurde, et elle a été reprise bien souvent. La chambre funéraire d'un dolmen est incontestablement à l'image d'un utérus, celui de la Déesse des Tertres, et le couloir d'accès est évidemment le vagin. Lorsqu'on dépose un défunt dans cette chambre, au fond du dolmen, c'est pour lui redonner vie, la vie de l'Au-Delà, celle qui ne peut être acquise que si les rites sont scrupuleusement respectés. Cette conception n'est certes pas contradictoire avec l'idée de la *chambre de soleil* où s'accomplit la régénération de l'être en présence des forces cosmiques révélées par les rayons du soleil. Et si la caverne du dolmen est utérine, le menhir est phallique, se dressant vers le ciel non pas pour capter les énergies cosmiques, mais pour tenter d'établir l'union avec le monde invisible du *là-haut.* D'ailleurs, on le sait à la suite de nombreuses observations, les menhirs attirent la foudre : de nombreuses pierres sont chaque année frappées et dégradées par un coup de tonnerre. Mais ce qu'on sait moins, c'est que *la foudre ne tombe pas,* contrairement aux apparences optiques, *elle jaillit vers le ciel.* Dans ces conditions, le menhir se comporte effectivement comme un phallus d'où jaillit une semence qui se perd dans les étoiles. L'image peut devenir érotique. Elle n'en reste pas moins sacrée et témoigne d'une certaine construction métaphysique ainsi que de connaissances réelles quant au phénomène de la foudre.

D'ailleurs, l'aspect sexuel des monuments mégalithiques est loin d'être absent des traditions populaires. En Bretagne armoricaine, on cite de nombreux menhirs, généralement isolés, autour desquels les jeunes filles venaient danser certaines nuits. Il s'agit là d'un geste rituel de fécondité qui eût bien étonné les jeunes danseuses si on leur avait expliqué exactement la signification de leur comportement. Mais dans d'autres exemples, la connotation sexuelle est consciemment vécue par les participants à ces liturgies « païennes » que le clergé chrétien a mis bien du temps à résorber, sans jamais y parvenir tout à fait.

Dans d'autres endroits, redisons-le, les menhirs sont l'objet d'un « culte » assez spécial. Les femmes qui désespèrent d'avoir un enfant viennent s'y frotter le ventre. Parfois, c'est le mari et la femme ensemble qui viennent accomplir le rite, se mettant nus et même s'accouplant au pied du menhir. Il y a dans ces coutumes un souvenir d'un ancien culte phallique, mais aussi la constatation que la pierre levée est le signe même de la fécondité heureuse. Il arrive que sur certains menhirs couchés, les femmes se livrent à des glissades (et même à des « écorchades ») sur leur peau nue. C'est assurément un bon moyen d'être en contact avec les mystérieuses divinités du temps jadis, et cela n'empêche nullement d'aller ensuite se confesser pieusement sans oublier d'avouer ce manquement à la religion chrétienne. La pratique des « écorchades » est absolument générale dans tous les pays où il existe des menhirs, et elle fait en somme partie des coutumes ancestrales.

Mais les théories les plus courantes, les unes scientifiques, les autres purement conjecturales bien que sous des apparences scientifiques, sont celles qui concernent des données astronomiques (et accessoirement astrologiques, puisque autrefois astronomie et astrologie était une même et unique discipline). On a constaté depuis longtemps que les alignements avaient été établis selon certaines directions précises encore que soumises à de nombreuses variantes, et qu'en gros, dans la plupart des cas, ils suivaient une ligne qui allait du levant au couchant. Il en a été de même pour les dolmens dont les entrées, très souvent — mais non toujours — se trouvent à l'est. Et, en partant de ces constatations, on a essayé de découvrir à quelles lois astronomiques — voire secrètes et ésotériques — obéissaient les constructeurs de mégalithes.

Le problème est très complexe et ne peut être résolu facilement du fait que ce que nous connaissons des monuments mégalithiques, des alignements en particulier, ne constitue qu'une partie de ce qui existait autrefois : dans ces conditions, il est difficile de tirer des conclusions réellement scientifiques d'observations nécessairement incomplètes. Mais il y a cependant des convergences qui font que ce genre de théorie a toutes les chances d'approcher de la vérité. Le tout est de ne pas trop déborder de la constatation elle-même vers des considérations qui touchent à la magie, à l'astrologie ou à l'hermétisme proprement dit. Et le seuil est facile à franchir.

Il est indéniable que certaines lignes de menhirs, qui ne sont pas forcément des droites géométriques (à Carnac, on observe très souvent des courbures dans les lignes de menhirs) paraissent orientées de manière systématique et selon des orientations calendaires assez simples : les repères les plus courants sont les levers de soleil aux solstices et aux équinoxes. Ce genre d'observation est à la portée de tout le monde. Mais de là à en conclure qu'il s'agit, à Carnac tout au moins, d'une véritable carte des constellations, il y a plus qu'un fossé, il y a un ravin. C'est pourtant ce ravin qu'ont franchi allègrement certains auteurs, allant même — en prenant appui sur les fameuses représentations serpentiformes du menhir du Manio — jusqu'à imaginer de grandes processions initiatiques à travers les alignements selon les reptations ophidiennes. Sur un plan spectaculaire, l'idée est fantastique. On imagine aisément tout le parti qu'un bon metteur en scène, pourvu de moyens techniques et disposant d'une nombreuse figuration, pourrait tirer de cette liturgie.

Il est vrai que, dans un espace plus restreint, c'est-à-dire en ne considérant que les pétroglyphes de New-Grange — en mettant toutefois en parallèle ces pétroglyphes et l'orientation du monument —, on a voulu faire de ce tertre un véritable temple céleste : des auteurs dignes de foi ont reconnu dans les signes mystérieux qui ornent les parois les représentations des astres dans le ciel à l'époque mégalithique. Pourquoi pas? Mais c'est oublier que tout système symbolique dont nous ne possédons plus le code d'entrée peut s'interpréter de multiples façons.

Il est vrai que le monument de Stonehenge a été considéré comme un véritable observatoire astronomique permettant de prévoir les phases de la lune, les éclipses de soleil ou de lune, la course des astres dans le ciel. Des recherches récentes, pratiquées selon les méthodes les plus modernes, avec l'aide d'ordinateurs, ont permis de mettre en relief des coïncidences troublantes. L'expérience est intéressante dans la mesure où elle ajoute des observations supplémentaires à propos d'un monument qui, sans contestation possible, est un temple solaire, ou tout au moins un sanctuaire où le soleil joue un rôle important.

« En réalité, la correspondance entre les orientations des monuments et les orientations théoriques qu'on peut calculer avec des données astronomiques est plus qu'élastique, pour autant qu'elle puisse se mesurer, car rien n'est plus indéfini ou flottant que le point principal d'un menhir. Il faut reconnaître que dans quelques cas, la coïncidence est étonnante, alors qu'ailleurs elle ne signifie rien de net. Il faut bien entendu tenir compte des variations des éléments astronomiques depuis l'époque de construction et d'utilisation des systèmes mégalithiques, des variations des masques naturels au-dessus de la ligne d'horizon, en particulier du rideau d'arbres. L'idée est évidemment venue aux chercheurs de tenter de dater les systèmes mégalithiques à l'aide des variations angulaires des paramètres fonction du temps. » [1]

Cela dit, il nous faut examiner certaines de ces théories archéo-astronomiques qui se sont développées à partir de 1850 en France et dans les îles Britanniques, bien que pour le monument de Stonehenge, des théories de ce genre soient apparues dès 1740. A Carnac et dans les environs, les premières tentatives datent des débuts de la Troisième République, mais consistaient surtout en patients relevés, avec des suggestions qui n'emportaient aucune conviction ni dans un sens, ni dans l'autre. C'est en 1900 que la théorie solaire dite solsticiale fut franchement exprimée, à la fois par un Français, le commandant Devoir, officier de marine originaire de Lorient, et par un Britannique, Norman Lockyer. Les observations étaient faites à partir des mégalithes du nord et de l'ouest du Finistère, en comparaison avec l'ensemble de Carnac. Ce système permettait de faire apparaître des exemples approximatifs de lignes de menhirs correspondant aux levers et aux couchers du soleil à certaines dates précises, compte tenu de la latitude de la Bretagne. Mais les données ainsi obtenues étaient cependant un peu floues par suite de variations possibles dans un sens ou dans l'autre. En gros, on trouvait 54° au solstice d'été, et 126° au solstice d'hiver. Cela ne prouve rien, sinon que les divers architectes mégalithiques utilisaient des directions qui semblent communes.

Mais ces observations furent reprises entre les deux dernières guerres par l'archiviste R. Merlet qui les compléta par ses observations personnelles dans le golfe du Morbihan et dans la région de Carnac. On en vint à considérer un système solsticial reliant entre eux certains monuments mégalithiques, notamment les cromlechs d'Er

1. P.-R. Giot, *Préhistoire de la Bretagne*, p. 424.

Lannic et de Kergonan (ile aux Moines), le grand menhir brisé de Locmariaquer, le menhir de Men Guen en Sarzeau, un cromlech en Saint-Gildas-de-Rhuys et le tertre de Graniol en Arzon. Ces relations se vérifiaient avec une grande exactitude métrique et démontraient même la valeur du pied mégalithique, mesure employée dans la Gaule préhistorique et protohistorique pour les travaux de construction, c'est-à-dire 0,3175 mètre, chiffre confirmé par des travaux plus récents. Le seul problème est qu'on ne voit pas très bien pourquoi ce système solsticial concerne seulement quelques mégalithes dans une aire où ils sont particulièrement abondants.

Ces recherches mettent cependant l'accent sur le rôle de calendrier qu'auraient pu jouer certains ensembles mégalithiques. Mais tout calendrier, surtout dans les temps reculés, est soli-lunaire. On a donc tenté des expériences en ce sens avec les menhirs et les dolmens d'Irlande et d'Écosse. Puis on a élargi le débat avec les groupes de la région de Carnac. Les conclusions ne sont guère satisfaisantes sur le plan d'une explication rationnelle. Tout au plus peut-on préciser, grâce à ces observations, la valeur de l'unité de mesure de la fin du Néolithique, ce qu'on appelle le yard mégalithique, qui fait 0,829 mètre, et montrer que dans la construction des grands ensembles intervient fréquemment le rapport 3-4-5. La précision mathématique des relevés a au moins l'avantage de permettre une base très solide pour des hypothèses entièrement nouvelles.

Il y a cependant quelque chose qui surgit de tout cela : la conviction que certains monuments ou ensembles de monuments mégalithiques ont été de véritables observatoires astronomiques. On en est arrivé à prouver scientifiquement que Stonehenge servait de calculateur pour prédire les éclipses. On est parvenu au même résultat pour certains cromlechs d'Écosse et du Pays de Galles. Et l'on a étendu cette possibilité à la Bretagne armoricaine, bien que, contrairement aux îles Britanniques, les cercles de pierres levées y soient rares. On est parvenu à certaines constatations du plus haut intérêt.

C'est le grand menhir brisé de Locmariaquer qui constitue le point central de ces observations. Il aurait été l'élément de base d'un système destiné à prédire les éclipses. Si c'était le cas, cela justifierait nettement la taille imposante qu'il avait lorsqu'il était dressé. Ce grand menhir aurait donc servi de fronteau de mire, ou plutôt de guidon de visée sur la lune. Les crans de cette mire auraient été plusieurs autres menhirs isolés et souvent fort éloignés, dont les emplacements correspondraient à des visées à des moments extrêmes de la déclinaison lunaire. On sait que ces moments extrêmes se situent à 18,6 années, les fameux dix-neuf ans du cycle pascal des Chrétientés celtiques, et bien entendu le cycle des séjours d'Apollon dans l'île de Bretagne, à Stonehenge, si l'on en croit Diodore de Sicile. Il y a aussi une fluctuation de l'inclinaison de l'orbite lunaire sur l'écliptique, pendant une période de 173,3 jours, qui modifient les points de ces moments extrêmes. Et c'est seulement aux points morts, aux immobilisations majeures et mineures, toutes les 9,3 années, ou près d'eux, que l'homme parvient à détecter les effets de la petite fluctuation : or, le système veut que les éclipses se produisent seulement lorsque cette dernière perturbation est proche ou qu'elle est à son maximum. Pour prévoir les éclipses, il fallait donc observer des différences de déclinaison d'une minute d'arc, ou moins encore, ce qui nécessitait des petits repères, naturels ou non, mais en tout cas lointains et nets à l'horizon. Le bord du soleil ou de la lune défilait derrière le repère, et l'observateur se déplaçait vers le côté de façon à obtenir une coïncidence exacte. Cette position étant relevée, l'observation était répétée le lendemain et le surlendemain jusqu'à ce que fût atteint le maximum.

Or le grand menhir de Locmariaquer pouvait être vu de huit sites. Chacun de ces sites devait être utilisé pour observer l'une des positions extrêmes possibles de la lune.

Les plus éloignés étaient le menhir de Goulvhar à Quiberon, un emplacement de mégalithe à Saint-Pierre-Quiberon. Les autres sites étaient la butte de Tumiac en Arzon, le Petit-Mont en Arzon, le dolmen de Trevras en Larmor-Baden, le mégalithe de Kerran et le tumulus du Moustoir en Carnac. Un autre système identique aurait fonctionné autour du menhir du Manio, en Carnac. Ainsi pouvaient être prévues les éclipses de lune ou de soleil. Ainsi pouvait être observé le ciel. Car, même si on peut émettre certaines réserves sur ces théories soli-lunaires, il ne fait aucun doute que certains monuments mégalithiques ont servi d'observatoires. L'organisation du système mégalithique suppose une vie religieuse intense. Mais à ces époques lointaines, la religion et la science sont de même nature, et les détenteurs du savoir sont évidemment les prêtres. De plus, comme dans toutes les religions archaïques, il devait y avoir divination. La prévision des phénomènes astronomiques fait partie de l'art divinatoire. Donc, on peut affirmer que les prêtres des mégalithes, comme les druides, leurs successeurs, étaient aussi des astronomes et astrologues.

Mais on a émis également de nombreuses hypothèses sur la construction des mégalithes. La tradition populaire, à court d'explications rationnelles, avait eu la chance de faire appel aux géants et aux êtres fantastiques. Les « Roches aux Fées » voisinent avec les « Cailloux de Gargantua ». Parfois, comme au Champ-Dolent, c'est une pierre tombée du ciel. A partir du moment où l'on a tenté de comprendre comment des hommes apparemment dépourvus de moyens techniques ont pu accomplir de telles prouesses, les solutions ont été nombreuses, y compris celle qui consiste à faire appel à des pouvoirs psychiques exceptionnels permettant le transport d'énormes blocs sans intervention de la main humaine.

Il est exact que, parfois, on a transporté des pierres de très loin. Mais il semble, à l'étude de la plupart des sites, que l'on ne se soit pas tellement fatigué à chercher ailleurs ce qu'on avait sur place. La plus grande partie des menhirs et des dolmens sont construits avec de la roche trouvée sur place ou aux environs immédiats. Il suffisait d'ouvrir une carrière, surtout en Bretagne où le granit — sauf dans l'éperon central — ne manque pas. Il faut d'ailleurs se dire que, très souvent, il était inutile d'ouvrir une carrière : on constate partout la présence de blocs détachés du filon naturel par diverses intempéries. Il suffisait donc de se servir, le travail consistant essentiellement à dégrossir le bloc et au besoin, à lui donner la forme désirée. C'est ainsi que le menhir de Men-Marz en Brignogan (Finistère) a tout simplement été extrait de la roche mère qui se trouve juste à côté de lui. Par contre, le menhir de Champ-Dolent, qui se dresse sur un substrat schisteux, a dû subir un transport d'au moins quatre kilomètres.

Ce transport, même réduit à quelques centaines de mètres, pose cependant quelques problèmes. On suppose qu'il se pratiquait à l'aide de rouleaux, en empruntant des parcours aussi en pente que possible. Depuis une dizaine d'années, on a multiplié les expériences pour tenter de découvrir le secret des constructeurs de mégalithes. Ces expériences ont montré que pour des poids de l'ordre de cinq à dix tonnes, le travail le plus pénible était de récupérer par derrière les rouleaux qui venaient de servir et de les replacer en avant. Cela, bien entendu, à condition de disposer d'un nombre d'individus suffisant pour assurer le travail collectif. On a parfois suggéré qu'on pouvait déplacer des pierres sur des sortes de traîneaux au moment des grands froids quand le sol était glacé ou enneigé. Mais l'aire d'extension des mégalithes n'est pas tellement celle des hivers rigoureux. Et, d'autre part, le frottement produit par l'énorme masse aurait fatalement fait fondre la neige ou la glace, et le chargement se serait vite retrouvé dans un bourbier. Il semble que déjà, à l'époque du Néolithique, il y ait eu des chemins, non pas pavés comme ils le seront au temps des Romains, mais *emboisés*, c'est-à-dire consistant en une succession de petits troncs d'arbres coupés à la bonne longueur et constituant ainsi une véritable route en bois sur laquelle on pouvait facilement faire glisser des traîneaux ou même rouler des chariots munis de roues. On a retrouvé certaines de ces routes dans les marécages des Pays-Bas et du Somerset; et, en Irlande, dans les grandes tourbières du centre, de tels chemins sont toujours en usage. Il est fort possible que les constructeurs de mégalithes aient utilisé ce genre de routes pour assurer le transport de leurs énormes blocs de pierre.

Un menhir ne se mettait pas en place sans préparation du terrain. Il fallait d'abord creuser une fosse. Puis on y basculait le menhir, soulevé et dirigé par un dispositif approprié. On sait que l'expérience a été faite, à l'île de Pâques, pour des statues colossales et sans grande difficulté : douze hommes ont mis dix-huit jours pour remettre en place une statue de vingt-cinq tonnes à l'aide de leviers et de petits galets servant de cales. Cela n'a rien d'extraordinaire : il suffit d'avoir de la patience. Apparemment, les gens des mégalithes en avaient, car ils travaillaient pour l'éternité.

Une autre solution pouvait consister en un remblai qui faisait office de rampe de lancement. La longueur devait dans ce cas être assez importante afin de réduire le plus possible la pente. Une fois le menhir calé définitivement avec des pierres, des cailloux et de la terre tassés au pied, le remblai était détruit, et le bois probablement récupéré.

La technique utilisée pour la construction des dolmens devait être à peu près la même, à cette différence près qu'il fallait construire obligatoirement des remblais pour mettre en place les dalles — parfois énormes — qui servaient de couverture. Dans le cas des dolmens à encorbellement, il s'agissait de choisir les pierres les mieux appropriées, de les tailler au besoin et de les assembler. Ce n'était après tout qu'un jeu de patience qu'un seul individu pouvait faire à la main. Et, le dolmen étant érigé, commençait l'opération qui consistait à le recouvrir d'un tertre artificiel de pierres, de cailloux et de terre. Mais là encore, contrairement à ce qu'on pensait au siècle dernier, on ne mettait pas les pierres en place n'importe comment : tous les tertres tumulaires ont été bâtis soigneusement, selon un plan architectural mis au point à l'avance.

Lors des fouilles effectuées au pied des menhirs, fouilles très délicates et dangereuses car cela risque de faire basculer le bloc (c'est d'ailleurs à cause des fouilles sauvages qu'il y a tant de menhirs couchés), on s'est aperçu qu'avant la mise en place du bloc, on avait procédé à des dépôts rituels, ce qui suppose une cérémonie de fondation. Ces découvertes ont permis d'élaborer une hypothèse selon laquelle il aurait pu y avoir, autrefois, au moment de l'érection des menhirs, des petites constructions en bois, ou même des poteaux qui pouvaient servir à des rituels. C'est une possibilité qui, pour devenir réalité, devrait être appuyée sur des fouilles systématiques — et peu faciles — aux alentours immédiats des menhirs.

On a constaté, devant les dolmens sous tertres tumulaires, la même présence de dépôts rituels et également de structures prouvant qu'il y avait eu, à l'entrée du monument, des constructions annexes en bois n'ayant jamais été recouvertes par un tumulus. On ne sait pas exactement quelle pouvait être la nature de ces constructions annexes, ni leur destination. On pense seulement qu'il pouvait s'agir de maisons mortuaires, où étaient exposés les corps des défunts avant la cérémonie de l'inhumation, ou bien encore de maisons de culte, les dolmens étant la plupart du temps refermés après chaque nouvelle inhumation.

De toute façon, de telles mises en place, que ce soit des dolmens ou des menhirs, supposent la participation d'un nombre assez important d'individus engagés dans un énorme travail collectif. Certes, il ne faut pas oublier que les grands tertres tumulaires n'ont pas été construits en quelques jours : ils ont souvent été remaniés au cours des siècles, et cela étale donc le temps de la construction, mais n'empêche nullement de se poser la question de la main-d'œuvre nécessaire à des entreprises qu'on peut facilement qualifier de cyclopéennes.

Si l'on admet qu'une construction soit faite d'affilée par un labeur permanent, on peut émettre l'hypothèse que pour un travailleur uniquement occupé à la tâche désignée, il faut un autre individu œuvrant pour le nourrir. Cela permet d'évaluer le temps minimum que mettrait une communauté d'hommes pour édifier un monument de petites ou moyennes dimensions, par exemple, qu'on pense avoir été construit à peu près en une fois. Prenant référence sur des expériences faites dans le sud de la Grande-Bretagne, on a pu estimer que sur des populations de 500 à 2 000 âmes, on aurait mobilisé à peu près vingt pour cent de l'effectif pendant trois mois de l'année. Pour le cairn primaire de Barnenez, on a estimé que le travail de construction a nécessité de 150 000 à 200 000 heures de travail, à dix heures par jour, avec un effectif de 200 à 300 hommes.

On ne sait évidemment rien des conditions morales et matérielles dans lesquelles s'effectuaient ces travaux collectifs. Il est probable que les chefs locaux, petits ou grands, obtenaient le concours des populations par tous les moyens, coercition comprise, mais dans ce domaine, toutes les hypothèses sont possibles, sans négliger celle de la ferveur religieuse, comme pour les cathédrales du Moyen Âge.

On peut citer la théorie de K. Mendelssohn qui estime que pour les pyramides égyptiennes comme pour les pyramides mexicaines, ce qui comptait n'était pas les monuments eux-mêmes, mais le fait de les construire. Cela supposerait pour ces grandes entreprises un but économique et politique visant à l'établissement d'une société très centralisée. En était-il de même pour les peuples mégalithiques? Encore une fois, nous butons sur un manque total d'informations. Mais il est difficile de sous-estimer la motivation mystique qui a conduit ces peuples à accomplir tant de travaux cyclopéens.

Cela nous amène à poser la question de la densité de la

population. On estime qu'au Mésolithique, dans la région de Carnac, cette population était très réduite, comprenant seulement quelques milliers de personnes. Au début du Néolithique, elle a pu s'élever progressivement pour atteindre à peu près un habitant au kilomètre carré, ce qui donnerait, pour l'ensemble de la Bretagne, un ensemble de 25 000 à 50 000 habitants, et au Néolithique final, c'est-à-dire à l'époque de construction des mégalithes, une densité de deux pour cent, autrement dit de 50 000 à 100 000 âmes. La densité dépend en grande partie des lieux. Il est certain que des zones comme le Morbihan littoral devaient être beaucoup plus peuplées que les régions de l'intérieur, occupées par une immense forêt quasi impénétrable. Ailleurs, les gens devaient vivre par petites communautés de quelques dizaines de personnes, certainement associées avec des voisins plus ou moins proches en ensembles plus considérables qui se rassemblaient périodiquement pour des raisons politiques ou à l'occasion de fêtes religieuses. Il est probable que les solstices étaient particulièrement choisis pour de grands rassemblements, à Carnac notamment, qui, par la dimension exceptionnelle de ses alignements, représente le plus grand exemple de temple en plein air que l'on connaisse.

La répartition des habitants était la conséquence des points d'eau et des facilités de chasse ou de pêche. L'agriculture, qui se trouvait à ses débuts, a dû jouer un rôle non négligeable dans la densité de la population. Car il fallait évidemment des bras pour cultiver un sol ingrat : la Bretagne est un pays au sol acide, et l'on ne peut espérer tirer un parti efficace de l'agriculture que si on amende sérieusement les terres. Or il semble que le seul moyen d'amender les terres ait été, pendant fort longtemps, les algues marines. Cela suppose que les zones de cultures se trouvaient situées sur le littoral, ce qui est corroboré par les vestiges d'habitats beaucoup plus fréquents dans ces régions que dans l'intérieur.

D'après des recherches récentes, on constate que dans

le domaine des travaux agricoles, les rendements devaient être très raisonnables. Ce sont les haches qui servent d'instruments aratoires en même temps qu'elles sont utilisées pour défricher et pour moissonner. Les haches polies en pierre sont presque aussi efficaces que les haches en métal sur une végétation de bois tendre. Le brûlis des terrains assez défrichés nécessite d'être contrôlé et ralenti de façon que les racines des mauvaises herbes soient détruites. Le sol doit être ratissé ou travaillé au bâton, voire à la houe, après l'ensemencement. Mais il faut pratiquer une culture intermittente, afin de laisser à la terre le temps de se régénérer, car elle ne donne un rendement satisfaisant après un brûlis qu'une fois ou deux. Il faut disposer d'un hectare ou deux par personne, en culture ou en jachère.

On a voulu voir dans les haches représentées dans les pétroglyphes du Morbihan comme des instruments aratoires, des « haches-charrues ». Dans ce cas, la gravure qui se trouve sous la dalle de la Table des Marchands, serait une sorte de charrue traînée par un quadrupède. Mais on sait que les plus anciennes araires connues, datant de la fin de l'Âge des métaux, sont en bois. Cependant, il est vrai que les haches retrouvées dans les sépultures néolithiques sont souvent dissymétriques et franchement destinées à être emmanchées comme herminettes ou comme houes. On a également interprété les fameuses crosses représentées dans les dolmens du Morbihan comme des montures de faucilles. Mais elles peuvent aussi bien être des sortes de fléaux pour battre le grain.

Il semble donc que l'agriculture, en Bretagne armoricaine, à l'époque mégalithique, ait été importante tout en étant confinée sur des terrains de dimensions modestes. L'élevage était pratiqué, notamment celui des bovins. Quant à la pêche, elle demeurait sans doute la base de l'alimentation, en particulier la cueillette des coquillages qui abondent dans les régions de Carnac, de Quiberon et du golfe du Morbihan. Les indications manquent sur les activités maritimes de ces peuples, mais le voisinage de la mer et la densité de la population sur les régions côtières amènent à penser qu'il y a eu une vie maritime intense. Il ne faut pas oublier que plus tard, les habitants de ces lieux, les fameux Vénètes, seront les maîtres de la navigation sur toutes les côtes de l'Atlantique et de la Manche.

Toutes les activités qu'on relève à propos des bâtisseurs des grands dolmens de Locmariaquer et des alignements de Carnac ne peuvent se justifier que dans un cadre social cohérent et bien organisé. Il fallait même une organisation très efficace pour pouvoir construire les grandes sépultures mégalithiques et les vastes champs de menhirs. Et l'on sait que ces constructions sont précoces, ce qui amène à penser que la structure sociale des peuples mégalithiques, surtout dans le Morbihan, était très en avance sur l'époque.

La richesse des sépultures morbihannaises du type Carnac, à chambre fermée et donc en principe inviolable, qui contiennent à elles toutes seules la plus grande partie des parures, des haches d'apparat ou de prestige et des bijoux, laisse supposer l'existence d'une classe aisée, et l'on a pu évoquer à ce propos une dynastie des princes d'Arzon, de Carnac et de Locmariaquer qui aurait été le promoteur des grands travaux accomplis dans la région. Cette dynastie princière aurait eu le monopole du commerce et se serait arrogé des droits fantastiques sur l'ensemble de la population. On imagine mal, en effet, un enthousiasme populaire et communautaire spontané pour sans cesse édifier, réparer, modifier ces grandes sépultures, alors que seule une infime partie de cette population y avait droit.

On en vient donc à considérer la société mégalithique du Morbihan comme intermédiaire entre les tribus égalitaires et les États centralisés proprement dits. On peut prendre des exemples de cette sorte sur des sociétés stratifiées, à rangs hiérarchiques développés, comme il en existe encore en Polynésie, et qui ont eu la capacité d'accomplir des réalisations remarquables. On imagine donc la société mégalithique de Carnac comme une structure d'accueil pour les individus, structure bien définie et reposant sur des lois. L'intégration des individus devait être maintenue par la participation à des cérémonies fréquentes, à des rituels complexes requérant le concours de prêtres permanents. La classe sacerdotale devait donc jouer un rôle de premier plan dans la vie sociale, à l'image de ce que seront plus tard, chez les Celtes, les druides auprès des rois. Il devait y avoir tendance à la spécialisation, à la division du travail, avec éclosion de catégories diverses d'artisans. Les territoires de ces sociétés devaient être marqués par des frontières stables : certains devaient constituer de petites chefferies, d'autres de véritables principautés. D'après ce que l'on peut constater par l'archéologie, la région de Carnac-Locmariaquer était sûrement une grande principauté, riche et puissante à la fois par la densité de la population et par l'activité économique. Ce n'est pas un peuple pauvre et désorganisé qui aurait pu construire les grands ensembles que l'on connaît.

C'est à peu près tout ce que l'on peut dire sur la vie sociale des constructeurs de mégalithes. Certes, il y avait des variantes régionales, mais, d'une façon générale, que ce soit sur le continent ou dans les îles Britanniques, les travaux archéologiques constants entrepris depuis un siècle tendent à démontrer une grande unité dans le monde mégalithique. C'est ainsi qu'on peut parler de civilisation mégalithique.

Mais alors, la question se pose de savoir d'où venait cette civilisation. A-t-elle été importée, et dans ce cas, de quelle région, ou bien a-t-elle spontanément pris naissance dans les régions voisines de l'Atlantique, voire dans le Morbihan qui, qu'on le veuille ou non, semble la zone la plus active du mégalithisme?

On a pensé depuis longtemps que toute civilisation provenait d'Orient, de la mer Égée particulièrement. De nombreuses hypothèses ont fait de la Crète le berceau de la civilisation mégalithique qui, à partir de là, se serait répandue sur les voies de commerce qui deviendront plus tard la Route de l'Étain. On est actuellement beaucoup moins catégorique sur ce point. Le mégalithisme n'est pas forcément originaire de la Méditerranée orientale. Au contraire, les multiples découvertes sur le terrain tendraient à l'opinion contraire : il est très possible que le phénomène mégalithique ait pris naissance sur les rivages de l'Atlantique nord.

Ce serait alors une civilisation autochtone, qui aurait pu ensuite influencer d'autres peuples dans différents endroits du monde. Après tout, les grands tertres de New-Grange et de Gavrinis sont antérieurs aux Pyramides d'Égypte, mais l'esprit qui a présidé à la construction de ces monuments est parfaitement identique, répondant à peu près aux mêmes critères métaphysiques et religieux, au même besoin de laisser aux générations futures les témoignages les plus stables et les plus beaux du passage sur cette terre de certains hommes favorisés par les dieux.

Mais une civilisation ne naît pas spontanément. Elle est toujours le résultat d'une lente maturation, d'une confrontation parfois violente entre deux types de civilisations antérieures. Elle est toujours l'héritière de quelque chose, car elle n'est au fond qu'une étape dans la grande aventure humaine.

Or cette aventure humaine ne se présente pas à nous comme une ligne continue. C'est une ligne brisée, parfois avec des manques, parfois avec des déviations, parfois avec des surcharges. Si l'histoire est remplie de tâtonnements, de catastrophes, de guerres, de retours en arrière, nul doute que la Préhistoire, sur laquelle les informations sont nécessairement vagues, n'ait connu autant de turbulences.

Le mégalithisme est une civilisation de l'Atlantique. Tout converge pour nous le prouver. C'est alors que se pose le problème de l'Atlantide, ce mystérieux continent disparu — ou cette île — dont on ne sait pas très bien s'il a vraiment existé, mais qui demeure une possibilité incontestable. La civilisation mégalithique ne serait-elle pas un des derniers vestiges de celle qui a fleuri, autrefois, en des temps obscurs, selon les dires de Platon, quelque part, à l'ouest du monde, dans cet océan Atlantique que les navigateurs grecs ont toujours refusé de pénétrer.

Et là, si les hypothèses ne manquent pas, les coïncidences qu'on peut relever dans l'étude patiente de l'extrême Occident, bien avant l'arrivée des peuples celtes, et à l'intérieur même des sociétés celtiques imprégnées de l'héritage des peuples autochtones des rivages de l'Atlantique, ces coïncidences sont plus que troublantes. Elles méritent d'être examinées.

TROISIÈME PARTIE

# L'Énigme de l'Atlantide

# I

# LA MYSTÉRIEUSE ATLANTIDE

L'Atlantide a un point de départ absolu : ce qu'en raconte le philosophe Platon, d'après des traditions soi-disant rapportées d'Égypte. A partir de là, des générations entières ont recherché les vestiges de ce mystérieux continent. Mais la question est irritante, parce que l'on n'est pas sûr que Platon n'ait point inventé cette fable pour les besoins de la cause : il avait besoin d'un exemple concret pour développer ses thèses sur la naissance, la vie et la mort des civilisations, et il n'aurait rien trouvé de mieux que d'élaborer un mythe.

Mais un mythe ne repose jamais sur rien. Un mythe est toujours significatif. Si nous n'avons aucune preuve de l'existence réelle de cette Atlantide, nous n'avons plus aucune preuve de la « supercherie » de Platon. En tout cas, depuis l'Antiquité, les hypothèses se sont multipliées quant à la localisation de ce continent disparu lors d'un cataclysme. Comme le texte de Platon brille par ses imprécisions géographiques, les chercheurs ont dû s'égarer dans des directions parfois opposées et même contradictoires.

On en est arrivé à quatre cycles d'hypothèses sur l'emplacement de cette Atlantide. Le plus ancien, qui suit de près le récit platonicien, place le continent disparu dans une zone autour de laquelle le Gulf Stream décrit sa courbe, de l'Afrique occidentale à la mer des Antilles. Le second système, corollaire du premier, tendrait à retrouver l'Atlantide en différents points de l'Afrique du Nord ou de l'Espagne. Le troisième, qui est d'ailleurs celui qui nous intéresse le plus, localise l'Atlantide au nord-ouest de l'Europe, dans ce que les Anciens appelaient l'Hyperborée, ce qui nous ramène à Stonehenge et à ces traditions rapportées par Diodore de Sicile et Pline l'Ancien. Le quatrième situerait l'Atlantide en Orient, soit dans la mer Égée, soit dans la mer Noire, avec, comme point central, la Crimée, sur laquelle rôde l'ombre des fabuleux Cimmériens, confondus parfois avec les Cimbres, parfois avec les Hyperboréens. On a même vu un savant allemand de la période nazie affirmer péremptoirement que la cité d'Atlantis était le berceau de la race aryenne, dont bien entendu ses compatriotes étaient restés les seuls descendants. C'est dire la passion qui s'empare de tous quand il s'agit de démontrer l'existence d'un continent qui excite autant la curiosité par le manque d'informations qui le caractérise.

Curieusement, ce sont les géologues, les minéralogistes, les botanistes, les zoologues et les anthropologues qui doutent le moins de l'Atlantide. Ils se gardent bien d'en tirer la moindre conclusion quant à la civilisation des Atlantes, mais ils pensent que le mythe platonicien correspond à une réalité discernable par l'étude systématique des régions atlantiques.

En effet, dans cet Atlantique, soigneusement évité par les navigateurs de l'Antiquité, les îles qui occupent l'emplacement présumé du continent disparu sont des îles volcaniques, ce qui rend vraisemblable la croyance à un affaissement du sol environnant. Le problème, c'est de démontrer scientifiquement que cet affaissement a bien eu lieu, et de dire à quelle époque. Or, à la fin du siècle dernier, lors de la pose d'un câble sous-marin, au cours d'un sondage pratiqué à une centaine de kilomètres au nord des Açores, on remonta des morceaux du fond sous-marin consistant en fragments aigus et anguleux de roches basaltiques. Des scientifiques affirmèrent alors que cette sorte de roche ne pouvait se solidifier de cette façon sous les eaux et que, fatalement, la solidification avait eu lieu à l'air libre. D'autre part, la qualité rugueuse, les cassures nettes des fragments montraient que ni l'érosion atmosphérique ni l'érosion marine n'avaient pu avoir une longue action sur eux. Il y avait donc, sur cet espace maintenant englouti à 3 000 mètres de profondeur, la preuve d'un effrondrement du sol, effondrement qui s'était produit très rapidement et très récemment. Était-ce l'Atlantide?

Dans un autre domaine scientifique, on constate, de tous temps, entre la faune des Açores, de Madère, des Canaries, des îles du Cap-Vert, des Antilles et de l'Amérique centrale, des analogies qu'on ne peut expliquer que par une relation continentale de ces différents territoires à une époque donnée qui n'est pas très ancienne. Il faut remarquer que si ces territoires étaient réunis à l'Amérique jusqu'à une date relativement peu éloignée, ils ont été séparés beaucoup plus tôt de l'Afrique, bien que celle-ci soit plus voisine. On estime donc que c'est vers la période dite miocène que cette terre aujourd'hui disparue existait, rattachée au nord à l'Espagne, au sud à la Mauritanie, se prolongeant à l'ouest vers les Bermudes et les Antilles.

De plus, selon le texte de Platon, l'Atlantide aurait connu les éléphants. Or on sait que les éléphants ont vu le jour en Amérique sous la forme des *pyrotheridae,* tandis que rien de semblable n'existait sur le vieux continent. Pour parvenir jusqu'à celui-ci et pour donner à l'Afrique des descendants de leur famille, il était nécessaire qu'il y eût une terre entre les deux. L'observation est identique à propos des chevaux, dont toute la lignée évolue sur le

Nouveau Continent, puis change d'hémisphère et finit même par disparaître complètement de son pays d'origine, jusqu'à ce que ses derniers représentants y soient ramenés par l'homme.

Les botanistes apportent eux aussi leurs preuves, parmi lesquelles l'exemple du bananier est le plus saisissant. Cette plante assez paradoxale ne peut s'expliquer qu'avec l'hypothèse atlantidienne. En effet, c'est une *herbe* et non pas un arbre, une sorte de lis monstrueux, tout en feuilles, sans bois, et portant des régimes de vingt-cinq ou trente kilos de fruits, ce qui est en désaccord avec les lois naturelles et sous-tend une intervention humaine par une culture sélective. D'autre part, si on trouve le bananier à l'état spontané en Extrême-Orient, les espèces cultivées sont presque toujours stériles, et l'on sait que la stérilité des plantes est l'aboutissement d'une longue sélection poussée en vue d'une exploitation intensive. En somme, l'aspect hypertrophié de la banane, par rapport à son support, est la preuve de l'intervention humaine. Et le bananier, sous cette forme cultivée, existait en Amérique à l'arrivée des Espagnols, tandis qu'il n'existe nulle part à l'état sauvage dans cette même Amérique. Il a donc été importé. C'est alors qu'on peut envisager l'hypothèse de l'Atlantide : les archipels de l'Atlantide, sur lesquels poussent les bananiers cultivés, ne sont autre chose que les sommets demeurés émergés d'un grand continent disparu.

Les océanographes ont leur mot à dire. Si on étudie les courants atlantiques vers ces mêmes latitudes, on se rend compte qu'ils dessinent le contour d'une crête sous-marine qui aboutit à la mer des Sargasses, cette mer encombrée d'algues qui a été signalée par tant d'anciens navigateurs, et que l'on serait d'ailleurs tenté de rapprocher d'une *mer immobile* que décrivent certains auteurs de l'Antiquité classique, même si ceux-ci semblent la placer au nord-ouest de l'Europe. D'ailleurs, l'exemple des anguilles est significatif : les anguilles de l'Europe actuelle font un long et périlleux voyage jusqu'à la mer des Sargasses pour y accomplir leur ponte. Comment expliquer alors un tel éloignement des fleuves où elles ont l'habitude de vivre le reste du temps et où reviennent leurs larves, les civelles, après une pénible dérive qui dure plusieurs années? La réponse est claire : ce sont les poissons qui descendent de ceux qui peuplaient les rivières et les estuaires de la côte nord-ouest de l'Atlantide disparue, plus particulièrement dans les parages où se trouvent aujourd'hui les Bermudes. Lorsque l'Atlantide a commencé à s'effrondrer par l'ouest, les anguilles ont continué à fréquenter leurs anciens lieux de ponte, en suivant, comme font toutes les espèces migratrices, le lit des fleuves, en partie sous-marins de nos jours. Quand l'Atlantide a complètement disparu, les anguilles ont reculé d'autant, de siècle en siècle. Mais les mœurs des anguilles ne peuvent s'expliquer que si l'on tient compte de ce fait.

Certains anthropologues vont mêmes jusqu'à prouver l'existence de l'Atlantide par l'étude du peuple guanche, qui vivait encore aux Canaries au moment de leur découverte par les Espagnols, et qui fut très tôt exterminé selon les bons principes des sujets de sa très catholique Majesté. D'après ce qu'on en sait, les Guanches étaient des hommes de grande taille, à la peau blanche, aux cheveux blonds, aux yeux clairs, d'un type qui ne correspond en rien à celui des races africaines aux mêmes latitudes. Or, si l'on examine leurs ossements, on s'aperçoit qu'ils offrent une surprenante ressemblance avec ceux des hommes de la race de Cro-Magnon, avec un crâne allongé, un front haut, une face basse et triangulaire. Et l'on en vient même à dire qu'ils ont transité par le Sahara pour arriver dans la France du sud-ouest. En effet, des fouilles qui ont été effectuées sur certains sites du Hoggar font apparaître de curieuses coïncidences, notamment à l'emplacement de la tombe de la mystérieuse reine Tin-Hinan, encore vénérée actuellement par les Touareg : on y a découvert, entre autres, près d'un squelette féminin et parmi de nombreux bijoux, colliers et bracelets d'or, une statuette du plus pur style aurignacien. Cela ne peut nous laisser indifférents. En tous cas, Pierre Benoit s'était sérieusement documenté avant d'écrire son célèbre roman sur l'Atlantide.

Certains linguistes sont allés encore plus loin grâce à l'étymologie. Ils se sont interrogés sur l'origine et le sens du mot « Atlantique », qui provient d'Atlas, figure mythologique bien connue. Il semble que le radical *atl,* qui est inexplicable par les langues indo-européennes, signifie « eau » non seulement chez les anciens Aztèques, mais également chez de nombreuses tribus indiennes de l'Utah, du Nevada et du Colorado, ainsi que du Guatemala et du Nicaragua, tous ces peuples s'attribuant d'ailleurs une commune patrie d'origine, un lieu mythique appelé *Aztlan.* On comprend que cette coïncidence ne fait qu'ajouter au mystère. Et à partir de là, bien des auteurs se sont livrés à des divagations fantaisistes consistant à prouver l'origine atlantéenne de certains mots du vocabulaire français et de nombreux toponymes comme *Sequana,* la Seine, dont il est par ailleurs prouvé que ce n'est pas un mot indo-européen. Il est vrai que depuis, les philosophes, les hermétistes et ésotéristes de tous abords, voire les voyants et les médiums, ainsi que de sérieux radiesthésistes, se sont donné pour tâche d'élucider le mystère de l'Atlantide. Leurs conclusions, qu'ils présentent toujours comme des vérités évangéliques, et non pas sous forme d'hypothèses, comme ils devraient normalement le faire, ont de quoi faire rêver. Mais, après tout, on a besoin de rêver.

Revenons aux théories émises par le passé sur l'existence de cette île Atlantide. Déjà, à la fin du XVIIe siècle, un grave professeur de l'université d'Uppsala, en Suède, Olaüs Rüdbeck (1630-1702), publia une thèse magistrale sur le problème atlante. Cette thèse faisait de la Suède actuelle, et de la Suède seule, le berceau primitif du culte des dieux et de la civilisation des peuples anciens. Rüdbeck en venait à affirmer que l'Atlantide était tout simplement la Suède, et que la capitale de l'Atlantide mentionnée par Platon se trouvait aux environs mêmes d'Uppsala. Son œuvre fut continuée par son fils qui alla encore plus avant prétendant que Japhet et les siens avaient été les habitants primitifs de la Scandinavie et que les Lapons étaient leurs descendants.

Beaucoup plus tard, en 1888, dans un article de la *Revue scientifique*, le docteur Verneau présente une thèse mettant en rapport les Atlantes et les hommes de Cro-Magnon. Selon lui, les îles de l'Atlantique sont entièrement volcaniques — ce qui n'est pas exact, d'après les dernières recherches — et les Canaries gisaient sous les eaux à l'ère tertiaire : elles n'ont émergé qu'à la suite de phénomènes volcaniques à l'époque post-pliocène. Il affirme, d'autre part, que la race préhistorique dite de Cro-Magnon, et qui peuplait autrefois les vallées de la Vézère et de la Dordogne, offrait les plus grandes analogies avec les fameux Guanches des Canaries. Or cette race de Cro-Magnon a été retrouvée en Espagne et dans le nord de l'Afrique, notamment lors de fouilles pratiquées dans les nombreux dolmens de Roknia. La race de Cro-Magnon aurait émigré du nord vers le sud à une époque indéterminée, passant d'Espagne en Afrique du Nord. Certains Kabyles pourraient bien être leurs descendants, car leurs traditions rapportent que la nécropole néolithique de Roknia, qui compte trois mille tombes, a été construite par leurs ancêtres. D'autre part, certains de ces Kabyles présenteraient les mêmes caractéristiques que les Guanches, c'est-à-dire le type des anciens habitants de la Dordogne.

Cette thèse, le docteur Verneau l'a ensuite modifiée, rejetant l'assimilation des Canaries comme vestiges du continent disparu et recherchant l'emplacement de celui-ci dans les régions du nord-ouest, dans cette fabuleuse Hyperborée des Anciens. Son argumentation est simple : si l'existence de grands plateaux sous-marins situés à faible profondeur peut être regardée comme preuve d'une ancienne communication entre l'Ancien et le Nouveau

Continent, il serait facile d'en retrouver la trace dans les régions septentrionales. C'est en effet là que s'étend un vaste plateau qui part de l'espace compris entre la Grande-Bretagne et la Scandinavie, pour atteindre, sans interruption, le Groenland et le Labrador. Si l'Atlantide existe, elle ne peut se trouver, selon le docteur Verneau, que dans l'Atlantique nord.

Le savant danois Frédéric Klee, dans son livre sur *le Déluge,* paru en 1842, et traduit en français en 1847, pose l'hypothèse que l'Atlantide de Platon est tout simplement l'Europe actuelle, et que ses habitants qui périrent par le déluge sont les Atlantes ou les Titans de la mythologie grecque. Et Klee défend son hypothèse en affirmant qu'elle donne la clef de nombreux problèmes, non seulement celui posé par la mythologie des Grecs, mais aussi celle des Scandinaves. En effet, les mythes de ceux-ci « ont une base beaucoup plus solide et supposent une réflexion beaucoup plus exacte sur la nature, une connaissance des temps fabuleux beaucoup profonde qu'une observation superficielle ne le ferait supposer et que le scepticisme historique des temps modernes n'est disposé à le croire ». La catastrophe de l'Atlantide a un caractère diluvien, mais également des caractéristiques volcaniques ayant entraîné un raz de marée. C'est un déplacement de l'axe terrestre qui aurait déterminé cette catastrophe, dont non seulement les légendes grecques ou américaines mais aussi les légendes scandinaves et celtiques ont conservé la tradition.

En effet, toujours selon Klee, les traditions druidiques (qu'il connaissait par des ouvrages celtomanes peu crédibles) disent que des villes florissantes ont été englouties par le déluge, que les montagnes ont servi de refuge au petit nombre d'hommes et d'animaux échappés au déluge. C'est alors que se déclencha un immense incendie de forêts qui vint compléter le désastre. Il se propagea des Pyrénées, où il avait pris naissance (le nom des Pyrénées contient le mot grec *puros,* le « feu »), à l'Ibérie d'un côté, à la Celtique de l'autre, et des Cévennes aux Alpes jusqu'aux rives de l'Éridan. Et Klee fait alors référence au mythe de Phaeton.

Quant aux traditions scandinaves, elles rapportent que ce désastre diluvien fut accompagné de violentes éruptions volcaniques, et d'un vaste bouleversement de la mer au sein de laquelle de nombreuses terres s'abîmèrent pour ressortir de nouveau. La référence citée par Klee est celle d'un chant des *Eddas* : « La Vala voit pour la seconde fois ressortir et s'élever de la mer la terre verdissante ». Klee poursuit son argumentation en rappelant que les Égyptiens croyaient que l'écliptique, d'abord parallèle à l'équateur (ce qui supposait un printemps et un Éden perpétuels), s'était inclinée par suite du passage d'une comète, que les jours et les nuits se confondirent et que les saisons s'en trouvèrent bouleversées. Il est évident que les différents mythes du Jardin d'Éden se trouvent ainsi justifiés.

En outre, les mythologies du nord nous montrent que les hommes qui avaient survécu à cette catastrophe, parce qu'ils ne croyaient pas que la terre pût changer de place dans l'univers, expliquaient, dans leurs récits, ces changements par des bouleversements du soleil et des étoiles. Et il fait une nouvelle fois référence au mythe de Phaeton : « Si l'on considère combien il est peu vraisemblable qu'un tel mythe, qui est contraire à l'ordre régulier des choses, ait pu naître et exister sans une cause particulière. » Donc on peut supposer que l'empire des Atlantes comprenait la Grande-Bretagne, l'Irlande et les îles environnantes, ainsi que la Scandinavie, les Pays-Bas, la Belgique, la France du nord et de l'ouest, une partie de l'Allemagne et la Suisse. Et Klee conclut en disant que l'Atlantide disparue fut une sorte d'Empire britannique antédiluvien.

La thèse de Klee est loin d'être absurde. Elle s'appuie en effet sur les nombreux témoignages des mythologies qui, on ne le sait pas toujours, conservent très souvent des relations précises des événements les plus lointains sous une forme symbolique qu'il est cependant possible de décrypter. Plutôt que de bâtir des hypothèses sur des on-dit très vagues, ou sur de prétendues « révélations », il est nécessaire de retrouver les sources les plus anciennes des informations, et de les comparer avec les résultats des recherches scientifiques. C'est seulement à cette condition qu'on peut avoir une idée de ce que pouvait être en réalité l'Atlantide.

C'est ce qu'a essayé de faire un archéologue allemand, le pasteur Jurgen Spanuth, en combinant le résultat de ses recherches sur le terrain et les témoignages des textes grecs et égyptiens. Il en arrive ainsi à déterminer que la capitale de l'Atlantide ne pouvait pas se situer ailleurs que dans la baie d'Héligoland, cette île de la mer du Nord dont le nom signifie « terre sacrée ». De plus, cette île est dominée par un rocher à bandes rouges, noires et blanches tel que le décrit Platon. Et la tradition locale, ainsi que les anciennes cartes marines, situent au large d'Héligoland un temple très ancien englouti par la mer, dédié à Positès, c'est-à-dire à une divinité de la mer analogue à Poséidon dont Positès est la forme dorienne. L'argumentation de Jurgen Spanuth ne manque pas de poids, et il est bien possible que sa thèse soit actuellement la meilleure, rendant compte à la fois des réalités archéologiques et géologiques, et des grands mythes que la tradition nous a légués. Cette thèse n'est en tout cas nullement contradictoire avec celle qui verrait dans la civilisation mégalithique une des survivances de la civilisation des Atlantes.

Passons sur d'autres théories qui ont eu leurs heures de gloire : l'Atlantide dans le Sahara, dans l'Afrique du Nord, en Asie, dans la mer Égée (l'île de Santorin), dans les plaines méridionales de la Russie, dans l'océan Glacial Arctique, dans la mer Caspienne, dans la mer Baltique (qui est le résultat d'un envahissement récent des eaux). Signalons au passage une thèse émise à la fin du siècle dernier selon laquelle les Basques, « race mystérieuse par excellence », seraient les rescapés d'une Atlantide située au milieu de l'océan, et une autre thèse, fréquemment répétée, revue et corrigée, selon laquelle la lune serait l'Atlantide disparue : par suite de la collision de la terre avec une comète, un fragment de l'écorce terrestre se serait détaché et aurait été projeté dans le ciel avant de se satelliser autour de notre planète. Ces thèses ne sont pas plus stupides que les autres. Mais il est peut-être temps de revenir à la source même du « mythe » de l'Atlantide, c'est-à-dire au texte de Platon lui-même.

Ce texte est double. On en trouve une partie dans le *Timée,* une autre dans le *Critias.* Il s'agit de données qui sont racontées par Critias à Socrate à propos de son ancêtre Solon qui aurait eu communication de nombreux secrets lors de son séjour en Égypte, grâce à la bienveillance des prêtres de Saïs.

Commençons par des extraits du *Timée.* D'après le récit, Solon est un sage, un homme de bonne volonté, mais le prêtre égyptien lui prouve qu'il ne sait pas grand-chose des événements du passé, et que surtout, il ne sait pas interpréter les mythes. Voici en effet ce qu'il lui dit : « Vous êtes jeunes d'esprit, car vous ne possédez nulle tradition vraiment antique, nulle notion blanchie par le temps. Et voici pourquoi : mille destructions d'hommes ont eu lieu, de mille manières différentes, et auront lieu de nouveau, par le feu, par l'eau, par bien d'autres causes.

« On raconte chez vous, par exemple, que jadis Phaeton, fils du Soleil, ayant attelé le char de son père, mais ne parvenant pas à le conduire, brûla toute la terre et mourut lui-même, frappé par la foudre. Ainsi présentée, la chose a tout le caractère d'une fable. Mais ce qui est vrai, c'est que de grandes révolutions s'accomplissent dans l'espace qui entoure la terre et dans le ciel, qu'à de longs intervalles de vastes incendies ravagent la surface du globe. Dans ce cas, les habitants des montagnes et des lieux élevés et arides succombent plutôt que ceux qui demeurent au bord des fleuves ou de la mer. Nous autres, Égyptiens, c'est le Nil, notre sauveur habituel, qui, cette fois encore, nous sauva de cette catastrophe par son débordement.

« D'autre part, quand les dieux, purifiant la terre par les eaux, l'inondent d'un déluge, si les bouviers et les prêtres, sur les montagnes, sont à l'abri du fléau, les habitants de vos cités sont entraînés dans la mer par le courant de vos fleuves. Or, en Égypte, en aucun cas, les eaux ne se ruent jamais des hauteurs sur les campagnes et semblent au contraire jaillir de dessous terre. Voilà pourquoi, ainsi épargnés, on dit que c'est chez nous que se sont conservées les plus antiques traditions... Mais chez vous et chez les autres peuples, à peine l'usage des lettres, à peine la civilisation sont-ils institués, que des déluges viennent fondre sur vous, qui ne laissent survivre que des hommes illettrés, étrangers aux Muses. En sorte que vous recommencez, que vous redevenez jeunes, sans rien savoir des événements de ce pays-ci ou du vôtre qui remontent aux temps anciens. »

Il y a là, de la part du prêtre de Saïs, un double avertissement au sage Solon qui, pourtant, est le représentant d'une civilisation particulièrement raffinée. Cela veut dire que les temples égyptiens, protégés des cataclysmes, ont conservé davantage de documents sur le passé que tous les autres temples du monde entier, puisqu'ils perpétuent une tradition plusieurs fois millénaire. Mais l'autre avertissement est on ne peut plus significatif pour qui veut essayer de comprendre l'énigme de l'Atlantide. Ce n'est pas par hasard si le prêtre de Saïs — ou Platon lui-même, comment le savoir? — place cet avertissement avant d'aborder le sujet véritable. Que dit-il en effet? Se servant de l'exemple de la fable de Phaeton, il affirme que *des réalités historiques se cachent sous le mythe.* En un mot, il prétend que le Mythe est lié à l'Histoire, et que, bien souvent, lorsque nous n'avons pas de documents historiques, il est nécessaire de recourir à la mythologie, compte tenu du décryptage qui s'impose lorsqu'on pénètre au cœur du schéma traditionnel [1]. Cet avertissement est valable dans tous les cas de figure, mais plus encore à

1. C'est la méthode que je me suis toujours assignée : la confrontation du mythe et de l'histoire, en sachant, dès le départ, que l'Histoire est souvent

propos de l'Atlantide, que Platon va nous présenter effectivement plus comme un récit mythologique que comme document historique.

Platon savait très bien de quoi il s'agissait. La tradition des philosophes grecs est une tradition qui accepte le mythe tout en l'incarnant dans le quotidien. A la période hellénistique, Plutarque, qui était prêtre de Delphes, ne dit pas autre chose à ce propos : « La divinité est par nature incorruptible et éternelle, mais elle subit certaines transformations par l'effet du destin et d'une loi inéluctable. Tantôt par embrasement, elle change sa nature en feu et assimile toutes les substances entre elles. Tantôt elle se diversifie en toutes sortes de formes, de valeurs et d'états différents, comme c'est le cas actuellement, et elle constitue alors ce que nous appelons le monde... Quand les transformations du dieu aboutissent à l'ordonnancement du monde, *les sages désignent à mots couverts le changement qu'il subit comme étant un arrachement et un démembrement,* et ils racontent certaines morts et disparitions divines, puis des renaissances et des régénérations — récits mythologiques qui sont autant d'allusions obscures aux changements dont je parlais » (*Sur l'E de Delphes,* IX).

Nous voilà prévenus. Les schémas mythologiques du récit ne doivent pas nous faire oublier ce qui s'y cache effectivement. Dans ces conditions, Platon peut effectivement, par la voix supposée du prêtre de Saïs, nous parler de l'Atlantide : « Nos livres racontent comment Athènes détruisit une puissante armée qui, partie de l'océan Atlantique, envahissait insolemment et l'Europe et l'Asie. Car alors on pouvait traverser cet océan. »

---

provoquée par l'incarnation, l'actualisation du mythe, et que le Mythe traduit souvent le schéma essentiel d'événements qui se sont déroulés et dont on a fait la synthèse pour mieux les transmettre à la postérité. Le tout est de ne pas tomber dans les excès ésotéristes qui prennent tout pour des symboles, ni dans le piège rationaliste qui fait une distinction irréductible entre la fable et le réel. Il serait pourtant très facile de démontrer que des événements historiques récents suivent très exactement le schéma de mythes préexistants.

Le texte est admirablement clair. Les thuriféraires habituels de l'Atlantide, qui prétendent de nos jours détenir la *sagesse atlantéenne* (c'est eux qui le disent), et qui sont généralement des non-violents uniquement préoccupés de science et de philosophie, feraient bien de s'y référer un peu plus souvent : les Atlantes y sont présentés comme un peuple particulièrement agressif qui cherche à assurer sa domination sur le monde méditerranéen. En somme, on pourrait les comparer aux Vikings du haut Moyen Âge. Mais comme les Vikings, ils devaient être détenteurs d'une certaine civilisation, ce qui ne veut pas dire de la *sagesse.*

Cela dit, la précision majeure de ce passage est le fait qu'à cette époque, on pouvait traverser l'océan Atlantique. Ce qui prouve l'existence d'une terre située à l'ouest des Colonnes d'Hercule, pas forcément un continent qui aurait occupé tout l'espace atlantique — les Grecs et les Égyptiens n'en savaient pas la dimension et ignoraient qu'il y eût un continent de l'autre côté — mais une ou plusieurs îles qui, de toute façon, ne se situaient pas dans la Méditerranée. L'époque, Platon l'a précisée : neuf mille ans avant le temps de Solon, ce qui fait de 9 500 à 10 000 ans avant notre ère. Ceux qui croient — et veulent faire croire par tous les moyens — que l'Atlantide est le fameux — et brumeux — continent Mu qui aurait occupé l'Atlantique dans les temps préhistoriques, reliant ainsi l'Afrique à l'Amérique, feraient également bien de se référer au texte de Platon. L'événement se situe au début du Néolithique en Orient, à la fin du Mésolithique pour l'Occident. Ce sont là des réflexions qu'il convient de ne pas négliger.

Ayant ainsi fait l'exposé des motifs, Platon se lance, toujours par la voix du prêtre de Saïs, dans une description de l'île Atlantide : « Il s'y trouvait en effet une île, située en face du détroit que vous appelez, dans votre langue, les Colonnes d'Hercule. Cette île était plus grande que la

Libye et l'Asie réunies[1]. Les navigateurs passaient de là sur les autres îles et de celle-ci sur le continent qui borde cette mer, vraiment digne de ce nom. Car pour tout ce qui est en deçà du détroit dont nous avons parlé, cela ressemble à un pont dont l'entrée est étroite, tandis que le reste est une véritable mer, de même que la terre qui le borde est un véritable continent[2]. »

Les partisans d'une Atlantide qui serait partout sauf dans l'Atlantique feraient eux aussi un excellent travail en se référant à ce récit de Platon. La localisation n'est peut-être pas très précise, mais elle est formelle quant à la situation de cette île mystérieuse dans l'océan Atlantique. Il ne peut y avoir aucune discussion sur ce point.

Platon poursuit : « Or, dans cette île Atlantide, des rois avaient formé une grande et merveilleuse puissance qui dominait sur l'île entière *et jusque sur plusieurs parties du continent.* De plus, dans nos contrées, en deçà du détroit, ils étaient maîtres de la Libye jusqu'à l'Égypte et de l'Europe jusqu'à la Tyrrhénie. » Il est dommage que Platon n'ait point donné d'autres détails sur les possessions des Atlantes sur le continent européen, mais il semble bien que ces possessions correspondent à l'aire d'extension des mégalithes, depuis la mer Tyrrhénienne, jusqu'à l'Irlande. Ce qui ressort en tout cas de ce paragraphe, c'est que l'île Atlantide constituait un État fort et puissant, au besoin agressif.

En effet, les Atlantes se lancent à la conquête du reste de la Méditerranée. « C'est alors que ce vaste empire, réunissant toutes ses forces, entreprit un jour d'asservir notre pays, le vôtre et tous les peuples situés de ce côté du détroit. Mais votre ville, ô Solon, fit éclater devant tous sa

1. Ne nous y trompons pas : à l'époque de Platon, la Libye était la frange côtière de l'Afrique du Nord et l'Asie désignait seulement l'Asie Mineure. L'Atlantide est présentée non pas comme un immense continent, mais comme une grande île entourée d'autres îles plus petites.

2. Vu le contexte, cette terre qui borde le détroit est l'Europe.

vaillance et sa puissance. A la tête des Hellènes, d'abord, puis seule, par la défection de ses alliés, elle brava les plus grands périls, triompha des envahisseurs, dressa des trophées, préserva de la servitude les peuples qui n'étaient pas encore asservis, et, pour les autres, situés, ainsi que nous, en deçà des Colonnes d'Hercule, les rendit tous à la liberté. »

Il y a dans tout cela une évidente monstruosité : dix mille ans avant notre ère, Athènes n'existait pas, et les Hellènes n'avaient point encore quitté le berceau des Indo-Européens primitifs. Ou bien Platon mélange tout, ou bien il le fait pour égarer volontairement. Il est possible qu'il ait confondu Athènes avec un peuple d'autrefois qui organisa la lutte contre les envahisseurs. Ou alors, il faut ramener l'époque de cette guerre à la fin de l'Âge du Bronze, c'est-à-dire vers 900 ou 700 avant J.-C., au moment où les premiers Hellènes, ceux qu'on appelle les Achéens, s'installaient dans la péninsule grecque. Cette dernière solution aurait l'avantage de donner une dimension presque historique à l'Atlantide : mais si c'était le cas, nul doute que les Grecs, Achéens ou Doriens, en auraient quand même gardé quelques souvenirs. Il n'en reste pas moins vrai que les Atlantes commencent leur entrée dans l'histoire par un acte d'agression caractérisée contre les peuples de la Méditerranée orientale.

C'est alors le récit très succinct du cataclysme qui fit disparaître l'Atlantide : « Mais dans les temps qui suivirent, eurent lieu de grands tremblements de terre, des inondations. Et, en un seul jour, en une seule nuit, tout ce qu'il y avait de guerriers chez vous fut englouti à la fois dans la terre entrouverte, l'île Atlantide disparut sous la mer, et c'est pourquoi, aujourd'hui encore, on ne peut ni parcourir, ni explorer cette mer, la navigation trouvant un insurmontable obstacle dans la quantité de vase que l'île a déposée en s'engloutissant. »

Il est évident que dans les explications géographiques de Platon, l'île Atlantide pouvait très bien se situer en face du détroit de Gibraltar ou bien plus au nord, au large de l'Irlande, ou encore dans la mer du Nord, vers Héligoland. Mais ce qu'on doit tenir de ce texte, c'est que le cataclysme — fort bien décrit, avec tremblements de terre et raz-de-marée — s'est propagé jusqu'en Grèce, puisque, selon les propos du prêtre de Saïs, tous les guerriers d'Athènes disparurent. A moins qu'il ne s'agisse des troupes athéniennes — c'est-à-dire de la cité qui précéda Athènes — qui s'étaient lancées à la poursuite des Atlantes et qui pouvaient donc se trouver sur les rivages atlantiques de l'Europe. D'autre part, le cataclysme fut violent et soudain : *en un seul jour et en une seule nuit.* On comprend que la disparition de l'île Atlantide ait provoqué de sérieuses perturbations en chaîne et qu'on en ait ressenti les secousses jusque dans la Méditerranée orientale.

Cela dit, il y a une indication curieuse dans le texte de Platon : la mer sur laquelle il est impossible de naviguer à cause de la vase accumulée par la disparition de l'île Atlantide. Platon y reviendra dans le *Critias :* « A sa place, on ne trouve plus qu'un limon qui arrête les navigateurs et rend la mer impraticable ». On pense évidemment à la mer des Sargasses. Mais, cette mer impraticable, nous en trouvons d'autres traces, et pas seulement dans les traditions méditerranéennes. Le *Kudrun,* poème scandinave, dans son douzième chant, décrit une montagne située aux confins de l'Occident, *au sein d'une mer immobile :* est-ce qu'il s'agit d'une mer gelée dans les environs de la mystérieuse Thulé, ou est-ce un souvenir de la mer impraticable de l'Atlantide?

Il y a autre chose. L'historien latin Tacite qui, grâce à son beau-père Agricola, est parfaitement au courant des traditions de la Grande-Bretagne et de l'Europe du Nord, nous apporte cette curieuse information : « Cette mer (située au large de l'Écosse) est immobile et résiste aux efforts des rameurs. Les vents même ne peuvent soulever ses flots, sans doute parce qu'on n'y voit que peu de terres et que peu de montagnes où naissent et se forment les tempêtes, et que cette mer sans fond comme sans bornes est plus lente à s'ébranler » (*Vie d'Agricola*, X). La description est assez saisissante et corrobore le texte de Platon, et on pourrait facilement situer cette mer immobile dans la mer du Nord, entre l'Écosse et le Danemark, donc au voisinage d'Héligoland. Cependant, Tacite revient à la charge dans sa *Germanie* (XLV) à propos d'une mer qu'il place au nord, dans le pays des Suions, peuplade germanique : « Au-delà des Suions s'étend une autre mer, dormante et presque immobile, dont on croit l'univers entouré et comme enfermé de toutes parts, parce que les dernières clartés du soleil couchant s'y prolongent jusqu'à son lever avec un éclat qui fait pâlir les astres. La crédulité ajoute qu'on entend le bruit du dieu sortant des ondes et qu'on voit des formes divines, et une tête environnée de rayons. » Il s'agit de la même mer, mais ce qui est intéressant, c'est la référence au dieu qui surgit de l'onde. On serait tenté d'y voir le souvenir du fameux temple dédié à un dieu marin qui gît dans la mer au large d'Héligoland. D'ailleurs, ce dieu « marin », qui pourrait être Poséidon, est aussi un dieu rayonnant. Dans son *Critias*, Platon dira que le fondateur de l'Atlantide est Poséidon lui-même, mais il nous prévient qu'il utilise des noms grecs pour transcrire des noms étrangers. Il faudrait savoir qui se cache sous le nom de Poséidon. A ce moment-là, on pourrait peut-être évoquer l'Apollon hyberboréen qui descend tous les dix-neuf ans à Stonehenge.

De toute façon, cette mer immobile a excité la curiosité des chroniqueurs de l'Antiquité. Le Grec Polybe, généralement prudent et sérieux, attaque à ce sujet le navigateur phocéen Pythéas qui reste le plus connu des informateurs de ces chroniqueurs. Voici ce qu'il dit : « Pythéas a trompé le public à propos de Thulé et des pays voisins, en affirmant qu'il n'y a ni terre, ni mer, ni air dans ces parages, mais un mélange de tous les éléments, assez semblable à un poumon marin, et en plaçant enfin et la terre et l'air et la mer au-dessus de ce poumon dont il fait le lien de toutes ces parties sans qu'il soit possible de naviguer sur cette matière ou d'y marcher » (Polybe, XXXIV,5). Même si Polybe n'y croit pas, le détail est bien curieux. De quoi s'agit-il exactement? Il est difficile de le savoir. Pline l'Ancien ne manque pas au rendez-vous. Il parle en effet d'une île « où, le printemps, l'ambre est rejetée par les flots. C'est dans l'océan septentrional qu'Hécatée appelle Mer Amalchéenne, là où il baigne la Scythie, ce nom signifiant « congelée » dans le langage de ces peuples. Philémon prétend qu'elle est appelée par les Cimbres *marimaruse,* c'est-à-dire « mer morte » (*Hist. nat.,* IV, 27). La référence à l'ambre pourrait faire croire que cette « mer morte » se trouve dans la Baltique, mais rien n'est moins sûr. En effet le mot « Scythie » prête à confusion dans la terminologie gréco-latine, car il désigne parfois l'Irlande (*Scotie,* pays des Scots, terme qui sera ensuite déplacé sur l'Écosse). Il en est de même pour le mot « Cimbres » : chez certains auteurs de l'Antiquité, il désigne les Celtes. D'ailleurs, le mot *marimaruse* est indubitablement celtique et signifie réellement « mer morte ».

Il résulte de tout cela qu'il y a eu, quelque part au voisinage des îles Britanniques, soit au large de l'Irlande, soit entre l'Écosse et le Jutland, une catastrophe naturelle qui a occasionné, peut-être pendant un temps limité, la formation d'une mer encombrée de limon et impropre à la navigation. Les auteurs grecs et latins en font mention. Les Celtes, comme nous le verrons, en ont gardé le souvenir, celui-ci réapparaissant dans le légendaire avec l'histoire de la ville d'Is et d'autres contes du même type en Irlande et en Grande-Bretagne. S'agit-il vraiment de l'Atlantide?

Revenons à Platon qui est notre source la plus complète et la plus ancienne. Dans son *Critias,* il s'étend complaisamment sur tout ce qui concerne l'Atlantide. Malheureusement, le manuscrit où se trouve le *Critias* est lacunaire, toute la fin manquant, interrompant ainsi ce que Critias raconte à Socrate d'après les dires de Solon. Critias prend donc la parole : « Remarquons d'abord que, selon la tradition égyptienne, il y a neuf mille ans qu'il s'éleva une guerre générale entre les peuples qui sont à l'occident des Colonnes d'Hercule et ceux qui sont en deçà... Athènes, notre patrie, fut à la tête de la première ligue. Elle acheva toute seule cette guerre, la ligue adverse était dirigée par les Atlantes. »

C'est la confirmation du *Timée.* Mais, si l'on comprend bien, les Atlantes n'étaient point seuls dans cette guerre, puisqu'ils étaient à la tête de « la ligue adverse ». Il est possible qu'ils aient entraîné avec eux les peuples qu'ils avaient déjà soumis. C'est une pratique qui s'est souvent vérifiée au cours des siècles. Puis Critias confirme d'autres données : « Nous avons déjà dit que cette île (l'Atlantide) était plus grande que l'Asie et la Libye réunies, mais qu'elle a été submergée par des tremblements de terre, et qu'à sa place on ne trouve plus qu'un limon qui arrête les navigateurs et rend la mer impraticable. » Suivent les réflexions sur la situation à Athènes, en ce temps-là, et un récit mythologique selon lequel les grands dieux se partagèrent la terre : « Ce partage eut lieu sans contestations car il serait absurde de croire qu'ils eussent ignoré ce qui convenait à chacun d'eux ». Passons sur la fondation *mythique* de la cité athénienne, et venons-en tout de suite à la description de l'Atlantide.

Critias fait d'abord une remarque de toute première importance : « Je dois vous prévenir qu'il ne faut pas vous étonner de m'entendre souvent donner des noms grecs à des barbares : en voici la raison. Lorsque Solon songeait à faire passer ce récit dans ses poèmes, il s'enquit de la valeur des noms, et il trouva que les Égyptiens, qui les premiers écrivirent cette histoire, avaient traduit le sens de ces noms dans leur propre idiome. A son tour, il ne s'attacha aussi qu'à ce sens, et le transporta dans notre langue. Ces manuscrits de Solon étaient chez mon père. Je les garde encore chez moi et je les ai beaucoup étudiés durant mon enfance. Ne soyez donc pas surpris de m'entendre moi-même employer des noms grecs. Vous en savez la raison. » Il faudra se souvenir de cette transposition des noms barbares en noms grecs : Critias insiste beaucoup là-dessus, non seulement pour se justifier à l'avance d'une accusation qui pourrait lui être faite, mais aussi parce que la description qu'il va donner risque d'être faussée par le passage *dans deux langues,* en égyptien et en grec. Il va sans dire que cette méthode était courante dans l'Antiquité : César, lorsqu'il dresse la liste des dieux gaulois, les affuble de noms latins. Critias n'est donc pas dupe du manège : c'est pour la commodité de la chose, et parce qu'il ne connaît pas — pas plus que Solon — les véritables noms atlantes des personnages qu'il va citer. De plus, c'est un avertissement, car la description proposée est à l'usage des Grecs, elle va être faite sur le mode grec, de la même façon que ce que Solon avait entendu était fait sur le mode égyptien. Il est donc nécessaire de ne pas tout prendre à la lettre, et de rectifier, le cas échéant, en sachant que tout ce qui paraît grec n'est qu'une transposition. Il fallait insister sur cette remarque préliminaire de Critias, car jusqu'à présent, on a voulu présenter l'Atlantide comme un pays doté d'une architecture extraordinairement sophistiquée, dans un cadre de civilisation qui ressemble fort à celui de la Grèce. N'oublions pas que ce récit est à l'image de ce que pouvaient comprendre des gens du IVe siècle avant notre ère, à Athènes, et que ces gens n'avaient aucune idée de ce que pouvait être la reconstitution authentique des éléments historiques lointains.

Donc Critias se lance dans une longue et précieuse description de l'Atlantide : « Nous avons déjà dit que, lorsque les dieux se partagèrent la terre, chacun d'eux eut pour part une contrée, grande ou petite, dans laquelle il établit des temples et des sacrifices en son honneur. L'Atlantide était donc échue à Poséidon. Il plaça dans une partie de cette île des enfants qu'il avait eus d'une mortelle. »

On s'aperçoit que les habitudes des divinités n'ont pas changé depuis des millénaires : elles commencent toutes par se faire construire des temples et par faire organiser des sacrifices en leur honneur. Bon nombre de villes actuelles ont été ainsi fondées par la Vierge Marie ou par un saint quelconque qui, lors de son apparition supposée, a demandé qu'on bâtisse un sanctuaire en son honneur : c'est le cas de Lourdes, c'est le cas de Lisieux, c'est le cas de Paray-le-Monial, c'est le cas de Sainte-Anne-d'Auray, et bien entendu de Fatima. Traduisons prosaïquement : lors d'une fondation d'État ou de pays organisé, la classe sacerdotale se met immédiatement en avant et s'assure de substantiels revenus. Cela dit, le Poséidon à qui échoit l'Atlantide demeure bien mystérieux. Si les Égyptiens, puis les Grecs, l'ont transposé en Poséidon, c'est qu'il devait avoir quelque chose avec la mer et la navigation. De fait, nous verrons que les Atlantes sont de hardis navigateurs. Mais cela ne signifie pas que ce dieu atlante ait eu toutes les caractéristiques de Poséidon. Les Atlantes, pour autant qu'on sache, n'étaient pas des Indo-Européens. Que viendrait faire un dieu bien connu de la tradition indo-européenne chez un peuple qui non seulement n'est pas indo-européen, mais qui, de plus, est censé vivre près de neuf mille ans avant l'arrivée des Indo-Européens sur les rivages de l'Atlantique? Il convient donc de mesurer avec une extrême prudence ce Poséidon atlante, tout en lui reconnaissant une fonction liée à la navigation — et à la tempête (le Poséidon grec, ne l'oublions pas, est aussi le dieu des tempêtes et des orages, le divin Ulysse en sait quelque chose!).

Continuons le récit de Critias : « C'était une plaine située près de la mer, et, vers le milieu de l'île, la plus fertile des plaines. A cinquante stades plus loin, et toujours vers le milieu de l'île, était une montagne peu élevée. Là, demeurait, avec sa femme Leucippe, Evenor, l'un des hommes que la terre avait autrefois engendrés. Il n'avait d'autre enfant qu'une fille nommée Clito, qui était nubile quand ils moururent tous deux. Poséidon en devint épris et s'unit à elle. »

Voici qui est très intéressant. Evenor et Leucippe sont des enfants que la terre a engendrés. Ce sont donc des divinités *telluriques*, liées au sol qu'elles régissent et occupent. Survient l'étranger, Poséidon, qui n'est pas de même race, puisque c'est un ouranien, un dieu céleste. Pour assurer la légitimité de son pouvoir sur l'Atlantide, il va donc obligatoirement épouser une représentante de l'ancien pouvoir tellurique. Leurs enfants seront donc les héritiers légitimes. On remarquera qu'il s'agit ici d'un mythe de fondation strictement identique à celui de la fondation de la Gaule par Héraklès-Gargantua qui épouse la jeune Galatée, fille du roi d'Alésia, dont il aura un fils nommé Galatès, qui sera l'ancêtre des Gaulois. Et, sur un plan plus symbolique, cette union représente l'alliance privilégiée du Ciel et de la Terre, la constitution d'une société organisée à la fois temporellement et spirituellement, avec ses classes productrices et ses classes intellectuelle et sacerdotale. Les mythes reflètent toujours, lorsqu'ils sont actualisés dans un récit historique, un état social déterminé à une époque donnée.

« Puis, pour clore et isoler de toutes parts la colline qu'elle habitait, il creusa alentour un triple fossé rempli d'eau, enserrant deux remparts dans des replis inégaux, au centre de l'île, à une égale distance de la terre, ce qui rendait ce lieu inaccessible : car on ne connaissait alors ni les vaisseaux, ni l'art de naviguer. En sa qualité de dieu, il embellit aisément l'île qu'il venait de former. Il y fit couler deux sources, l'une chaude et l'autre froide, et tira du sein de la terre des aliments variés et abondants. Cinq fois Clito le rendit père de deux jumeaux. »

Ce qui est frappant, c'est la hâte avec laquelle Poséidon met à l'abri la jeune Clito, au centre de l'île, dans une forteresse inexpugnable, avec trois enceintes. La forteresse ainsi décrite ressemble quelque peu aux grands sanctuaires mégalithiques qu'on trouve en Bretagne (Gavrinis, Dissignac et Barnenez) et en Irlande (New-Grange). Ce n'est en tout cas pas une forteresse sur le modèle grec, ni sur le modèle égyptien. Certes, le fait d'isoler Clito dans un palais bien délimité représente une volonté certaine d'élitisme : on ne se mélange pas entre dirigeants et sujets. Mais cela peut également signifier que Poséidon s'attirait l'animosité de la population en usurpant le pouvoir. En mettant Clito à l'abri, il s'y mettait lui-même. Et surtout, il faisait de Clito la souveraine symbolique, la *mère* de la collectivité qu'il était en train de créer. Ce sont des notions qu'on retrouvera plus tard chez d'autres peuples, en particulier chez les Celtes. Quant à l'action de Poséidon qui fait jaillir deux sources, c'est un thème folklorique et hagiographique bien connu : dans le légendaire breton, il est bien rare qu'un saint fondateur ne fasse pas jaillir une fontaine, lors de son arrivée sur une terre nouvelle, en frappant le sol de son bâton. Le schéma de l'histoire racontée par Critias est conforme à toutes les données du genre.

Il faut cependant s'interroger sur l'union de Poséidon et Clito. N'est-elle pas un doublet savant de celle de Poséidon avec Amphitrite? On sait que le dieu était amoureux de la néréide Amphitrite, mais que celle-ci, voulant demeurer vierge, le fuyait sans cesse. Diverses versions de la légende font intervenir soit un dauphin, soit un homme du nom de Delphinos, dans la « quête » d'Amphitrite. C'est en tout cas le dauphin ou Delphinos qui ramène Amphitrite à Poséidon, permettant à celui-ci de l'épouser. Il en a un fils nommé Triton. Cette fable est irritante dans la mesure où l'on ne sait pas très bien quelle entité divine se cache sous l'aspect du dauphin. On sait que c'est un des attributs d'Apollon. On sait aussi qu'à Delphes, avant qu'Apollon ne tue le serpent Pythôn, le culte de la Terre-Mère était doublé par le culte de Poséidon. On sait encore que le nom de Delphes provient du mot dauphin. Alors, dans ces conditions, le Dauphin ne serait-il pas Apollon lui-même? Il existe en tout cas une relation, presque de complicité, entre Apollon et Poséidon, relation à mettre en rapport avec l'énigmatique Apollon qui descend tous les dix-neuf ans dans le sanctuaire solaire de Stonehenge.

Après s'être installé dans l'île Atlantide, et quand Clito lui eut donné deux jumeaux, Poséidon divisa « l'île en dix parties. Il donna à l'aîné du premier couple la demeure de sa mère, avec la riche et vaste campagne qui l'entourait. Il l'établit roi sur tous ses frères. Il fit, au-dessous de lui, chacun d'eux souverain d'un grand pays et de nombreuses populations. Il leur donna à tous des noms. L'aîné, le premier roi de cet empire, fut appelé Atlas, et c'est de lui que l'île entière et la mer Atlantique qui l'entoure ont tiré leur nom. Son frère jumeau eut en partage l'extrémité de l'île, la plus voisine des Colonnes d'Hercule. Il se nommait, dans la langue du pays, Gadirique, c'est-à-dire en grec Eumèle, et c'est de lui que le pays prit le nom de Gadire ». Ensuite, Poséidon et Clito eurent encore quatre fois des jumeaux.

Tout cela demande réflexion. D'abord, le nom d'Atlas, qui est donné au fils aîné, est bien commode pour expliquer le nom de l'île. Mais il faut se souvenir que, dans la fable mythologique grecque, Amphitrite, pour échapper aux recherches de Poséidon — et du dauphin —, s'était réfugiée dans les montagnes de l'Atlas : c'est là que le messager — et complice — Delphinos la découvrit et finit par la convaincre d'accepter le mariage avec le dieu. Ensuite, il est remarquable que le couple primordial représenté par Poséidon et Clito donne naissance à des jumeaux. On ne peut s'empêcher de penser aux Dioscures, c'est-à-dire à Castor et Pollux, lesquels, en Inde (les Açvin), sont de la troisième fonction, en pays celte, plutôt de la seconde, chez les Grecs et les Latins, plutôt protecteurs des navigateurs. Or, il est curieux de constater qu'après la conquête romaine, le culte des Dioscures fut inconnu des Gaulois romanisés, *sauf de ceux du littoral atlantique de l'Armorique,* autrement dit les Vénètes, qui les vénéraient fort et prétendaient qu'*ils étaient arrivés par la mer* (Diodore de Sicile, IV, 56).

Cependant, « la postérité d'Atlas se perpétua, toujours vénérée : le plus âgé de la race laissait le trône au plus âgé de ses descendants, et ils conservèrent ainsi le pouvoir dans leur famille pendant un grand nombre de siècles. Ils avaient amassé plus de richesses qu'aucune dynastie royale n'en a possédé et n'en possédera jamais. Enfin, ils avaient en abondance dans la ville et dans le reste du pays tout ce qu'ils pouvaient désirer. Bien des choses leur venaient du dehors, à cause de l'étendue de leur empire. Mais l'île produisait elle-même presque tout ce qui est nécessaire à la vie, d'abord tous les métaux solides et fusibles, et ce métal que nous ne connaissons aujourd'hui que de nom, l'orichalque... On en trouvait des mines dans plusieurs endroits : après l'or, c'était le plus précieux des métaux. L'île fournissait aux arts tous les matériaux dont ils ont besoin. Elle nourrissait un grand nombre d'animaux domestiques et de bêtes sauvages, entre autres des éléphants en grande quantité, et elle donnait pâture aux animaux des marais, des lacs et des fleuves, à ceux des montagnes et des plaines, et aussi à l'éléphant tout énorme et vorace qu'il est. Elle produisait et entretenait tous les parfums que la terre porte aujourd'hui dans diverses contrées, racines, herbes, plantes, sucs découlant des fleurs et des fruits. On y trouvait aussi le fruit que produit la vigne, celui qui nous sert de nourriture solide, le blé, avec tous ceux que nous employons en guise de mets, et dont nous désignons toutes les espèces par le nom commun de légumes; ces fruits ligneux qui offrent à la fois nourriture, boisson et parfum; ces fruits à écorce, difficiles à conserver, et qui servent aux jeux de l'enfance; ces fruits savoureux que nous servons au dessert pour réveiller l'appétit quand l'estomac est rassasié. Tels sont les divins et admirables trésors que produisait en quantité innombrable cette île qui florissait alors quelque part sous le soleil ».

Là, nous voici en plein délire. Il est évident que toute cette description est empruntée aux récits mythologiques qui décrivent les « Îles Fortunées », pour ne pas dire les îles mythiques d'Avalon ou d'Emain Ablach, qui constituent un des aspects de l'Autre Monde celtique. Le caractère édénique de l'Atlantide est surajouté, sans doute parce que Platon veut insister sur la facilité dont jouiront les habitants et dont ils ne feront peut-être pas toujours un bon profit : le moraliste se dessine déjà sous le mythographe. Mais si l'on peut considérer cette idyllique description comme un démarquage de tout ce qui a été écrit sur les Îles Fortunées, beaucoup plus intéressante est la suite qui concerne l'activité des habitants de l'Atlantide et surtout les étranges travaux auxquels ils vont se livrer :

« Leur premier soin fut de jeter des ponts sur les fossés qui entouraient l'ancienne métropole, et d'établir ainsi des communications entre la demeure royale et le reste du pays. Ils avaient de bonne heure élevé ce palais à la place même qu'avaient habitée le dieu et leurs ancêtres. Les rois qui les recevaient tour à tour en héritage ajoutaient sans cesse à ses embellissements et s'efforçaient de surpasser leurs prédécesseurs. Et ils firent tant qu'on ne pouvait, sans être stupéfait d'admiration, contempler tant de grandeur et de beauté. »

Cela signifie que la dynastie instaurée par Poséidon est maintenant admise : il y a communication entre la demeure royale et le reste du pays et non plus une forteresse isolée au centre de l'île où le dieu gardait jalousement l'héritière légitime de la souveraineté. A présent, le pouvoir du roi n'est pas discuté et il peut régir un peuple dont les activités semblent tournées vers la mer.

« Ils creusèrent, à partir de la mer, un canal de trois arpents de largeur, de cent pieds de profondeur, d'une étendue de cinquante stades, et qui aboutissait à l'enceinte extérieure. Ils firent en sorte que les vaisseaux qui viendraient de la mer pussent y entrer comme dans un port, en ménageant une embouchure où les plus grands pouvaient se mouvoir sans peine. Dans les enceintes de terre qui séparaient les enceintes de mer, en face des ponts, ils ouvrirent des tranchées assez larges pour livrer passage à une trirème, et unirent leurs bords par des toits, de sorte que les navires les traversaient à couvert. Car les enceintes de terre s'élevaient fort au-dessus du niveau de la mer, et l'enceinte de terre contiguë avait les mêmes dimensions. Des deux enceintes suivantes, celle de mer était large de deux stades, et celle de terre avait les mêmes dimensions que la précédente. Enfin, l'enceinte qui entourait l'île intérieure était large d'un stade seulement. Quant à l'île intérieure elle-même, où s'élevait le palais des rois, son diamètre était de cinq stades. »

Cette description a le mérite de prouver que l'île Atlantide était assez petite, et qu'en aucun cas il ne pouvait s'agir d'un continent. Ce qui est étonnant, c'est la volonté délibérée de fortifier l'île par des enceintes successives et aussi de mettre à l'abri les navires, à la fois du grand large et du soleil. Pour quels motifs mystérieux? A vrai dire, on ne voit pas très bien quel était le but recherché, sinon un but de défense extrêmement sophistiquée. Il faut noter que de telles îles fortifiées existent dans la tradition irlandaise, notamment dans le récit de la *Navigation de Maelduin,* où l'on voit le héros et ses compagnons aborder une île divisée en quatre parties par quatre enceintes, en or, en argent, en bronze et en cristal. C'est là qu'une mystérieuse femme — une fée ou une déesse — les accueille et leur offre un breuvage merveilleux qui leur fait perdre tout souvenir.

Mais ce n'est pas tout : « Le pourtour de cette île, les enceintes, le port de trois arpents de largeur, ils revêtirent tout cela d'un mur de pierre. Ils construisirent des tours et des portes à la tête des ponts et à l'entrée des voûtes sous lesquelles passait la mer. Pour mener à fin tous ces divers ouvrages, ils taillèrent tout autour de l'île intérieure, et de chaque côté des enceintes, des pierres, les unes blanches, les autres noires, d'autres rouges. En taillant ainsi çà et là, ils creusèrent à l'intérieur de l'île deux bassins profonds avec le rocher même pour toiture. Parmi ces constructions, les unes étaient toutes simples, les autres formées de plusieurs espèces de pierres pour le plaisir des yeux, présentant tout l'agrément dont elles étaient naturellement capables. Ils recouvrirent d'airain, en guise d'enduit, le mur de l'enceinte extérieure dans tout son parcours, d'étain la seconde enceinte, et l'Acropole elle-même d'orichalque aux reflets de feu. »

Si l'on prend ce récit à la lettre, ce n'est qu'un tissu d'absurdités. D'abord, à l'époque supposée, c'est-à-dire bien avant neuf mille ans avant Solon, on est encore à l'Âge de la Pierre et l'on ignore les métaux, à plus forte raison l'airain. De plus, il est impossible de croire à la réalité de ces travaux gigantesques : il s'agit, bien entendu, d'une architecture sacrée, d'un site qui est en lui-même un sanctuaire, à la fois terrestre et maritime, puisqu'on constate une interpénétration invraisemblable de la mer dans les terres. A moins que, sous une forme imagée et pompeuse, le récit ne nous donne une description d'un lieu que les hommes ont conquis sur la mer, en récupérant des terres à la façon des polders, et en drainant la surface par des canaux appropriés. Il faudra s'en souvenir en étudiant la légende bretonne de la ville d'Is, qui, elle aussi, semble offrir une situation complexe entre la terre et la mer. Il faut aussi penser que deux peuples ont souvent vécu dans ce mélange permanent, les Vénètes du Morbihan et les Vénitiens de Venise. Or ces deux peuples portent en fait le même nom et sont des navigateurs hors pair. Ce n'est pas sans susciter des questions.

Pourtant, cette île à l'architecture si étrange ne constitue pas le temple lui-même : « Au milieu s'élevait le temple consacré à Clito et à Poséidon, lieu redoutable, entouré d'une muraille d'or, où ils avaient autrefois engendré et mis au jour les dix chefs des dynasties royales. C'est là qu'on venait, chaque année, des dix provinces de l'empire, offrir à ces deux divinités les prémices des fruits de la terre. Le temple, réduit à lui-même, avait un stade de longueur, trois arpents de largeur et une hauteur proportionnée. *Il y avait dans son aspect quelque chose de barbare.* Tout l'extérieur en était revêtu d'argent, sauf les extrémités. Les extrémités étaient d'or, d'argent et d'orichalque. Les murs, les colonnes, les pavés étaient recouverts d'ivoire. On voyait des statues d'or, et singulièrement le dieu debout sur son char, conduisant six coursiers ailés, si grand que sa tête touchait la voûte du temple, et tout autour de lui cent Néréides assises sur des dauphins. On pensait alors qu'elles étaient au nombre de cent. Un grand nombre d'autres statues, offertes par des particuliers, s'ajoutaient à celles-là. »

Il y a d'évidentes contradictions : tant de richesse et tant d'ornementation ne concordent pas avec l'aspect barbare du temple. Il semble que les prêtres de Saïs qui sont à l'origine de l'information, et Critias lui-même qui transpose sur le mode grec, aient brodé sur le thème. Une croyance bien établie affirme que tous les Grecs sont menteurs, ou plutôt affabulateurs. On sait très bien que la fameuse « Retraite des dix mille », vue par Xénophon, est une exagération de la réalité : il eût été impossible de faire passer dix mille hommes par les sentiers que décrit le philosophe-chroniqueur. On sait aussi que Pausanias, quand il raconte la soi-disant prise de Delphes par les Gaulois de Brennus, ne fait que transposer l'attaque des Perses contre le sanctuaire. Du reste, avant de brosser cette histoire de l'Atlantide, Critias a pris soin de dire qu'il parlait en grec.

Dans ces conditions, il suffit d'éliminer les broderies pour retenir le schéma essentiel. Il s'agit d'une île fortifiée parcourue par des canaux. C'est donc un peuple de navigateurs qui réside là. Au centre, se trouve un temple, ce qui est tout à fait normal. Dans les villages français, l'église constitue généralement le centre de l'agglomération. Mais ce temple, surtout à l'époque supposée pour l'existence des Atlantes, ne peut être qu'un temple *barbare.* Une image s'impose alors : *un sanctuaire comme Stonehenge ou Carnac.* Si on élimine l'or, l'argent et tout métal, si on élimine les fioritures, il reste l'essentiel : une statue gigantesque du dieu, au centre, et tout autour, d'innombrables statues, dont certaines ont été offertes par des particuliers. Ces statues, toujours si l'on élimine la broderie, ne seraient-elles pas tout simplement des piliers, plus ou moins dégrossis (nous n'en sommes même pas au Néolithique) qui ressemblent davantage à des menhirs qu'à des chefs-d'œuvre de l'art grec classique? Toute cette description, une fois débarrassée du superflu, fait incontestablement penser à ces grands ensembles mégalithiques présents en Irlande, en Grande-Bretagne et en France, particulièrement Stonehenge et Carnac. Le tout est de préciser les choses : il ne s'agit pas de prétendre que le temple de l'Atlantide était sur le modèle de Stonehenge ou de Carnac; il s'agit de supposer que Stonehenge et Carnac peuvent, dans une certaine mesure, avoir été bâtis sur le modèle de ce qui pouvait exister autrefois dans l'île Atlantide disparue.

Tout le reste de la description enthousiaste de Critias est de même facture. Dans les bois sacrés, il y a des sources froides et chaudes, qui sont canalisées et qui dispensent leurs eaux pour tous les besoins de la cité, alimentent les bains du roi, ceux des citoyens, et ailleurs, ceux des femmes et d'autres encore pour les chevaux. Ces eaux ruisselantes deviennent de véritables fleuves qui aboutissent aux bassins du triple port, remplis de trirèmes prêtes à l'appareillage, regorgeant d'embarcations et de vaisseaux marchands venus de toutes les parties du monde, et protégés par une vaste enceinte du côté de la mer. On est encore obligé de songer à la ville d'Is qui était, elle aussi, protégée de la mer par une digue monumentale. Cette légende d'Is ne serait-elle pas une réminiscence de l'Atlantide?

La somptuosité de l'Atlantide décrite ainsi par Platon, d'après une tradition rapportée par Solon, a provoqué bien des commentaires et aussi bien des délires. Le philosophe Rudolf Steiner, qui pourtant ne manque pas d'intuitions étonnantes, et qui fait très souvent preuve d'une grande sagesse, est allé jusqu'à écrire, en 1918, qu'à l'époque de l'Atlantide, « les plantes n'étaient pas seulement cultivées pour être utilisées comme nourriture, mais aussi pour faire servir l'énergie qui sommeillait en elles, aux transports et à l'industrie. Ainsi les Atlantes possédaient des installations qui transformaient l'énergie nucléaire recelée par les semences végétales en énergie techniquement utilisable. C'est ainsi qu'étaient propulsés à faible altitude les véhicules volants des Atlantes ». Après tout, pourquoi les Atlantes n'auraient-ils pas eu leur propre énergie? Le malheur, *c'est qu'il n'y a rien de tout cela dans le texte de Platon* à qui on prête souvent tous les fantasmes des ésotéristes des temps modernes. Un simple bon sens peut faire justice de ces élucubrations : s'il y avait réellement, dans le triple port de l'île Atlantide, des vaisseaux venus du monde entier, les techniques particulières des Atlantes auraient été sinon partagées, du moins connues, des autres peuples, et il s'en serait fatalement conservé le souvenir. De deux choses l'une : ou l'Atlantide n'a jamais existé, et Platon est un fabricant de mythes; ou bien l'Atlantide était un pays comme les autres, peut-être un peu plus riche à cause de la grande activité maritime de ses habitants, et intégré à la phase finale du Mésolithique. Quant à la « sagesse atlantéenne », elle paraît bien commune : si les Atlantes étaient des sages, philosophes et savants en tous genres, pourquoi avaient-ils mis tant de soin à se construire des fortifications cyclopéennes et à protéger les navires par de véritables tunnels?

Cependant Critias, insatiable sur les détails, continue à faire une description de l'île : « On dit que le sol était fort élevé au-dessus du niveau de la mer et les bords de l'île coupés à pic. Tout autour de la ville s'étendait une plaine environnée de montagnes qui se prolongeaient jusqu'à la mer ». Cette plaine produit en abondance tout ce qu'on désire. Elle donne même deux moissons par an, « parce qu'elle était arrosée l'hiver par les pluies de Zeus, l'été par l'eau des tranchées » que les Atlantes avaient creusées pour assurer l'irrigation de leurs terres. Tout cela ressemble une fois de plus aux descriptions de l'Île Merveilleuse, ou encore de Mag-Mell, la plaine des Fées de la tradition irlandaise, avec cependant une volonté rationalisante, puisqu'il y est question d'irrigation.

Bien entendu, selon le texte de Platon, la vie politique et sociale est à l'image de l'environnement : « Chacun des dix rois, dans la province qui lui était départie, et dans la ville où il résidait, avait tout pouvoir sur les hommes et sur la plupart des lois, infligeant les peines et la mort au gré de sa volonté. Quant au gouvernement général et aux rapports des rois entre eux, les ordres de Poséidon étaient leur règle. Ces ordres leur avaient été transmis dans la loi souveraine : les premiers d'entre eux l'avaient gravée sur une colonne d'orichalque élevée au milieu de l'île, dans le temple de Poséidon. Les dix rois se réunissaient successivement la cinquième et la sixième année, en alternant les nombres pairs et impairs. Dans ces assemblées, ils discutaient les intérêts publics, ils recherchaient si quelque infraction à la loi avait été commise, ils portaient des jugements. »

Assurément, il s'agit là d'un système théocratique : c'est le dieu primordial, fondateur, qui règne par ses descendants interposés, et qui est le garant suprême de la loi. Du reste, avant de prononcer leurs jugements, les dix rois accomplissaient des rites compliqués au cours desquels il y avait des sacrifices de taureaux, des prières collectives et des serments solennels : « Les ombres venues et le feu du sacrifice consumé, après avoir revêtu de belles robes azurées, après s'être assis à terre auprès des derniers vestiges du sacrifice, la nuit, lorsque le feu était éteint partout dans le temple, ils rendaient leurs jugements et les subissaient, si quelqu'un d'entre eux était accusé d'avoir violé les lois. Après avoir rendu leurs jugements, ils les inscrivaient, au retour de la lumière, sur une table d'or et la suspendaient avec les robes aux murs du temple, comme des souvenirs et des avertissements. »

Ici, l'incohérence apparaît flagrante : d'une part, il y a une civilisation raffinée, des richesses incroyables, des techniques de construction qui semblent fantastiques pour l'époque, et, selon certains exégètes, des énergies inconnues, et d'autre part, les rois s'installent sur le sol, près des bûchers sacrificiels, pour accomplir des rituels qui paraissent plutôt primitifs. En fait, le culte pratiqué par les Atlantes est un culte barbare peu conforme avec le raffinement grec qui transparaît dans le reste de la description. Ce culte semble beaucoup plus proche de ce que nous connaissons des rituels préhistoriques, tels ceux des peuples mégalithiques, que des liturgies compliquées des Grecs.

Mais Platon sait exactement où il veut en venir : « Telle était la puissance, la formidable puissance qui était autrefois établie dans cette contrée, et que la divinité, selon la tradition, tourna contre notre pays pour le motif que voici. Pendant plusieurs générations, tant qu'il y eut en eux quelque chose de la nature du dieu dont ils étaient issus, les habitants de l'Atlantide obéirent aux lois qu'ils avaient reçues et honorèrent le principe divin qui faisait leur parenté. Leurs pensées étaient conformes à la vérité et en tout point généreuses. Ils se montraient pleins de modération et de sagesse dans toutes les éventualités, comme aussi dans leurs mutuels rapports. C'est pourquoi, regardant avec mépris tout ce qui n'est pas la vertu, ils faisaient bien peu de cas des biens présents et portaient tout naturellement comme un fardeau et l'or et les richesses et les avantages de la fortune. »

Là, il y a de quoi rire. Ceux qui regorgent d'or, de richesses diverses, de nourritures et de boissons abondantes sont ceux qui parlent le mieux de la vertu et du mépris des biens de ce monde. Comment se fait-il que les moralistes soient toujours ceux à qui la question de survivre ne se pose jamais? De plus, ce peuple des Atlantes, dont on nous dit qu'ils habitent un pays merveilleux où il y a deux récoltes par an, vers où convergent tous les navires du monde, aurait ainsi vécu dans le mépris des richesses, considérant celles-ci comme un fardeau? Ou bien Platon se moque du monde, ou bien il raconte n'importe quoi. Mais c'est encore une fois sur ces fadaises que de graves commentateurs ont construit cette « sagesse atlantéenne » dont on nous rebat les oreilles.

Il y a pire. « Aussi longtemps que les habitants de l'Atlantide raisonnèrent ainsi et conservèrent la nature divine dont ils avaient participé, tout leur réussit à souhait, comme nous l'avons déjà dit. Mais quand l'essence divine se fut amoindrie par un continuel mélange avec la nature mortelle, quand l'humanité l'emporta de beaucoup, alors, impuissants à supporter la prospérité présente, ils dégénérèrent. Ceux qui savent voir comprirent qu'ils étaient devenus méchants et qu'ils avaient perdu le plus précieux des biens, et ceux qui sont hors d'état de voir ce qui rend véritablement la vie heureuse jugèrent qu'ils étaient parvenus au faîte de la vertu et de la félicité dans le temps qu'ils étaient possédés de la folle passion d'accroître leurs richesses et leur puissance. »

L'incohérence est totale. C'est depuis longtemps que les Atlantes avaient décidé d'accroître leurs richesses et leur puissance, car sinon, ils ne se seraient pas donné le mal de conquérir les pays de l'Europe atlantique qui, selon le texte même de Platon, avaient été soumis depuis le début de leur histoire. Que veut dire ce brusque sursaut de conscience? De mythographe, Platon devient moraliste, et ce n'est pas ce qui lui réussit le mieux.

Le but reste cependant très clair. Il y a peu de différence entre moraliste et bourreau. Il y a continuité entre la théocratie et l'inquisition. *La Genèse* nous en procure des exemples fameux avec l'épisode de Sodome et Gomorrhe, et avec celui du déluge. La classe aristocratique domine peut-être le monde par la puissance armée qu'elle représente, mais elle ne peut rien sans l'accord et le concours de la classe sacerdotale : celle-ci, dans toutes les sociétés, se réserve le dernier mot. C'est net et précis dans le Moyen Age chrétien. C'est très clair dans la société celtique où le roi ne peut pas parler avant le druide au cours d'une assemblée. C'est encore plus dogmatique dans la mythologie indienne qui traduit ici la structure mentale profonde des Indo-Européens : Mithra et Varuna forment un couple inébranlable et nécessaire. Par sa fonction même qui est de relier le Ciel et la Terre — c'est du moins la façon dont elle justifie son action —, la classe sacerdotale se réserve le droit de juger et d'appeler sur les coupables, tout au moins sur ceux qu'elle juge coupables, les châtiments les plus sévères de la part de la divinité dont elle se fait la messagère.

C'est ce qui se passe pour l'Atlantide. « Alors le dieu des dieux, Zeus qui gouverne selon les lois de la justice, dont les regards discernent le bien et le mal, apercevant la dépravation d'un peuple naguère si généreux, et voulant le châtier pour le ramener à la vertu et à la sagesse, assembla tous les dieux dans la partie la plus brillante des demeures célestes, au centre de l'univers, d'où l'on contemple tout ce qui participe de la génération, et les ayant rassemblés, il leur dit... »

Comme le manuscrit du *Critias* s'interrompt ici, nous ne saurons jamais la teneur du discours de Zeus aux Olympiens. Mais il n'est pas difficile de l'imaginer : « Châtions ces téméraires Atlantes qui ont cru être les maîtres du monde et voulu défier les dieux... » Ce genre de discours est bien connu et n'a pas varié depuis des millénaires. On comprend alors pourquoi, « en une seule nuit, en un seul jour, l'Atlantide disparut ». Les tremblements de terre, les raz de marée, qui frappent aveuglément les humains, ne peuvent pas être autre chose que la manifestation du châtiment divin. C'est parce qu'ils se sont lancés à la conquête du monde que les habitants de l'Atlantide ont été ainsi frappés par les fléaux naturels. Après tout, les bâtisseurs de la tour de Babel ont été frappés de confusion parce qu'ils se sont lancés à la conquête du ciel, et il en a été de même pour le chasseur Nemrod, dont Victor Hugo, dans *La Fin de Satan*, a magnifiquement traduit l'ascension tragique. On sait très bien que les desseins de Dieu sont profonds et mystérieux : le malheur est que toute une classe sacerdotale prétend être l'interprète de la volonté divine et ainsi se substituer à Dieu pour châtier les récalcitrants. L'Inquisition faisait brûler les hérétiques ou soi-disant tels. La classe sacerdotale de tous les temps a toujours utilisé les cataclysmes naturels pour assurer son pouvoir sur les masses.

Pourtant, à l'intérieur même de cette classe sacerdotale, des voix se sont élevées pour dénoncer l'usurpation des pouvoirs et justifier ces cataclysmes naturels par un plan divin supérieur auquel les hommes sont associés, qu'ils le veuillent ou non. Plutarque, prêtre de Delphes, ne le disait-il pas, quand il parlait des embrasements et des déluges qui traduisent les métamorphoses du divin? Et, en plein XVIIe siècle, le Père Christophe de Véga transcrivait tout cela en termes à la fois philosophiques et mystiques : « Au commencement, Dieu créa le ciel et la terre (Joachim et Anne). Or la terre était informe et vide (Anne était stérile). Les ténèbres (l'affliction et la confusion) étaient sur la face de l'abîme (sur la face d'Anne), et l'Esprit du Seigneur se mouvait sur les eaux (les eaux des larmes d'Anne, pour la consoler). Et Dieu dit : Que la lumière soit! (que soit Marie!)... Et le rassemblement des eaux (le rassemblement des grâces), Dieu voulut l'appeler *maria,* « les mers » (ou Marie). » Curieux texte qui illustre fort bien le propos.

L'Atlantide a-t-elle vraiment existé? Platon l'a-t-il inventée de toutes pièces pour faire œuvre de moraliste? Sûrement pas. Il s'est servi de bribes de traditions plus ou moins confuses pour mieux évoquer un pays exemplaire. Le problème est que l'on ne sait jamais où se trouve la frontière entre le réel et l'imaginaire. Pourtant, ce châtiment appelé par Zeus sur les habitants de l'Atlantide coupables d'avoir oublié la vertu fait penser à une autre légende bien connue, celle de la ville d'Is, disparue elle aussi sous les eaux parce que ses habitants avaient oublié la religion chrétienne pour retomber dans les erreurs du paganisme. Il y a des mythes qui ont la vie dure.

tout que les desseins de Dieu sont profonds et mystérieux. Il semble en effet que toute une classe sacerdotale prétend être l'interprète de la volonté divine et aussi se substituer à Dieu pour dicter les commandements. L'imagination faisait croire en la présence d'un au-delà. La classe sacerdotale de tous les temps a toujours utilisé les cataclysmes naturels pour asseoir son pouvoir sur les masses.

Pourtant, à l'intérieur même de cette classe sacerdotale, des voix se sont élevées pour dénoncer l'usurpation. Ces pouvoirs et [illegible] ces cataclysmes naturels par un grand [illegible] auquel les hommes sont associés, qu'ils le veuillent ou non. Philon, prêtre de Dagon, ne le disait-il pas quand il parlait des tremblements et des déluges qui [illegible] du [illegible]. En [illegible] de Saint Grégoire de Nysse [illegible] à la fois [illegible] : « Au commencement, Dieu créa le ciel et la terre (Joachim et Anne). Or la terre était informe et vide (Anne était stérile). Les ténèbres (l'affliction et la souffrance) étaient sur la face de l'abîme (sur la face d'Anne), et l'Esprit du Seigneur se mouvait sur les eaux (les yeux des larmes d'Anne, [illegible]). Et Dieu dit : "Que la lumière soit" (que soit Marie)... Et le rassemblement des eaux (le rassemblement des grâces), Dieu voulut l'appeler mers, « les mers » (ou Marie). » Curieuse [illegible] qui [illegible] fort bien le propos.

L'Atlantide a-t-elle vraiment existé? Platon l'a-t-il inventée de toutes pièces pour faire œuvre de moraliste? Sûrement pas. Il s'est servi de bribes de traditions plus ou moins confuses pour nous évoquer un pays exemplaire. Le problème est que l'on ne sait jamais où se trouve la frontière entre le réel et l'imaginaire. Pourtant, ce châtiment appelé par Zeus sur les habitants de l'Atlantide coupables d'avoir oublié la vertu fait penser à une autre légende bien connue, celle de la ville d'Is, disparue elle aussi sous les eaux parce que ses habitants avaient oublié la religion chrétienne pour retomber dans les erreurs du paganisme. Il y a des mythes qui ont la vie dure.

## II

## L'ATLANTIDE ET LA VILLE D'IS

De toutes les légendes de la Bretagne armoricaine, l'histoire de la ville d'Is, de son roi Gradlon et de sa princesse Dahud ou Ahès, est la plus universellement connue, mais comme c'est à travers la transposition romantique d'Émile Souvestre, trop souvent chargée de procédés littéraires à la mode, c'est aussi la moins bien comprise. En un mot, c'est l'histoire d'une ville engloutie par un raz de marée par la volonté de Dieu qui voulait ainsi punir ses habitants de leurs péchés. Mais, étant donné que la légende s'est transmise dans un contexte chrétien, il était normal qu'il en fût ainsi, et il suffit de repérer les éléments chrétiens, de les faire disparaître, pour que les thèmes archaïques refassent surface, c'est le cas de le dire. D'ailleurs, la croyance est bien établie, en Bretagne, que cette ville d'Is est seulement *endormie* sous les flots, et qu'elle peut resurgir un jour. Alors, ajoute la légende, Paris sera englouti, parce que Paris représente l'antithèse d'Is : le nom de Paris, toujours d'après des dictons populaires, est par-Is, c'est-à-dire pareil à Is, égal d'Is.

Passons sur les jeux de mots et les étymologies populaires. On pourrait certes interpréter le mythe d'Is comme étant celui d'une société gynécocratique — la ville est régie par la princesse Dahud — qui s'oppose à la société androcratique dont Paris est le symbole évident. Passons également sur la référence à l'Isis égyptienne qui ne manque pas d'être soulevée dès qu'il s'agit d'Is ou de Paris. Le mot « is » en breton est un dérivé d'un ancien mot qui a donné l'adjectif *izel,* « bas ». La ville d'Is, *Ker-Is,* est « la Ville Basse ». Et les quelques textes qui la décrivent nous la présentent comme une ville construite en contrebas, abritée des fureurs de la mer par une grande digue. Cette situation paraît étrange, mais elle est justifiée dans les textes par l'importance du port, divisé en plusieurs bassins, avec probablement des canaux qui relient les bassins à l'océan. C'est là que viennent s'abriter les navires de tous les pays du monde. On peut comprendre qu'il s'agit d'une ville construite autour de son port et dont l'activité économique est entièrement axée sur le commerce maritime.

La légende, pourtant très populaire, nous est parvenue par bribes, chaque épisode étant parfois considéré comme une totalité, par des contes oraux, des chants folkloriques, certains textes hagiographiques, des chroniques, comme celle de l'historiographe d'Anne de Bretagne, Pierre Le Baud, ainsi que par un drame en breton du XVIe siècle, à tendances édifiantes, *Le Mystère de saint Gwenolé,* dont nous possédons deux versions. A l'aide de tous ces éléments, on peut reconstituer une sorte de *saga* assez étrange et quelque peu « barbare » autour du personnage central du roi Gradlon, apparemment roi de Cornouaille au IVe ou au Ve siècle. Ce Gradlon-Meur, ou Gradlon le Grand, a une fille nommée Dahud qui semble être entrée en conflit avec son père pour des motifs religieux : elle est considérée comme sorcière par la tradition, c'est-à-dire qu'elle est encore zélatrice de l'ancienne religion, peut-être du druidisme, alors que Gradlon est chrétien, et s'efforce, avec son neveu Gwenolé de Landévennec, et son ami Korentin, évêque de Quimper, de faire prêcher partout l'Évangile. Le nom de Dahud provient d'un mot gaulois *Dagosoitis,* ce qui signifie « bonne sorcière ». Parfois, on l'appelle Ahès, en la confondant avec un personnage mythologique du centre de la péninsule, qui serait en fait un géant, Ohès le Vieil Barbé, connu par une curieuse chanson de geste, *La Chanson d'Aquin.* Le nom d'Ahès se retrouve dans l'appellation traditionnelle des voies romaines en Bretagne, *an hent Ahès,* le « chemin d'Ahès », comme dans le nord de la France il y a des « Chaussées Brunehaut », et dans le midi occitan des « Chemins de Brunissen ». En tout cas, si Gradlon représente le Christianisme triomphant, Dahud-Ahès est incontestablement le symbole du paganisme résistant. Et dans la légende, Dahud est la princesse incontestée de la ville d'Is [1].

« Le roi Gradlon quitta entièrement la ville de Quimper, laquelle il laissa à Korentin, et transféra sa cour en une grande ville située sur le bord de la mer, entre le cap de Fontenay (la pointe du Raz) et la pointe de Crozon (le cap de la Chèvre), où à présent se trouve le golfe ou baie de Douarnenez. Et cette ville s'appelait Is.

De là, il venait souvent à Landévennec voir Gwenolé, auquel il donna son château de Tevenok [2] en la paroisse d'Argol, avec toutes les appartenances et la forêt voisine. En cette cité, sur la rive de la mer qui retient encore le nom d'Is, au temps du roi Gradlon, second roi breton d'Armorique, était connu l'art de naviguer à travers le raz. Les forains y descendaient les marchandises en grande quantité. C'est pour cela que la ville était très fréquentée et très habitée, qu'elle était si grande et qu'elle avait une telle

1. J'ai tenté une reconstitution de l'ensemble de la légende d'après tous les textes et tous les épisodes qui peuvent s'y rattacher, sous le titre « La Saga de Gradlon le Grand », dans J. Markale, *La Tradition celtique en Bretagne armoricaine,* Paris, Payot, 4e éd., 1984, pp. 60-108.

2. Il s'agit de l'emplacement où va s'élever le monastère de Landévennec, l'un des hauts lieux du Christianisme celtique en Bretagne armoricaine.

réputation que, comme les historiens gaulois ont prétendu le nom de la ville de Paris avoir été imposé en mémoire de Pâris, fils du roi Priam de Troie, ou de la déesse Isis qui anciennement y fut honorée, les Corisopites [1] se vantent que le nom de Pâris lui a été attribué comme signifiant « pareil à Is ».

Assurément, et bien que la référence géographique soit précise, ainsi que le moment où se situe l'action, il existe des analogies frappantes entre cette description de la ville d'Is et ce que Platon raconte au sujet de l'Atlantide, toutes proportions gardées, et compte tenu du contexte de civilisation. La suite des événements va encore accentuer des ressemblances qui tiennent beaucoup plus à l'esprit qu'à la lettre. En effet, la ville d'Is semble rejeter le Christianisme, encouragée par l'exemple de sa princesse, et surtout les habitants ne pratiquent guère la vertu, préférant les jouissances que procure la fortune. Aussi « Gwenolé allait souvent voir le roi Gradlon en la superbe cité d'Is, et prêchait fort hautement contre les abominations qui se commettaient en cette grande ville tout absorbée en luxes, débauches et vanités. Mais les habitants demeuraient obstinés en leurs péchés ».

Cette réputation de débauche ne fait que s'accroître. Parfois les voyageurs demandent : « Qu'y a-t-il de nouveau dans la ville d'Is, alors que tellement folle est sa jeunesse, alors qu'on entend, au-dessus du grondement des flots, le son de la bombarde et du biniou? » Ils s'attirent cette réponse : « Il n'y a rien de nouveau dans la ville d'Is : ces jeux-là sont de tous les jours. Il n'y a rien d'extraordinaire dans la ville d'Is : ces jeux-là sont de toutes les nuits. Des buissons de ronces ont poussé devant les portes verrouillées des églises, et, sur les pauvres qui pleurent, on excite les chiens à se jeter. Dahud, la fille du roi Gradlon, avec le feu d'enfer dans son cœur, est la première à courir vers le désordre, et elle entraîne, après elle, la ville à sa perte. »

1. Peuple gaulois de la Cornouaille, c'est-à-dire du Sud-Finistère.

Le ton est donné. D'après *Le Mystère de saint Gwenolé,* les exactions se multiplient. On a ainsi une description de plusieurs personnages *maudits,* la jeune servante pervertie Marc'harid, les bourgeois Dourva et Pikez, le prêtre renégat Mantar. Gwenolé, quand il vient prêcher, a bien du mal à échapper à leur colère.

« Un jour que Gwenolé était venu le visiter, le roi l'emmena sur la grande place de la ville d'Is. Et Gradlon s'adressa à la foule : « Mes enfants, je vous prie de garder le silence! Mon neveu Gwenolé va vous parler. » Et Gwenolé s'avança au milieu des groupes hostiles et se mit à parler : « O peuple abandonné par le Créateur des Cieux! je suis venu vous convertir, écoutez mes paroles : venez demander pardon de vos péchés, venez faire pénitence du fond de votre cœur! ne soyez pas vaniteux sous prétexte que vous regorgez de richesses, car c'est là la cause de vos crimes! avec vos biens et toute votre vanité, vous avez renoncé à Dieu, à cause de vos vices, de votre lubricité, vous vous préparez une place au milieu du puits de l'enfer!... Hélas! si vous êtes un jour condamné à l'enfer, il vous faudra souffrir des châtiments dans le feu maudit. Vous aurez pour boisson du soufre et du plomb fondu, tous les diables seront vos compagnons [1]. Il faut que vous changiez de vie, vous le pouvez encore, bien que le terme soit maintenant très court. Demandez de tout votre cœur votre pardon à Dieu et dites-lui que vous renoncez à votre vie coupable. »

Un tel discours n'est pas du goût des habitants d'Is. « Voyez le trouble-fête, s'écrie Pikez, mais moi, je déclare que nous ne changerons pas de vie, et, au contraire, je le jure à haute voix, je continuerai à violer, je continuerai à voler et à massacrer mon prochain! » La jeune Marc'harid

1. Tout cela est dans le ton de certaines fresques des églises bretonnes, en particulier à Kernascléden (Morbihan). Aux XVIe et XVIIe siècles, des prédicateurs se faisaient accompagner par des troupes théâtrales qui jouaient des scènes horrifiantes sur l'enfer pour mieux impressionner leur auditoire et illustrer leurs sermons.

renchérit : « A quoi bon songer à faire pénitence? Aujourd'hui, nous sommes en vie; demain, peut-être serons-nous morts. Nous voyons les habitants d'Is qui meurent tous les jours, et quand ils sont malades, ils ne le restent pas longtemps! » Quant au prêtre Mantar, il invective Gwenolé : « Et ceux qui meurent, ils vont au Palais de la Société [1]. Nous, après notre mort, c'est là que nous irons. Il faut donc se consoler et prendre du plaisir, car notre réjouissance dans l'Autre Monde sera sans bornes! » Gwenolé lui réplique : « Comment un ministre consacré à Dieu a-t-il pu se donner corps et âme au diable? » Mantar se met à rire : « Comment, pauvre imbécile, tu crois encore que nous sommes des enfants prêts à t'obéir? Je suis aussi sûr que toi qu'il n'y a pas de diables pour tourmenter les gens après leur mort! ceux qu'on nomme les diables, ils se trouvent dans ce monde : ce sont ceux qui maltraitent les esclaves obligés de gagner leur pain! » [2]

Les habitants continuent à invectiver Gwenolé : « Va-t'en retrouver ta chaire à prêcher, l'abbé. Tu fais trop de bruit. Les citoyens d'Is ne t'estiment guère. Tes paroles sont outrageantes et tu parles trop! » Un autre dit : « Est-ce pour nous faire toutes ces simagrées que tu es venu? Nous, nous aimons les filles, nous ne nous occupons pas de toi. Je n'ai pas besoin de savoir tes prières dans le jargon de Vannes [3]. Honni soit celui qui t'obéira! » Une femme dit : « Je ne veux pas m'humilier, ni avoir honte d'étreindre un amant. Tu as beau être amer et grave, je lui donnerai mon nid afin que, chaque fois qu'il viendra à mon côté, il le trouve pour le battre bien et durement, mon tendre amour, doux et courtois. Quant à toi, Gwenolé, va te faire pendre! » Et une autre femme ajoute : « Je suis

1. Le cimetière. Les paroles du prêtre Mantar prouvent qu'il croit à un au-delà, mais pas celui du Christianisme.

2. Revendication sociale assez curieuse au XVIe siècle, en Bretagne : on croirait entendre un discours de délégué syndical du XXe siècle.

3. Le texte est en dialecte de Cornouaille, et les gens de Cornouaille comprennent difficilement les gens de Vannes.

venue vêtue joliment, élégamment. Je serai estimée par le vaste monde. Je coucherai avec n'importe quel oiseau, je m'ébattrai avec le fils de son père, je ne refuserai aucun homme de bonne compagnie et je contenterai son envie en lui obéissant ». Quant à Dourva, il est très net : « En dépit de tes paroles, poison abominable, nous nous divertirons et nous vivrons dans le plaisir. Je danserai, je boirai, je roulerai les dés, je caresserai les filles et je mêlerai les cartes. » Les habitants veulent alors faire un mauvais parti à Gwenolé, et Gradlon a toutes les peines du monde à le soustraire à la fureur de la foule.

Resté seul avec le roi, Gwenolé lui dit : « Tu le vois, mon oncle, ni les hommes, ni les femmes ne font cas de mes paroles. Et puisque je ne peux les convertir, je vais te quitter et te laisser ici avec eux. Mais, mon oncle, tu ne resteras avec eux que trois jours : car la troisième nuit, tout ce qui se trouvera, cette nuit-là, dans la ville d'Is, sera englouti. Dieu fera justice. Et avant de te quitter, mon oncle, je t'avertis de bien écouter quand le coq commencera à chanter. Il chantera à dix heures, et tu te prépareras. A onze heures, il y aura un deuxième chant : tu devras te hâter pour quitter la ville. Au troisième chant, il te faudra faire galoper ton cheval haut et bas, sans regarder derrière toi. Et si tu te trouves dans l'embarras, je serai là pour te secourir dans ta grande nécessité. »

La malédiction est donc lancée sur la ville, un peu comme lors de l'assemblée des dieux autour de Zeus, à propos de l'Atlantide. Le troisième soir, le prêtre Mantar, Pikez et Dourva sont en compagnie de Marc'harid, dans une auberge où ils festoient.

« Mais dehors, la pluie s'était mise à tomber et le vent s'était mis à souffler. Marc'harid dit : « Que signifie ce bruit qui fait trembler toute la maison? Mon cœur saute dans ma poitrine, je sens mon sang bouillir! — Ce n'est rien, dit Pikez, c'est le vent de nuit qui fait des siennes. Mais, moi, je n'ai peur de rien tant que j'ai un verre dans la main! — Continuons notre jeu, dit Mantar, entendre le vent, le tonnerre, voir les éclairs, ce n'est assurément pas une chose extraordinaire! — En effet, dit Dourva, la tempête est si souvent au-dessus de nos têtes! » Et ils se remirent à jouer.

« Ce soir-là, Dahud, en compagnie de ses amoureux, donnait une fête en son palais. Là, sous l'or et les perles, Dahud resplendissait comme le soleil. « Plaisir à vous dans ce palais, filles caressantes et garçons galants! plaisir à vous et nuit gaillarde! » dit un prince à son entrée. Le prince portait un vêtement rouge. Sa barbe était noire et longue. Ses membres étaient vigoureux, et ses deux yeux étaient brûlants.

« Sois le bienvenu, étranger, dit Dahud avec une mine gourmande, oui, sois le bienvenu si tu es le plus savant dans le mal! — Alors, j'aurai bon accueil, répondit l'inconnu, car je suis aussi savant dans le mal que celui qui l'a créé! »

Dans ce contexte chrétien de la légende, il est évident que celui qui est chargé de punir la cité maudite ne peut être que le Diable ou l'un de ses fidèles serviteurs. Tout se passe comme si Dieu, ayant décidé de châtier les habitants d'Is, les avait remis « au bras séculier », comme on disait autrefois lorsque l'Inquisition ne voulait pas se salir les mains dans le sang des condamnés. Abandonnée par Dieu, la ville d'Is appartient désormais tout entière au Diable, à laquelle elle s'était d'ailleurs donnée auparavant par la pratique du mal.

L'une des versions de la légende va même très loin dans la description de ce véritable sabbat qui se déroule alors. Après avoir dansé avec Dahud, le prince rouge dit : « Vous ne connaissez rien, gens de la ville d'Is! Apportez-moi les saints vases de l'église, apportez-moi la croix du Crucifié, ainsi qu'une hostie consacrée, et vous verrez! » Dahud répondit : « On trouvera cela dans l'église de mon père, car mon père a foi dans le trompeur de Nazareth! » Ils furent trois à s'y précipiter à l'instant. Ils renversèrent l'autel et rapportèrent les choses sacrées dans leurs mains maudites.

Le prince rouge, dès qu'il les vit, se mit à rire en lui-même et se mit à dire : « Plaisir à vous en cette demeure! » Il cassa d'abord à coups de pied, en mille morceaux, les vases, puis il piétina le Crucifié et cracha sur l'hostie. Ensuite, en chantant : « Malédiction sur la Croix! », il fit tourner tous les autres de sept façons différentes, les danses des sept péchés capitaux. Et le palais trembla, et le tonnerre éclata, et à travers leurs regards altérés, le feu pâle des éclairs les frappa. »

Voici un bel exemple de messe noire. Le texte de cette version date du XIXe siècle, mais il est d'origine populaire, c'est-à-dire qu'il contient des structures archaïques remises au goût du jour. Dans l'esprit de la légende, telle qu'elle est exprimée dans un contexte nécessairement chrétien, le sacrilège est tout à fait à sa place : il consacre, par une messe noire, donc maudite, la rupture définitive avec Dieu. C'est la prise de possession par le Diable de la princesse et de la ville dont elle est la maîtresse absolue, et à la limite, la dépossession de la princesse au profit des puissances sataniques. Le récit de Platon sur l'Atlantide ne soustendait pas autre chose quand il attirait l'attention sur le reniement des Atlantes, sur leur oubli ou rejet des préceptes divins qui avaient constitué leur force. Du reste, la légende, dans toutes ses versions, a conservé un détail intéressant :

« Quand fut fini le sacrilège, le messager des esprits mauvais resta seul dans le palais. Il s'avança vers Dahud : « Ma gentille petite douce, dit-il, fille de Gradlon, la mieux aimée de mon cœur, ne pourrais-je, de quelque façon, voir la clef des écluses de la ville d'Is? — C'est mon père, répondit-elle, qui porte à son cou la clef d'or, pendue à une chaîne. Mon père est endormi à présent, et je ne peux avoir la clef. » Alors il se jeta à ses pieds, il baisa sa belle petite main blanche, et la fascina par ses regards pleins de feu et de larmes. »

Les légendes veulent toujours respecter certaines réalités. Certes, on aurait pu faire intervenir la tempête et un cataclysme naturel. Mais cela aurait probablement amoindri la rigueur du châtiment. S'emparer de la clef qui ouvre les écluses qui protègent la ville contre l'océan est un geste significatif : ce sont vraiment les puissances diaboliques qui mènent le jeu et qui empêchent la ville d'être protégée, comme elle l'est habituellement, par cette digue. Et puis, on insiste également sur le caractère fragile de la sécurité qui règne à Is : étant en contrebas, en quelque sorte arrachée à la mer par la volonté des puissances bénéfiques, elle est livrée aux éléments du jour où ces puissances bénéfiques cessent d'assurer sa protection. De plus, le symbole de la clef est évident. Comme le dit l'hagiographe du XVIIe siècle Albert le Grand, « l'histoire assure qu'elle avait pris à son père la clef qu'il portait pendue au cou, comme symbole de la royauté ». Car qui dit royauté dit protection : Gradlon, en gardant cette clef sur lui, même pendant son sommeil, se présente comme le Protecteur de la cité dont il est le légitime souverain. Et comme il est le représentant de la société chrétienne, c'est à lui que la clef doit être confiée. Mais Dahud, représentante de la société païenne — ou dite telle —, et qui vient de perdre sa souveraineté au profit du « messager des puissances infernales », va donc dérober le symbole auquel elle n'a pas droit.

« Sans savoir ce qui se passait alors, non loin de là, dans son palais, le vieux roi s'était endormi dans la nuit. Dans la chambre nue de Gradlon, il n'y avait rien, sinon un crucifix venu de la main d'un ami très cher, Korentin, évêque de Quimper, rien sinon un évangile, autre cadeau d'un saint homme, cadeau de Gwenolé en témoignage d'affection. Dans son sommeil, le vieillard était beau comme un ange. Le roi de Bretagne dormait, et tout autour, sur son front, ses cheveux blancs tombaient comme une couronne. Alors Dahud, la mauvaise princesse, comme aveuglée par un vertige, dans la chambre, sans craindre devant Dieu, entra pour voler la clef. Elle marchait sur la pointe des pieds, silencieuse, elle s'avança vers son père, et doucement, de son cou, en souriant, elle enleva la chaîne. »

Que se passe-t-il ensuite? Aucune des versions de la légende ne le dit. Mais on peut très bien imaginer Dahud remettant la clef au prince rouge, et celui-ci se précipitant pour aller ouvrir les écluses de la ville, ces écluses qui, selon une variante à vrai dire quelque peu suspecte, pouvaient être ouvertes « si la ville tombait aux mains des ennemis, pour laisser entrer la mer afin que vainqueurs et vaincus périssent de la même mort ». On ne peut s'empêcher de comparer ces détails avec l'architecture compliquée de l'île Atlantide, entièrement parcourue par des canaux et protégée de l'océan par une sorte d'immense digue qu'on ne devait ouvrir que pour laisser passer les navires.

Le sort en est maintenant jeté, et le destin va frapper. « Vers dix heures, le coq chanta pour la première fois. Le roi Gradlon se réveilla et appela le prêtre qui lui était resté fidèle et qui avait nom Ismeneo : « Hélas! dit-il, j'entends le coq de dix heures qui chante. Il est temps de nous préparer, Ismeneo, hâtons-nous. — Sire roi, j'ai fait mes préparatifs en toute chose ». Le temps passa très vite, et Ismeneo dit : « Écoutez, j'entends sonner onze heures! » Et le coq chanta de nouveau.
« C'est le second chant, dit Gradlon, le moment approche. Prenons nos chevaux et quittons la ville rapidement, de peur d'être surpris par la mer en courroux. Il faut nous hâter pendant qu'il en est encore temps! » Et le temps passa très vite. Le coq chanta pour la troisième fois. Ismeneo dit : « Au nom de Dieu, quittons la belle ville d'Is, car minuit arrive et c'est l'heure de la justice! » Minuit sonna au milieu du fracas épouvantable de la tempête. »

Alors s'accomplit l'engloutissement : « Quelqu'un venait là-bas, monté sur une haquenée noire, dont le galop, sur le pavé, faisait jaillir le feu de la pierre. C'était le messager de Dieu, envoyé à Is vers le roi, c'était l'apôtre de la foi, Gwenolé, que les Bretons aimaient. On le voyait s'approcher, avec son bâton d'abbé dans sa main gauche, une étole d'or autour du cou, un cercle de feu sur la tête. Il arriva à la porte du palais, celui où se trouvait le père de Dahud, et, sans descendre de cheval, le saint homme appela à haute voix dans la nuit : « Gradlon! Gradlon! debout! vite! debout pour suivre Gwenolé! debout pour fuir devant la mer! les écluses de la ville d'Is sont ouvertes! »

« Le vieux roi, bouleversé, s'était précipité hors de sa chambre. « A moi, à moi, mon cheval rapide! criait-il. Hélas, cette ville est perdue! » Et sur son cheval, aussitôt, il s'élança sur les traces de son ami très cher. Derrière eux, mugissante, ils entendaient rouler la mer. Le prêtre Ismeneo s'écria : « Oh! les cris d'alarme que j'entends derrière moi! il faut que je voie ce qui cause toute cette horreur! » Il regarda derrière lui, mais aussitôt, il s'immobilisa et fut changé en statue. Tous ceux qui étaient là demeurèrent immobiles, figés par la terreur. C'est alors que la princesse maudite, qui allait et venait à travers la ville d'Is, à la recherche de son amant disparu, et qui courait, les cheveux épars, entendit les deux galops des chevaux qui se sauvaient devant la mer. A travers les éclairs, avec angoisse, elle reconnut son père et le saint homme. « Mon père, mon père! si tu m'aimes, sur ton cheval léger emporte-moi! » Et sans répondre, le tendre père prit sa fille en croupe. Mais alors la mer devint terrible. « Hélas! gémit Gradlon, mon Dieu, il faut que je périsse ici! je suis atteint par la mer et mon cheval est déjà fatigué. Depuis un quart d'heure, Is a été conquise par les eaux! Terre et maisons, hommes et bêtes, tout a été englouti, et la grande mer s'étend partout autour de moi! O Dieu, mon créateur, je vais périr ici! je suis rejeté cette fois au milieu du grand canal!... » Alors Gwenolé, en tremblant, s'écria : « Gradlon, au nom de Dieu, hâte-toi de rejeter ce serpent! » Mais, plein d'angoisse, le père embrassait la pécheresse. Et le saint homme fit le signe de la croix en la touchant de son bâton. Aussitôt, la maîtresse de l'esprit mauvais roula dans les flots en fureur et elle périt en cet abîme où elle avait failli causer la perte du roi en un endroit qui retient le nom de *Toul-Dahud* [1], ou *Toul-Alc'huez* [2], c'est-à-dire le « Pertuis Dahud » ou le « Pertuis de la Clef ». Et le vieux roi entendit près de lui un rire bruyant au milieu de la nuit... Au lever du soleil, le saint homme et Gradlon montèrent au sommet du Menez-Hom, cette montagne dont les pieds sont dans le sable et dont la tête se dresse vers Douarnenez. De là, le roi de Bretagne jeta ses regards en arrière : mais là où se trouvait Is avec ses dix portes, il ne vit plus que la mer. « Une ville parmi les plus belles j'avais, dit-il, mais il n'en reste plus rien maintenant! » Et tout son cœur se brisa et ses yeux pleurèrent. »

Cependant, la ville d'Is n'a pas été détruite, si l'on en croit les récits de la tradition populaire. « On disait qu'on apercevait encore des vestiges sur la mer qui, de l'ancien nom de la cité, et jusqu'à maintenant (XVIIe siècle), est appelée Is. » Et très nombreuses sont les anecdotes où les humains peuvent pénétrer, à certaines occasions, dans la ville engloutie : ils y voient les habitants vaquer à leurs occupations comme si de rien était, mais ils demandent à l'intrus une pièce de monnaie ou bien encore lui proposent d'acheter un objet. S'il achetait quelque chose, on verrait la ville d'Is resurgir des flots, aussi belle et aussi riche qu'autrefois. C'est ce qu'on racontait encore, au siècle dernier, le soir, dans les écuries où se tenaient les veillées. De nos jours, ce sont plutôt quelques chercheurs, des archéologues et des plongeurs sous-marins qui découvrent, au large de la pointe du Van, des chaussées englouties qui mènent à des ruines sous la mer. La ville d'Is est-elle là, à notre portée? Certains sont tentés de le croire, d'autant

1. Étymologie populaire de Touldavid ou Pouldavid, près de Douarnenez.

2. Cela peut se traduire par le *Trou d'Ahès* ou par le *Trou de la Clef.* Il y a une ambiguïté entre le nom d'Ahès et celui de la clef en breton, et cette ambiguïté est certainement due à la prise de conscience du symbole que la clef représentait pour la fille du roi.

plus que les voies romaines qui vont vers la pointe de Cornouaille s'interrompent brutalement dans les alentours de la baie des Trépassés. Assurément, il y a eu, à cet endroit, quelque chose qui a disparu.

Il est évident que le littoral de la Bretagne armoricaine a subi des transformations au cours des siècles. On sait, par exemple, que le golfe du Morbihan, au temps de la guerre des Vénètes, en 56 avant J.-C., n'était qu'un vaste bourbier au milieu duquel se cachaient, surgissant à peine des îlots, les forteresses des Gaulois. Le niveau du sol, dans tout le Morbihan maritime, s'affaisse lentement de quelques centimètres par siècle. Mais il y a eu également des catastrophes, des effondrements brutaux de terrains, des disparitions de grandes étendues de terrains, comme celui qui a englouti la forêt de Scissy, et qui est maintenant la baie du Mont-Saint-Michel.

D'après les documents qui se rapportent à la formation de l'abbaye du Mont-Saint-Michel, aux environs de l'an 708, on peut comprendre que ce qui est aujourd'hui cette grande baie envahie par les sables, était autrefois une vaste forêt que la mer a commencé à grignoter lentement, puis à faire disparaître. Il n'y eut certes pas de cataclysme violent, il n'y eut pas de raz-de-marée, pas de disparition comparable à celle qui provoqua la disparition de l'Atlantide « en une seule nuit et en un seul jour », mais un constant effondrement des terres suivi d'une progression des eaux marines. Il est prouvé par différents textes, ainsi que par la présence d'anciennes voies romaines, qu'au temps de la conquête des Gaules, la terre ferme s'étendait jusqu'à l'île de Jersey, tandis qu'autour du plateau des Minquiers régnaient les marécages, les lagunes, et des « hâvres » analogues à ceux qui existent aujourd'hui au nord de Granville. Au VIe siècle, encore, si l'on en croit les documents de l'évêché de Coutances, les habitants d'une bourgade aujourd'hui immergée devaient entretenir en bon état, pour le passage de l'évêque, une planche servant de pont sur un ruisseau de marée qui était seul à séparer

Jersey du continent. Et l'on sait également qu'au début du XVe siècle, l'île d'Aurigny était rattachée à Jersey par un isthme de vingt kilomètres de long.

C'est dire combien la péninsule armoricaine a pu modifier ses contours depuis la période préhistorique. Et comme la légende de la ville d'Is ne fait que cristalliser divers événements qui ont eu lieu au cours des millénaires de la Préhistoire, en leur donnant une connotation historique, on peut très bien imaginer une quantité invraisemblable de différentes villes d'Is englouties sur l'ensemble des côtes bretonnes. Et la tradition populaire ne se fait point faute d'en conserver le souvenir. A Plouguerneau (Finistère), c'est l'antique cité de Tolente qui a disparu, aux environs de la grève de Lilia : seules les circonstances de cette disparition demeurent mystérieuses, car on ne sait pas si la ville a été incendiée par les Normands ou si elle a été engloutie par un effondrement suivi d'un raz-de-marée. A Saint-Michel-en-Grève, à la limite des Côtes-du-Nord et du Finistère, il y a une cité engloutie, non pas sous la mer, mais sous les dunes de sable, à laquelle s'attache une curieuse histoire de dragon qui vit dans une caverne, dragon que le fameux roi Arthur a été incapable de maîtriser sans le secours du saint local, saint Efflam. Mais il est vrai que l'ombre de saint Michel rôde sur ce pays. Dans le sud de la Bretagne, de l'autre côté de la Loire, c'est la cité d'Herbauge qui est engloutie sous les eaux du lac de Granlieu. Dans la vallée de la Vilaine, au nord de Redon, il y a une ville disparue dans les marécages de ce qu'on appelle la « mer de Murin ». A Erquy, dans les Côtes-du-Nord, l'antique cité de Nasado gît au large, dans les eaux de la baie de Saint-Brieuc. Aux alentours de Carnac, notamment vers la pointe Saint-Colomban, des traditions confuses rapportent qu'il existait autrefois une ville magnifique. Mais là, c'est le sable qui a tendance à empièter sur la mer, puisque Quiberon était autrefois une île séparée de la terre ferme. Et si, dans le golfe du Morbihan, on ne parle pas d'une cité engloutie, il existe néanmoins un témoignage réel et visible : le fameux cromlech d'Er-Lannic qui est immergé, ce qui suppose un effondrement de terrain bien authentique.

Certes, on pourrait faire référence à des événements géologiques très anciens. Lors d'une des plus grandes avances de l'émersion du continent européen, à l'époque pliocène, c'est-à-dire en des temps relativement récents, quand apparaissaient les aurochs, les éléphants et les chevaux, la France et la Hollande étaient unies à la Grande-Bretagne et celle-ci à l'Irlande : cet ensemble formait un vaste promontoire occidental, à travers lequel serpentaient, vers le nord, le Rhin, grossi de l'Elbe, de la Tamise, de la Tweed et de la Tay, avant de se jeter dans la mer du Nord au large de l'Écosse, et la Seine. énorme fleuve qui recevait l'Orne, les rivières bretonnes du nord, dont l'Ille et la Rance, et toutes les rivières du sud de l'Angleterre, avant de se jeter dans l'Atlantique par un large estuaire qui s'étendait entre les côtes du Nord-Finistère et du Cornwall. Ces réalités géologiques expliquent en partie les légendes innombrables concernant les îles ou les villes disparues, même s'il convient d'accorder un sens très restreint au mot *ville* surtout dans une région qui, historiquement, n'a jamais connu de véritable urbanisation avant la fin du Moyen-Age.

Précisément, la légende de la ville d'Is n'est pas unique. Elle se retrouve, non seulement sur les côtes de la péninsule armoricaine, mais également en Grande-Bretagne et en Irlande. Il semble que le légendaire celtique se soit montré très vigilant à conserver ce type de catastrophes naturelles, souvent justifiées par la vengeance d'une divinité ou d'un être féerique.

C'est ainsi qu'au Pays de Galles, dans la baie de Cardigan, est localisée une légende identique à celle de la ville d'Is, celle de Gwyddno Garanhir. On la trouve rapportée dans un poème en langue galloise conservé dans le *Livre noir de Carmarthen,* et aussi dans une des mystérieuses *Triades de l'Ile de Bretagne,* qui concentrent, sous une forme ternaire, un nombre impressionnant de traditions relatives au Pays de Galles et à ceux qu'on appelle les Brittons, c'est-à-dire les Bretons, les Cornouaillais et les Gallois. On peut en effet lire, dans les *Triades* le résumé suivant : « Trois ivrognes dans l'âme de l'Ile de Bretagne. Le troisième fut Seithynin Veddw (Seithynin l'Ivrogne), fils de Seithyn Saidi, roi de Dyved (sud-ouest du Pays de Galles), qui, dans son ivresse, lâcha la mer sur Cantre'r Gaelod (le pays du Bas-Fond) : tout ce qu'il y avait là de terres et de maisons fut perdu. Il y avait auparavant seize villes fortes, les plus importantes de Cymru (Pays de Galles), en exceptant Caerllion sur Wysg (ancien camp romain devenu l'une des résidences du fameux roi Arthur). Ce Cantre'r Gaelod faisait partie des domaines de Gwyddno Garanhir, roi de Caeredigiawn (Cardigan). » Cela arriva au temps d'Emrys Wletig (Aurelius Ambrosius, premier protecteur de Merlin et oncle d'Arthur, soit vers l'an 480 de notre ère). Les hommes qui échappèrent aux flots s'établirent en Ardudwy, dans le pays d'Arfon, les monts Eryri (le Snowdon) et d'autres lieux qui n'étaient pas habités auparavant.

Cette curieuse histoire n'est guère explicable que par le poème conservé dans le *Livre noir de Carmarthen.* Il est question d'une fontaine gardée par une jeune fille. On se demande évidemment pourquoi cette fontaine est gardée, mais on se rend compte qu'elle produit de l'eau en abondance et qu'il est nécessaire de la fermer pour éviter qu'elle ne déborde. C'est donc une jeune fille qui est chargée de cette mission. Or, un jour, dans son ivresse, le roi Seithynin, passant à proximité de la fontaine, eut envie de la gardienne et la viola. On ne dit pas si la jeune fille n'y trouva pas quelque plaisir, mais durant ce temps, la fontaine déborda, et le pays fut entièrement recouvert, livrant ainsi passage à la mer, dans ce qui est aujourd'hui la baie de Cardigan. Et le poème insiste sur le sacrilège commis :

« Seithynin, lève-toi, sors d'ici et regarde
la verte ligne de bataille des flots.
La mer a recouvert la terre de Gwyddno.
Maudite soit la jeune fille
qui a libéré, après avoir gémi,
gardienne de la fontaine, la mer redoutable.
Maudite soit la jeune fille
qui a libéré, après avoir lutté,
gardienne de la fontaine, la mer dévastatrice... »

En somme, la jeune fille qui est gardienne de la fontaine a beaucoup à voir avec la Dahud de la légende de la ville d'Is. Dahud avait en charge — ou du moins son père Gradlon l'avait — une clef qui ouvrait et fermait les grandes écluses de la ville d'Is. La jeune fille du poème gallois, même si elle est violée par le roi, néglige sa fonction, et la catastrophe ne se fait point attendre. Il y a une similitude étonnante : le cataclysme qu'on pourrait croire naturel est le fait d'une femme qui a négligé ses devoirs. C'est pourquoi, d'après la légende armoricaine, elle est vouée au Diable, d'après le poème gallois, franchement maudite. On ne peut pas, non plus, oublier le texte arthurien de l'*Élucidation,* qui est la préface de tout le cycle du Graal, et où l'on voit le roi Amangon, ivre, violer une des gardiennes du Graal, dispensatrices des breuvages mystérieux offerts aux voyageurs. Mais, ce qui est remarquable, dans la légende galloise, c'est que la mer envahit le pays, d'ailleurs, un *pays bas* (sens de *Cantre'r Gaelod*) en rapport avec Ker-Is, la « ville basse », à partir du débordement d'une fontaine qui n'était plus surveillée par une femme.

Ce thème, on le retrouve exactement identique, dans une légende irlandaise, celle de *l'inondation du lac Neagh.*

L'histoire nous apparaît comme un peu complexe. Un roi de Munster a deux fils, Rib et Ecca. Ecca manifeste violemment son indépendance à l'égard de son père, et un beau jour, « manœuvré par sa marâtre Ebliu, il causa un grave affront à son père et s'enfuit de Munster avec tous ses gens. Et son frère Rib, et sa marâtre Ebliu partirent avec lui ». Il n'est certes pas difficile de deviner quel genre d'affront Ecca fait subir à son père. Le fait qu'il ait été « manœuvré » par sa marâtre et que celle-ci l'accompagne dans sa fuite, ne laisse aucun doute sur le genre de relations qu'Ebliu pouvait entretenir avec son beau-fils. Ebliu était une Phèdre qui n'avait pas eu peur d'aller jusqu'au bout.

Bref, les fugitifs s'en vont vers le nord et les druides leur disent qu'il n'est pas souhaitable que les deux frères s'établissent au même endroit. Sans doute craignent-ils que les relations de la belle-mère et du beau-fils Ecca ne se répercutent sur son frère Rib. Les frères se séparent donc. Rib et ses gens vont se fixer dans la plaine d'Arbthenn, « et là l'eau d'une fontaine jaillit devant eux de la terre et les noya tous ». Mais ce qui arrive à Ecca est plus compliqué et bien plus étrange. Ecca et ses gens atteignent en effet Brugh-na-Boyne, c'est-à-dire New-Grange, le tertre où règne Oengus, le Mac Oc, fils de Dagda. Ils s'arrêtent pour se reposer. Oengus vient à eux et leur ordonne de quitter l'endroit sans délai. Comme ils sont épuisés de fatigue, ils ne l'écoutent pas et plantent leurs tentes devant le tertre de la Brug. Oengus, furieux, fait périr tous leurs chevaux en une nuit, mais le lendemain matin, cédant aux reproches d'Ecca et manifestant sa compassion, il leur donne un cheval tout harnaché afin qu'ils puissent transporter leurs bagages. Cependant, Oengus fait à Ecca une recommandation très importante : « Veillez à ce que ce grand coursier soit constamment en train de marcher au pas et ne lui donnez pas un seul moment de repos, car autrement, il serait cause d'une mort certaine. »

Les paroles d'Oengus sont assez énigmatiques. De toute évidence, le cheval en question est un animal de l'Autre Monde, doué de certains pouvoirs que les êtres humains ne sont pas capables de comprendre. Ecca et sa troupe repartent avec le cheval et parviennent dans une plaine où ils décident de s'établir. Mais lorsque chacun s'efforce de récupérer son bien sur le cheval, ils oublient de le maintenir au pas. « Et au moment où il s'arrêta, une fontaine magique surgit sous ses pattes ». Ecca est fort troublé par ce phénomène [1], et se souvenant de l'avertissement d'Oengus, il fait construire une maison autour de la fontaine et établit sa propre forteresse à côté pour mieux pouvoir la surveiller. « Et il choisit une femme pour prendre soin de la fontaine, chargeant celle-ci de garder strictement la porte fermée, sauf quand les gens de la forteresse viendraient chercher de l'eau. »

Par la suite, Ecca acquiert la souveraineté sur la moitié de l'Ulster. Une ville se fonde autour de la forteresse d'Ecca. Il a, probablement, d'Ebliu deux filles, Ariu et Libane. Ariu épouse une sorte de prophète à moitié fou, Curnan le Simple. Ce Curnan se répand partout en lamentations et prédit qu'un jour, « un lac surgirait au milieu d'eux à cause de la fontaine et qu'il était urgent de construire des bateaux ». Il prédit également la mort « de tous les êtres vivants de cette plaine, à l'exception d'un certain Conaing, de Libane et de lui-même ». Il se lance dans des tirades prophétiques :
« Je vois l'eau surgissante, un torrent vaste et profond, je vois notre chef et tous ses hôtes engloutis sous la vague, et aussi Ariu, ma mieux aimée — hélas! je ne peux la sauver! —. Mais Libane, à l'est et à l'ouest, nagera longtemps sur les rivages de l'océan, près des rivages mystérieux et des îlots obscurs et dans la grotte profonde de la mer. »

Bien entendu, comme Cassandre à Troie — et comme

1. Dans un autre texte irlandais (*Revue celtique,* XV, p. 481), la même aventure chez Oengus arrive non pas à Ecca, mais à Rib. C'est Mider de Bri Leith, le père adoptif d'Oengus, qui lui donne un cheval. Mais le cheval se met à uriner tellement fort que Rib doit construire une maison autour de lui. Trente ans plus tard, l'urine déborde et noie le pays sous un lac. On mettra en rapport ce récit avec des traditions multiples concernant Gargantua qui créé des lacs en urinant. Dans l'épopée irlandaise elle-même, la reine Mebdh, à la fin d'un combat prolongé, urine tellement longtemps qu'elle provoque un véritable lac qui, depuis, est appelé Fual Mebdh, c'est-à-dire « Urine de Mebdh ».

saint Gwenolé à la ville d'Is —, Curnan ne rencontre aucun écho à ses paroles qui sont autant de prophéties de malheur, et tout le monde lui rit au nez. « Alors, la femme qui avait été chargée de la fontaine, à une certaine occasion, oublia de fermer la porte... Immédiatement l'eau s'engouffra dans la plaine et forma un grand lac... Ecca, toute sa famille et tous ses gens furent noyés, à l'exception de sa fille Libane, de Curnan le Simple et de Conaing. »

L'analogie avec la légende de Cardigan et celle de la ville d'Is est on ne peut plus nette. Il s'agit du même schéma, de la même histoire, avec un même rôle pour la femme chargée de veiller sur le danger que représentent les eaux, que ce soit la mer, retenue par des digues et des écluses, que ce soit l'eau d'une fontaine qui menace de déborder. Et comme dans la légende de la ville d'Is, Libane — qui est sans doute la femme chargée de veiller sur la fontaine — ne meurt pas, bien qu'elle soit engloutie par les eaux : « Elle vécut une année entière, avec son petit chien, dans une chambre sous le lac. » C'est ici le thème connu du palais sous l'eau, qui réapparaîtra dans les romans arthuriens avec Viviane, la Dame du Lac. A la fin de l'année, Libane commence à s'ennuyer ferme, ce qui est très naturel. Alors, elle prie et demande à Dieu de devenir un saumon, « afin de nager avec les autres sur la mer claire et verte. A ces mots, elle prit la forme d'un saumon; seuls sa figure et ses seins ne changèrent pas ». Alors elle nage pendant trois cents ans avant d'être repêchée par saint Congall qui la baptise et lui donne le nom de Muirgen (= née de la mer). Et elle meurt aussitôt baptisée.

Il est bien évident que cette Libane-Muirgen est l'un des prototypes de ces *mary-morgans,* ces sirènes celtiques qui hantent les rivages et les lacs de la Bretagne armoricaine, du moins dans la tradition populaire. Le légendaire breton abonde en histoires où quelqu'un rencontre Dahud, sous forme d'une sirène, errant entre deux eaux en attendant que resurgisse la ville d'Is. Il y aurait aussi beaucoup à dire sur le nom de Muirgen *(morigena)* qui est à l'origine du nom de la fée Morgane, image d'une antique divinité féminine qui vit dans une île merveilleuse (ou dans une grotte) en tant que fée des eaux ou déesse-mère. Un même genre de malédiction frappe Dahud et Libane : leur naissance est illégitime, voire incestueuse; leurs pouvoirs magiques les rendent redoutables et invulnérables, mais ces particularités ne sont pas sans contrepartie. Dahud est la gardienne des écluses de la ville d'Is. Libane est la gardienne de la fontaine. Au moment où elles faillissent à leur mission, elles déclenchent des cataclysmes. Car une inondation comme celle de la ville d'Is, comme celle du lac Neagh, exactement comme la disparition de l'Atlantide, ne peut avoir lieu que sous la forme d'un châtiment. Il y a eu une faute, et c'est une femme qui l'a commise. Il est dommage que le texte de Platon ne fasse pas référence à une telle faute commise par une prêtresse ou une divinité des Atlantes. Mais on peut être sûr que dans le schéma primitif de ce récit à demi historique, à demi légendaire (l'un ne va pas sans l'autre), il devait y avoir un détail de ce genre.

Cela dit, par sa diffusion dans les pays celtiques, le thème de la ville engloutie prouve qu'il revêtait une importance particulière pour les Celtes. Et il n'est peut-être pas inutile d'étudier ce phénomène dans son contexte historique, géographique et mythologique.

L'écrivain latin Ammien Marcellin, citant un ouvrage perdu du Grec Timagène, déclare avec beaucoup de netteté : « Selon les antiquités druidiques, la population de la Gaule n'est indigène qu'en partie, et s'est recrutée à diverses reprises par l'incorporation d'*insulaires étrangers venus d'au-delà des mers*, et de peuplades transrhénanes chassées de leurs foyers, soit par les vicissitudes de la guerre, état permanent de ces contrées, soit par l'*invasion de l'élément fougueux qui gronde sur leurs côtes* » (Ammien Marcellin, XV, 9). Voilà deux informations très importantes qui, d'ailleurs, sont corroborées par une réflexion du géographe grec Strabon : « Comment admettre, dit-il, que les Cimbres aient été *chassés de leur primitive demeure par une grande marée de l'océan*... quand nous les voyons aujourd'hui même occuper les mêmes lieux qu'ils habitaient naguère? » (Strabon, VII, 2). Il ne faut pas se méprendre sur les Cimbres : à l'époque de Strabon, les Cimbres occupaient effectivement leur territoire d'origine, dans le sud du Jutland, et c'était un peuple germanique parlant une langue celtique (le mot *Cimbres* est lui-même d'origine celtique, comparable à celui du Pays de Galles, *Cymru,* et signifie « gens du même pays »). Mais, avant notre ère, et particulièrement au moment où une partie des Cimbres s'étaient précipités sur la Gaule et la *Provincia Romana,* au temps de Marius, on ne savait pas exactement qui était ce peuple bizarre : la plupart des auteurs du temps identifiaient les Cimbres comme étant des Celtes. La réflexion de Strabon veut donc dire que les Celtes avaient en effet la réputation d'être arrivés en extrême Occident après avoir été chassés de leur habitat primitif par des raz-de-marée dévastateurs.

Cela donnerait du poids à une hypothèse selon laquelle le mythe fondamental des Celtes, à savoir celui de l'engloutissement par la mer, provient d'une réalité historique, l'émigration des Celtes à cause de catastrophes survenues sur les côtes de leur pays d'origine. Ce pays d'origine, il se situe dans l'Europe centrale, mais certains Celtes se sont effectivement fixés dans le Jutland et sur les côtes de la Baltique, pendant un certain temps. Or il est prouvé que de grands bouleversements eurent lieu en Europe du Nord vers la fin de l'Age du Bronze. Aux alentours de l'an 1200 avant notre ère, on constate, d'après les données géographiques et géologiques, une baisse de niveau de tous les lacs, marécages et lagunes, ce qui est l'indice d'un climat sec et chaud faisant suite à une période humide et froide. C'est probablement de cette époque que date l'assèchement progressif de la mer turco-sibérienne dont il ne reste plus, de nos jours, que la mer Caspienne et la mer d'Aral. En effet, toutes les constructions que l'on peut dater de cette époque se sont éloignées des lignes anciennes du rivage, en direction de l'eau dont la présence est toujours une condition indispensable pour l'habitat. Les grandes forêts de l'Europe centrale et septentrionale s'éclaircissent. Dans les tourbières de l'Allemagne du Nord et de la Suède, un niveau de terrain sec correspond à la même période.

Il semble que ce soit là l'apogée de ce qu'on appelle la « civilisation des Détroits scandinaves », coïncidant avec l'arrivée des Doriens en Grèce, avec la civilisation des Champs d'Urnes sur l'Europe occidentale et centrale, et avec la civilisation du Bronze armoricain final, particulièrement riche et remarquable.

Or, après la première période de Hallstatt, c'est-à-dire vers l'an 600 avant notre ère, peut-être un peu avant, on constate que les villages lacustres furent abandonnés à la hâte par leurs occupants. Un brusque retour du climat humide et froid s'étendit sur l'Europe septentrionale : les tourbières scandinaves présentent, au-dessus de leur horizon sec, de nouvelles formations de tourbe. Sur toutes les côtes de la mer du Nord et de la Baltique, ce ne sont que marais débordants et rivages noyés. Les repères archéologiques montrent un déplacement prodigieux de populations fuyant les zones inondées et cherchant à gagner le sud. C'est à cette époque qu'il convient de situer la première et la plus importante migration brittonique en Grande-Bretagne, migration dont se font l'écho de tardives mais curieuses traditions galloises.

C'est d'abord la légende Hu Gadarn, qui relate une sorte de déluge dû à un monstre du nom d'*afang,* peut-être un castor gigantesque, qui rompit, d'après une des *Triades,* la digue de l'étang de Llion (= les flots). Hu Gadarn, avec ses bœufs cornus, traîna l'*afang* de l'étang à terre, après quoi la digue ne se rompit plus.

C'est ensuite la légende des hommes de Galedin : « La troisième invasion (dans l'île de Bretagne) fut celle des hommes de Galedin, qui vinrent sur des barques sans mâts, sans agrès, sur l'île de Gweith (*Vectis,* c'est-à-dire Wight), quand leur pays fut submergé. Ils obtinrent des terres de la nation des Cymry (les Gallois, mais le terme peut aussi désigner les Bretons avant l'arrivée des Saxons). Ils n'avaient aucun droit sur l'île de Bretagne, mais terres et protection leur furent accordées, et dans certaines limites : on leur avait imposé cette condition qu'ils n'auraient pas droit aux privilèges des vrais Cymry de race primitive avant la neuvième génération. « Cela laisserait supposer que lorsque les peuples brittoniques, ancêtres des Bretons, arrivèrent dans les îles Britanniques, il existait une population autochtone très importante. En tout cas, les Brittons avaient dû se réfugier dans l'île de Bretagne par suite de catastrophes sur leurs habitats primitifs, ces catastrophes étant incontestablement dues à des affaissements de terrain sur le bord de la mer par suite de tremblements de terre ou de raz de marée. Quant aux populations autochtones, ce devaient être les peuples de l'Age du Bronze et ce qui restait de descendants des peuples des Mégalithes.

En tout cas, la question se pose, à propos de ces migrations, de savoir exactement qui elles concernaient. Les Celtes, indubitablement. Mais ils n'étaient peut-être pas les seuls à avoir subi des cataclysmes. Alors, peut-on penser aux rescapés de l'Atlantide? Les dates ne correspondent pas. Il est bien certain que si la catastrophe qui a englouti l'Atlantide avait eu lieu seulement vers 600 ou 500 avant J.-C., Platon eût été plus explicite sur ce sujet, et d'autres auteurs grecs en auraient parlé abondamment sinon avec précision. Mais il est fort possible que les peuples brittoniques, fuyant leur pays d'origine englouti par les flots, se soient retrouvés chez des peuples qui, eux aussi, s'étaient établis là autrefois parce qu'ils avaient dû fuir leur territoire originel. N'oublions pas ce que dit Ammien Marcellin en reprenant Timagène : *« insulaires étrangers venus d'au-delà des mers »*. Il s'agit des populations autochtones que les Celtes ont rencontrés quand ils sont venus de l'est et du nord pour s'établir sur les zones les plus occidentales de l'Europe. Mais ces populations autochtones, elles venaient d'*au-delà des mers.* Ne seraient-ce point là les descendants des Atlantes?

La question mérite d'être posée. De toute façon, en se mêlant aux nouveaux venus Celtes brittoniques, les autochtones ont constitué avec eux de grands ensembles culturels à dominante celtique. C'est pourquoi le légendaire celtique apparaît si riche en traditions concernant des *catastrophes naturelles sur le rivage,* et aussi *une terreur invraisemblable de la mer.*

Car les Celtes ne sont pas des marins. Ils viennent tous de l'est. Ils ont tous plus ou moins franchi le Rhin. Ce sont des terriens. Et s'ils sont devenus des marins, c'est beaucoup plus tard, pour des raisons de survie, coincés qu'ils étaient sur les franges occidentales de l'Europe. Encore certains Celtes manifestent-ils leur crainte pour toutes les choses de la mer. La terreur qu'ils manifestent à propos de la mer est devenue un véritable rituel de conjuration contre les flots.

C'est encore chez Strabon que l'on découvre le plus de renseignements : « Je ne crois pas, dit-il, ce que nous dit tel historien, que les Cimbres (= les Celtes) menacent et repoussent de leurs armes le flot qui monte, ni ce qu'avance Éphore au sujet de Celtes ou Gaulois, que pour s'exercer à ne rien craindre, ils regardent tranquillement la mer détruire leurs habitations, se contentant de les rebâtir après, et que les inondations ont fait chez eux plus de victimes que la guerre » (Strabon, VII, 2). Strabon se montre fort sceptique. Il a tort : le rituel de l'eau est prouvé chez d'autres auteurs, comme Aristote. En effet, celui-ci, dans sa *Morale à Nicomaque* (VIII, 7), déclare : « Quand on va jusqu'à ne pas craindre ni un tremblement de terre, ni les flots soulevés, comme on prétend que font les Celtes. » Et, dans sa *Morale à Eudème* (III, 1), il ajoute : « Les Celtes prennent leurs armes pour marcher contre les flots. » Nul doute qu'il ne s'agisse d'une conjuration contre la mer. Et c'est aussi l'indication précieuse que, dans leurs traditions, les Celtes — y compris les peuples autochtones qu'ils avaient conquis et celtisés — ont le souvenir tenace des débordements de l'océan. Un curieux poème gallois attribué au barde Taliesin ne dit pas autre chose :

« Quand Amaethon vint du pays de Gwyddyon, de Segon à la puissante porte,
la tempête se déchaîna pendant quatre nuits en pleine belle saison.
Les hommes tombaient, les bois n'étaient plus un abri contre le vent du large.
Math et Hyvedd, maîtres de la baguette de magie, avaient libéré les éléments.
Alors Gwyddyon et Amaethon tinrent conseil.
Ils firent un bouclier d'une telle puissance
que la mer ne put engloutir leurs meilleures troupes »
(poème XV).

Le même Taliesin (ou celui qui prend son nom) fait également allusion, dans le mystérieux poème du *Cad Goddeu*, à la catastrophe de l'inondation :

« J'ai été dans la barque
avec Dylan, fils de la Vague,
sur une couche au centre,
entre les genoux des rois,
lorsque les eaux, comme des lances inattendues,
tombèrent du ciel
au plus profond de l'abîme... »
(poème VIII).

Et, en Irlande, de nombreux récits se font l'écho de ce même événement, comme s'il s'agissait d'une date fondamentale dans l'histoire de l'humanité. Mais, comme toute tradition épique ou mythologique représente une actualisation, une incarnation du mythe abstrait et immuable, de caractère immanent, chaque fois que ce mythe est exprimé, il se manifeste autour d'un personnage précis, et connu de la société à laquelle on s'adresse, dans des circonstances historiques ou pseudo-historiques qui sont censées représenter l'environnement dans lequel s'incarne l'événement.

Le célèbre récit du *Festin de Bricriu* présente en effet, parmi les épreuves auxquelles doit satisfaire le héros Cûchulainn, pour prouver qu'il est digne d'obtenir le « morceau du héros » face à ses compagnons d'armes Loégairé et Conall Cernach, une nuit de veille à la forteresse de Cûroi Mac Daeré. Cette nuit de veille consiste en une confrontation avec un monstre marin. Le monstre marin est un symbole bien connu de la fureur des flots : dans la basse vallée du Rhône, la Tarasque, connue par son appartenance au folklore de Tarascon, n'est en fait pas autre chose que l'image projetée des violentes crues du Rhône, et qui se fait mater par la sainte Marthe honorée à Avignon et en Arles. Donc, « ce soir-là, le monstre du lac, près de la forteresse, se promit d'avaler la forteresse avec tout ce qu'elle contenait, bêtes et gens... Cûchulainn entendit les eaux du lac se soulever avec un grand bruit de mer agitée par la tempête. Bien que grande fût sa fatigue, il voulut savoir ce qui causait ce terrible bruit. Il aperçut sur le lac un monstre qui dépassait trente coudées au-dessus de la surface de l'eau. Le monstre s'élança, sauta vers la forteresse et ouvrit une gueule assez grande pour l'avaler en entier. » Il est bien évident que ce monstre symbolise un raz de marée. Il faut aussi noter que ce raz de marée ne surgit pas de la mer, mais d'un lac, ce qui ne désigne pas forcément un véritable lac, mais une lagune, un marécage ou une anse à l'intérieur des terres, comme ces *ebyr* (pluriel d'*aber*) du Pays de Galles ou de Bretagne armoricaine, ou encore ces *lochs* d'Écosse sujets à tant de légendes et de superstitions. On ne peut ici que penser au célèbre monstre du Loch Ness. Cependant, comme Gwyddyon et Amaethon, qui sont respectivement divinité de la science et divinité des travaux agricoles dans le poème gallois attribué à Taliesin, le héros Cûchulainn, fils du dieu Lug, c'est-à-dire du dieu hors fonction qui est « multiple artisan », trouve le moyen de parer à cette catastrophe. Il réussit à tuer le monstre, sauve la forteresse et reçoit évidemment les félicitations dues à son exploit. On sait, par ailleurs, que ce genre d'exploit caractérise la science druidique : un druide est peut-être capable de déchaîner des tempêtes, il est également capable de les apaiser. Car il n'y a ni bon ni mauvais, ni blanc ni noir, mais des êtres doués de pouvoirs exceptionnels qui peuvent servir vers l'une ou l'autre polarité.

D'ailleurs, ce même Cûchulainn, du rôle de *protecteur* contre l'engloutissement, va passer au rôle d'engloutisseur dans une autre épopée irlandaise qui nous est malheureusement parvenue de façon tronquée et confuse. Cette fois, la victime en sera Cûroi mac Daeré, sorte de dieu de l'Autre Monde qui entretient des rapports ambigus avec le héros Cûchulainn, dont il est, par certains côtés, le double noir, c'est-à-dire le reflet à travers le miroir.

Cûroi a une femme, Blathnait, qu'il a autrefois ravie à Cûchulainn dans des circonstances assez troubles, lors d'une expédition faite pour ramener d'une île inconnue un chaudron qui pourrait bien être l'un des prototypes du Graal. Cûchulainn, qui n'a pas perdu l'envie de se venger de Cûroi, va trouver Blathnait, en l'absence de son mari. Blathnait écoute d'une oreille bienveillante les propositions de Cûchulainn dont elle est secrètement amoureuse, et elle consent à trahir Cûroi. Au jour fixé, afin de détourner l'attention de Cûroi, elle lui lave la tête dans un ruisseau et verse du lait dans le courant, signe destiné à prévenir Cûchulainn. Depuis ce temps, car la toponymie ne perd jamais ses droits, la rivière en question fut appelée Finglais, c'est-à-dire « blanc lait ». Cependant, Cûchulainn et sa troupe, avec le roi Conchobar d'Ulster, arrivent à proximité, et, à ce moment, le récit en prose de la *Mort de Cûroi* s'interrompt pour laisser place à un quatrain, sans doute un fragment d'ancien poème ayant servi de trame au récit lui-même :

« Cûroi mac Daeré vint sur eux.
Il tua cent hommes, puissant combattant :
il aurait bataillé avec Conchobar
si le monstre de la mer ne l'avait noyé... »

Ce quatrain n'est pas très explicite, c'est le moins qu'on puisse dire. Quel est ce monstre de la mer? Probablement celui qui a été vaincu auparavant par Cûchulainn lui-même dans d'autres circonstances. Le récit en prose donne cependant une explication : « Au moment où Cûroi allait combattre Conchobar, il aperçut sa forteresse en flammes, au nord de la mer. Alors, il alla vers la mer pour la sauver. Mais l'eau était profonde, et il se noya. » On peut alors imaginer que Cûroi et sa forteresse disparurent tout simplement à cause d'un raz de marée succédant à une conflagration (la forteresse en flammes).

Ce détail a son importance dans la mesure où, dans la plupart des récits mythologiques, le thème de l'engloutissement par les eaux fait suite à des événements où le feu intervient toujours de façon réelle ou symbolique. Dans le cas de la mort de Cûroi, la connotation est nette. Elle peut signifier une sorte d'éruption volcanique provoquant un raz de marée. Dans le cas de la ville d'Is, c'est l'apparition du « prince rouge », personnage satanique « aux yeux de braise » qui, en obligeant Dahud à dérober la clef des écluses, provoque la submersion de la ville. Dans la tradition universelle, deux thèmes se chevauchent ainsi, même si, dans la Bible hébraïque, par exemple, il semble qu'on ait éliminé le rapport de cause à effet.

Il s'agit du déluge. Tous les textes traditionnels en parlent, en font une description, et le présentent comme un châtiment divin. Mais le déluge, en lui-même, ne se justifie pas sans référence à une période d'assèchement préalable. C'est une loi naturelle : à une période de sécheresse succède une période d'humidité, et inversement. L'eau ne surgit pas de nulle part, et les régressions marines n'ont été que des condensations d'eau sous l'effet de la chaleur, cette eau étant en quelque sorte mise en réserve, mais toujours prête à retomber sur la terre. En un mot, le déluge n'est logique que si on fait référence au mythe de Phaeton, et ce n'est certainement pas un hasard si Platon, dans le *Timée,* par la voix du prêtre de Saïs, y fait allusion.

En effet, la fable de Phaeton rend compte de certains bouleversements qui ont eu réellement lieu sur notre planète à une époque qu'il est difficile de dater, mais qui ont dû correspondre à un changement dans l'axe de la terre. Il n'est pas question de prétendre que toute la terre s'est embrasée lors du passage fou du char du Soleil, mal conduit par le malheureux Phaeton : c'est une région limitée qui a subi les effets du rayonnement solaire, mais une région qui n'était point accoutumée à cette chaleur : d'où une sécheresse subite, et donc une désertification.

Par contre, d'autres régions qui étaient sèches et froides, ou tempérées, ont été brutalement soumises à une humidification, voire à un froid intense. Le déluge, lui aussi, n'a pas été universel et n'a concerné que des territoires très limités. D'ailleurs, on ne peut guère prétendre qu'il n'y a eu qu'un seul déluge : l'histoire de la terre a certainement connu de multiples événements de ce genre, parce que, sous l'influence de certaines comètes, l'axe de la terre a changé. Ainsi s'expliquent les périodes glaciaires et subglaciaires. Ainsi s'expliquent certaines anomalies, notamment le fait que dans les déserts de Gobi et du Sahara, il y ait eu autrefois de la végétation et de l'humidité. Cela pourrait fournir des arguments à ceux qui placent l'Atlantide dans le Sahara, mais ne prouve rien.

L'histoire de la ville d'Is, si présente dans la tradition des Celtes, témoigne de faits réels qui ont dû se produire à différentes époques et qui se sont cristallisés dans un seul exemple, le plus significatif et également le plus symbolique, se chargeant, à l'arrivée, de tout un contenu fantasmatique. Une psychanalyse de la légende d'Is peut, en effet, faire apparaître un mythe d'origine, à savoir la catastrophe de la naissance et le désir inconscient de retourner dans les eaux mères, ce qu'on appelle le *regressus ad uterum :* car la ville d'Is n'a pas été détruite, elle a seulement été recouverte par les eaux, et elle est prête à resurgir à tout moment.

Il en est de même pour l'Atlantide. A partir du moment où l'on admet que le texte de Platon renferme une réalité profonde, même si la description donnée fait la part belle au mythe et à l'affabulation, cette réalité profonde demeure présente dans l'inconscient humain : l'abondance et la variété des recherches entreprises pour retrouver — d'une façon ou d'une autre — ce continent disparu en sont une preuve éclatante. Peu importe de savoir où gît l'Atlantide réelle : elle se trouve en nous, dans notre inconscient. De même que la légende d'Is semble le mythe fondamental de la tradition celtique, l'histoire de l'Atlantide fait partie de l'inconscient humain et donc de la tradition universelle. Les événements qui frappent l'imagination imprègnent si fort la conscience que celle-ci, ne pouvant s'en débarrasser complètement, se contente bien souvent de les refouler dans l'inconscient. Mais, comme on le sait, plus ces événements sont refoulés, plus ils ont tendance à vouloir resurgir, et ils prennent alors des colorations et des aspects symboliques qui ne correspondent pas forcément avec la réalité vécue, à plus forte raison si ces événements ont eu lieu dans un temps des origines, dans un *illo tempore* indéfinissable mais chargé d'éléments qui les sacralisent.

Il n'y a aucune raison de douter de l'existence de cette Atlantide, pas plus qu'il n'y a de raison de douter de l'existence d'une ou plusieurs villes d'Is en Bretagne. Peut-être y a-t-il même eu plusieurs Atlantides dont les caractéristiques ont été épurées, filtrées, schématisées dans le récit de Platon. Le problème qui se pose alors est de savoir ce qui peut bien rester de visible et de palpable de ces continents, de ces îles ou de ces villes disparus.

Car tout événement laisse des traces. Car toute catastrophe suscite des survivants. Ce sont ces survivants qui, en principe, viennent témoigner de ce qui s'est déroulé. Il est donc tout aussi intéressant de découvrir si des Atlantes ont survécu au cataclysme, et ce qu'ils sont devenus, que de connaître avec exactitude l'emplacement de l'Atlantide.

On ne sait rien de sûr, et on ne pourra jamais avoir de certitude absolue dans un domaine où l'Histoire et le Mythe sont mêlés de façon si inextricable. Mais on ne s'est point fait faute d'émettre toutes les hypothèses possibles et imaginables. On a dit que les Atlantes qui avaient échappé au cataclysme s'étaient réfugiés en Amérique, et qu'ils étaient les ancêtres des Amérindiens. Il est vrai que ces théories ont été émises alors que l'on croyait à l'existence d'une race rouge. Et l'on avait tendance à considérer les Atlantes, avec tout leur mystère, comme les représentants d'une race supérieure, ayant atteint un haut degré de civilisation, mais ayant perdu le contrôle de leurs connaissances : d'où leur chute, leur quasi-disparition, et une certaine tentative de renaissance à travers les civilisations du Mexique et de la Cordillère des Andes. Les Aztèques, les Toltèques, les Mayas, descendants des Atlantes et tentant, par leurs somptueux monuments, parfois perchés à des hauteurs impressionnantes, dc reconstituer l'empire d'Atlantis? Pourquoi pas? Malheureusement, les Amérindiens sont des gens de race jaune, et ils sont venus d'Asie. Et il n'y a jamais eu de « race rouge », comme on l'affirmait encore, avant la Seconde Guerre mondiale, dans les manuels scolaires.

On a prétendu que les descendants des Atlantes étaient les Kabyles et les anciens Égyptiens, parents lointains, et qui font partie d'une race hamite bien différentes des Sémites. Les temples égyptiens n'étaient-ils pas les témoignages les plus certains des connaissances architecturales que les Atlantes — brillants architectes, si l'on en croit Platon — avaient léguées à leurs descendants? Hypothèse séduisante qui permettait d'expliquer la grandeur de la civilisation égyptienne, et cela d'autant plus que notre connaissance de l'Atlantide passe, toujours selon Platon, à travers la tradition des prêtres de Saïs. Le malheur, c'est qu'avant les Pyramides de la vallée du Nil, il y avait les monuments mégalithiques de New-Grange, de Barnenez et de Gavrinis, et que ce sont vraisemblablement eux qui ont inspiré, après de multiples mutations et remaniements, les célèbres Pyramides. Alors, si les Atlantes ont des descendants, c'est peut-être sur les rivages de l'Atlantique qu'il faut aller les chercher, parmi les constructeurs de mégalithes.

On a dit qu'après la catastrophe de l'Atlantide, les survivants se sont éparpillés dans le monde, en suivant les rivages de la Méditerranée, et qu'ils sont allés jusqu'en Inde, pour en revenir ensuite : ce seraient les Indo-Européens, que certains ont préféré appeler les Aryens (avec une connotation nettement raciste), et qui auraient ainsi transmis, parfois sans trop s'en rendre compte, des bribes de la civilisation atlante aux Grecs, aux Italiotes, aux Germains et aux Celtes. Pourquoi pas? Mais alors, quel est le peuple indo-européen qui a recueilli le mieux l'héritage? Les réponses varient selon les nationalités de ceux qui répondent, et souvent la passion se met à étouffer la recherche objective. C'est ainsi qu'on a pu entendre dire que la race germanique était la race atlante à l'état pur. C'est ainsi qu'on a pu prétendre que le druidisme était l'expression la plus parfaite de la tradition atlantéenne, venue par l'ouest, et conservée avec beaucoup de soin encore de nos jours. Il faudrait d'abord savoir ce qu'*était* le druidisme pour se permettre une telle affirmation péremptoire.

Ce qui est certain, c'est que la civilisation des Atlantes, en prenant le postulat que l'Atlantide a été une réalité, a dû laisser des traces. Mais quelles traces? Et à qui les a-t-elle laissées?

Autant de questions qui risquent de demeurer sans

réponses tant qu'on ne découvrira pas de vestiges authentiques.

Mais il est possible de formuler, à partir de différents éléments qui n'ont pas toujours été pris en considération, des hypothèses limitées, en fonction de ce qu'on sait et de ce qu'on ne sait pas, et en évitant de tomber dans le piège du lyrisme et du prophétisme.

Ces deux éléments sont, d'une part, les monuments mégalithiques, d'autre part, le mystérieux peuple des Vénètes. Et comme les plus grandioses manifestations de la civilisation mégalithique se trouvent précisément sur le territoire autrefois occupé par le peuple des Vénètes, il est fort possible qu'il existe une corrélation entre ces deux éléments. Après tout, cela concerne essentiellement les rivages de l'océan Atlantique, et jusqu'à plus ample information, il serait plus logique de rechercher les descendants ou les héritiers des Atlantes du côté de l'Atlantique que de l'Oural.

## III

## LE PROBLÈME DES VÉNÈTES

Les grands champs mégalithiques de Carnac, les grands tertres de Locmariaquer et des alentours sont situés en plein cœur d'un pays maritime occupé autrefois par le peuple gaulois auquel on donne le nom de Vénètes, nom qui se reconnaît encore de nos jours dans celui de la ville de Vannes (en breton, *Gwened*). Ces Vénètes avaient étendu leur territoire sur toute la partie maritime de l'actuel département du Morbihan, sur la presqu'île de Guérande, en Loire-Atlantique, et sur une partie de la Cornouaille (Finistère-Sud) jusqu'à la rivière de l'Odet. Telle était du moins leur situation lorsqu'ils entrèrent dans l'histoire, en 56 avant J.-C.

Depuis deux ans, Jules César, à la tête de ses légions, avait imposé l'autorité romaine sur la plus grande partie de la Gaule, y compris la péninsule armoricaine, peuplée alors, en plus des Vénètes, par les *Namnetes* de Nantes, les *Redones* de Rennes, les *Curiosolitae* de Corseul et Dinan, les *Osismi* du Finistère-Nord et les *Corisopites* du Finistère-Sud. Cette péninsule armoricaine est particulièrement surveillée par les Romains qui y voient une position stratégique de première importance, et une sorte de plaque tournante permettant de surveiller toute la navigation sur l'océan entre l'Espagne et les îles Britanniques. C'est pourquoi l'Armorique va être particulièrement romanisée, parsemée de voies romaines, hérissée de postes militaires et de bornes militaires. C'est sans doute cette pesanteur particulière de l'occupation romaine qui est à la base de la révolte de 56. Il est certain que la présence romaine nuisait au principal peuple de l'Armorique, les Vénètes, qui étaient les plus riches et les plus actifs de cette région.

Comme Publius Crassus, lieutenant de César, avait établi les quartiers d'hiver de la septième légion chez les *Andegavi* de l'Anjou, il avait envoyé des tribuns chez tous les autres peuples du voisinage pour y chercher du blé. Ces « réquisitions » ne furent pas du goût des Gaulois. Et les Vénètes, prenant conscience du mécontentement général qui se manifeste, se saisissent de l'occasion. Leur but est clair : susciter une sorte de croisade contre l'occupant romain et retrouver une indépendance qu'ils jugent seule capable d'assurer la bonne marche de leurs affaires. Les Vénètes retiennent comme prisonniers les deux tribuns romains qui venaient chercher du blé, et déclarent qu'ils ne les rendront que s'ils récupèrent les otages qu'ils avaient dû, comme tous les autres peuples gaulois, envoyer à Rome.

C'est le signal. Spontanément, les peuples voisins suivent l'exemple des Vénètes, comme s'ils n'attendaient que cet acte pour passer à l'offensive. Une alliance rapide, mais probablement mal concertée, se forme entre eux. On fortifie les villes, on y entasse des réserves. Toute la flotte est assemblée chez les Vénètes qui font vraiment figure et fonction de chefs de cette confédération maritime. Elle part de la Loire et va jusqu'au Pas-de-Calais en groupant non seulement les peuples de la péninsule armoricaine, mais aussi les *Diablintes* de la Mayenne, les *Lexovii* du pays d'Auge, les *Ménapes* et les *Morini* du nord. On demande même aide et assistance aux peuples de la Bretagne insulaire qui sont les frères et les clients des peuples de la confédération.

César, prévenu aussitôt par Crassus, juge la situation fort dangereuse. Il ne perd pas de temps : il ordonne qu'on construise des navires de guerre sur la Loire. Pour éviter que les Belges, dont il n'est pas sûr de la fidélité, ne lui tombent sur le dos, il envoie Labienus surveiller cette partie de la Gaule. Pour empêcher les Aquitains de fournir des renforts aux Armoricains, il dépêche Crassus de l'autre côté de la Loire, ce qui permettra d'ailleurs aux Romains de consolider leurs positions dans cette région encore très mal soumise. Il place Titurius Sabinus dans le centre de la Normandie, établit des garnisons chez les *Redones* afin de surveiller les arrières de la confédération. Ayant ainsi, avec une étonnante précision, isolé la révolte, il entreprend de combattre lui-même ceux qui en sont la cheville ouvrière, c'est-à-dire les Vénètes.

Les difficultés ne manquent pas. Si les Vénètes sont « supérieurs aux autres par la science et l'expérience de la navigation » (César, III, 8), les Romains, eux, ignorent et redoutent la navigation sur l'océan dont les marées et les tempêtes les inquiètent et les déconcertent souvent. Les navires vénètes sont plus plats que ceux des Romains, et plus aptes non seulement à naviguer sur des bas-fonds mais également à soutenir l'assaut des vagues. Leurs voiles sont en cuir et leur masse en chêne si solide que les éperons romains sont sans effet sur eux.

César se méfie. Il ne se sent pas à l'aise sur mer parce qu'il sait que les Vénètes s'y trouvent très bien. Il essaie donc de prendre sa revanche sur terre en visant les villes des Vénètes. Mais, là encore, il y a un problème : les forteresses des Vénètes sont « situées à l'extrémité de langues de terre et de promontoires, en sorte qu'on ne peut y accéder à pied quand la mer est haute, et qu'elles ne sont pas plus accessibles aux navires, ceux-ci s'échouant inévitablement à marée basse » (III, 12). César décide alors d'attendre les renforts de navires qu'il fait construire en hâte sur la Loire. Quand ces navires arrivent, une flotte vénète de vingt unités surgit d'un port et vient se ranger face aux Romains.

On a beaucoup discuté du lieu de cette rencontre. On a proposé tour à tour la Grande Brière, l'embouchure de la Vilaine, le goulet du golfe du Morbihan entre Port-Navalo et Kerpenhir en Locmariaquer, et même l'entrée de la rivière d'Auray, à l'intérieur du golfe du Morbihan.

Certes, au premier siècle avant notre ère, la Grande Brière était encore un bras de mer, avec de nombreuses îles et des bas-fonds. On a retrouvé les vestiges d'une forteresse celtique à Sandun (Sandunum) et, non loin, un véritable port que localement on identifie à Corbilo, et qui passe pour avoir été le lieu du débarquement de César en Armorique. D'autre part, le territoire des Vénètes descendait effectivement jusqu'à la Loire, englobant la presqu'île de Guérande, Le Croisic et Saint-Nazaire, comme en témoignent les anciennes limites de l'évêché de Vannes et la persistance de la langue bretonne dans la presqu'île guérandaise jusqu'à la fin du siècle dernier. Mais il est plus vraisemblable de voir en Corbilo la tête de pont de César, et dans la Brière, si proche de la Loire et alors son prolongement naturel, l'endroit où furent construits les navires romains de renfort.

L'embouchure de la Vilaine ne paraît pas devoir retenir l'attention : la flotte vénète, précise César, sortit immédiatement d'un port à l'arrivée des navires romains. Or, il n'y a jamais eu de port sur la Vilaine en aval de La Roche-Bernard, qui est situé beaucoup trop loin pour permettre cette rencontre immédiate.

Tout laisse à penser que la bataille navale contre les Vénètes s'est déroulée en plein cœur du pays vénète, c'est-à-dire à l'entrée du golfe du Morbihan ou dans ses environs immédiats. L'embouchure de la rivière d'Auray, à l'intérieur même du golfe, serait évidemment l'endroit idéal si l'on s'en tient à la situation actuelle du terrain :

mais, à l'époque de César, le golfe était avant tout un marécage, et le niveau des eaux n'aurait pas permis à une flotte, qu'elle soit vénète ou romaine, de manœuvrer avec aisance en dehors du chenal constitué par la rivière d'Auray. Stratégiquement et géologiquement, il vaut mieux choisir le goulet qui se trouve entre Port-Navalo et Kerpenhir, ou mieux, le grand large, le long des côtes rocheuses qui vont de l'entrée du golfe à la pointe du Grand-Mont, à Saint-Gildas-de-Rhuys. Cela n'empêchait nullement les navires vénètes de sortir du port de Locmariaquer — qui était le grand port des Vénètes — et de se présenter immédiatement devant les navires romains arrivant par le sud en longeant la côte. On sait également que le fameux tumulus de Tumiac, en Arzon, parfois nommé « Butte de César », a très bien pu servir d'observatoire au proconsul pour surveiller les péripéties de la bataille navale. César avait dû se frayer un chemin terrestre, depuis la Grande Brière à travers le bas pays vénète, jusqu'à la presqu'île de Rhuys qu'il devait considérer comme l'endroit idéal pour masser ses troupes, face au cœur du pays vénète, face surtout à Locmariaquer qui était le port principal et la capitale de ce peuple.

La flotte romaine venait évidemment de la Grande Brière. Elle avait dû d'abord descendre la Loire, dans laquelle se jetaient les eaux de la Brière, contourner la pointe du Croisic, longer les côtes en évitant de passer trop près de Houat et d'Hoedic qui devaient être des postes de surveillance des Vénètes, et parvenir enfin au large d'Arzon. La flotte vénète, elle, n'avait qu'à sortir de son abri de Locmariaquer pour se trouver, quelques minutes plus tard, au-delà du goulet, en plein large, prête à affronter les ennemis.

Ainsi donc en présence, les deux flottes s'observent un long moment. Brutus, le fils adoptif de César, futur conjuré des Ides de mars, qui commande la flotte romaine, ne sait trop ce qu'il doit faire. Il sait que ses éperons sont impuissants pour fracasser les navires vénètes. Les Vénètes, qui sont juchés sur les poupes plus élevées de leurs navires, sont en position dominante : ils font pleuvoir un déluge de flèches sur les Romains.

C'est alors que les avis des historiens et des témoins diffèrent. César (III, 14) laisse entendre qu'il avait donné ordre aux Romains de préparer de longues perches munies de faux. Les Romains s'en servirent pour couper les cordes qui retenaient les voiles des navires vénètes. Les Vénètes se trouvaient donc dans l'incapacité de bouger, car ils ne naviguaient qu'à la voile, tandis que les Romains utilisaient des rames. Chose bizarre, Strabon (IV, 4), qui relate pourtant le stratagème des perches munies de faux, déclare que les Vénètes avaient l'habitude de fixer leurs voiles non pas avec des cordes, mais avec des chaînes de fer. On ne voit pas comment des faux, si acérées fussent-elles, eussent pu couper ces chaînes en fer. Strabon semble mélanger ses informations. César ment incontestablement. Tout s'éclaire grâce à Dion Cassius (XXXIX, 40-43) qui suit ici un passage perdu de Tite-Live. Dion Cassius raconte en effet que Brutus fut attaqué par les Vénètes alors qu'il était au mouillage, et qu'il ne dut son salut et sa victoire finale qu'au plus grand des hasards : le vent tomba brusquement et les navires ennemis furent arrêtés dans leur offensive et, par la suite, dans leur fuite, alors que les navires romains munis de rames n'avaient nul besoin de vent.

Quoi qu'il en soit, c'est la catastrophe pour les Vénètes. Et comme les chefs se trouvaient sur les navires immobilisés, ce fut bientôt la reddition de toute l'élite du peuple. César réagit très brutalement : il fait mettre à mort les sénateurs (III, 16) et fait vendre le reste à l'encan. On n'entend plus parler des Vénètes pendant les années suivantes.

César savait probablement ce qu'il faisait en éliminant ainsi ce peuple des Vénètes. Certes, ils avaient osé le défier et mettre en péril son système de colonisation dans les Gaules. Certes, ils étaient actifs et virulents. Mais le proconsul savait également que les Vénètes représentaient une force économique incontestable. Ce commerce des Vénètes, leur richesse, attestée par les nombreuses monnaies en or découvertes, leurs rapports permanents avec d'autres peuples dont ils étaient en quelque sorte les guides et les maîtres à penser, tout cela a dû peser lourd dans l'esprit du Romain, aussi fin politique qu'il était bon stratège. Les Vénètes, d'après ce qu'il dit lui-même, étaient les maîtres absolus de la navigation et du commerce maritime, non seulement sur l'Atlantique, mais également sur la Manche, et ils avaient en quelque sorte l'exclusivité des relations avec l'île de Bretagne. Cela représentait donc une force considérable. Et parmi les raisons de l'hostilité des Vénètes contre les Romains, Strabon (IV, 4) signale la volonté farouche de ceux-ci « d'empêcher César de passer en Bretagne ». Ils auraient sans doute pu le faire. Mais c'est le signe évident que les Vénètes avaient partie liée avec les peuples de l'île de Bretagne, et qu'ils occupaient dans la société gauloise et bretonne de l'époque une place privilégiée, comparable à celle des Héduens de Bourgogne et des Arvernes du Massif Central sur le plan continental.

Qui étaient donc ces redoutables Vénètes?

Une première réponse s'impose : des marins.

Certes, leur implantation sur le littoral du sud de la péninsule armoricaine facilitait cette activité maritime. Mais on aurait pu en dire autant des autres peuples du nord de la péninsule ou de ceux des rivages de Normandie. Ce qui est surprenant, c'est de voir les Vénètes, tournés vers le sud, donc face à la péninsule ibérique, se retrouver les maîtres du commerce maritime sur la Manche, c'est-à-dire à l'opposé de leurs bases, et très loin de leurs ports.

L'explication est simple : les Vénètes n'étaient pas des Celtes, mais un peuple autochtone, ou venu d'ailleurs, qui avait été celtisé, qui parlait le même langage que les autres Celtes, qui avait la même religion et la même culture, mais qui n'avait pas la même origine. D'ailleurs, de nos jours encore, la plupart des habitants du pays vannetais, qui, en principe, sont les lointains descendants des Vénètes, n'offrent pas les mêmes caractéristiques physiques que les autres Bretons : ce sont des individus en majorité de type atlanto-méditerranéen alors que les autres sont en majorité de type alpin. Et, de plus, les Vannetais parlent un dialecte breton sensiblement différent de celui qui est parlé par les autres bretonnants.

Les Vénètes sont des marins, ce que ne sont pas les Celtes d'une façon générale, contrairement à l'opinion courante. C'est évident quand on regarde attentivement l'histoire et la mythologie des Celtes. Ils sont venus en extrême Occident par voie de terre. Ils sont des pasteurs et des agriculteurs, des artisans confirmés dans le domaine métallurgique. Ils sont des habitués des forêts au milieu desquelles ils établissent leurs temples en plein air. Et s'ils sont devenus des marins, surtout depuis le Moyen Âge, c'est qu'ils ne pouvaient pas faire autrement, rejetés qu'ils étaient sur les promontoires les plus occidentaux de l'Europe. En langue bretonne, la mer *(ar mor)* est du genre masculin, ce qui est significatif d'un état d'esprit : en fait, on se bat contre la mer comme on se bat contre un ennemi. Tout le reste est invention romantique ou rêverie de citadins en vacances sur des plages que ne fréquentent même pas les Celtes de pure souche.

Tout cela est confirmé par la mythologie celtique. Il n'y a pas de dieu de la mer comme chez les Grecs ou les Latins. S'il y a un certain Nechtan, dans le nom duquel on peut retrouver celui de Neptunus, chez les Gaëls d'Irlande, c'est parce que c'est une divinité protectrice des eaux douces, et non pas de la mer. D'ailleurs, les Irlandais contemporains ne mangent guère de poissons de mer, en dehors de l'éternelle plie qu'ils vont pêcher à peu de distance de la côte. Ils préfèrent de beaucoup le saumon ou la truite qui sont des poissons d'eau douce. Et il fut un temps en Bretagne où le poisson qu'on allait pêcher en mer était tout juste bon à vendre aux Parisiens. Il y a incontestablement un mépris de la mer chez les Celtes authentiques, un mépris teinté d'ailleurs de beaucoup de crainte. L'océan n'est-il pas le responsable de bien des deuils dans les familles bretonnes de la côte? Les promenades en mer, c'est bon pour les touristes. Les Celtes, eux, comme le dit Aristote, qui ne comprend d'ailleurs rien à la chose, « menacent et repoussent de leurs armes le flot qui monte ». Il s'agit d'un rituel d'exécration, ou de conjuration, en somme fort éloigné des célèbres « bénédictions de la mer » qui ne sont devenues coutumières en Bretagne que sous l'influence du Christianisme.

On dira que le légendaire mythologique des Celtes est rempli d'épisodes maritimes, en particulier dans les fameuses « navigations » irlandaises où l'on voit des héros se lancer hardiment sur l'océan à la recherche du Paradis ou de l'île des Fées. Mais d'abord, il s'agit de navigations symboliques à l'intérieur de l'être. Ensuite, le but est bien précis : ce sont des navigations vers l'Autre Monde, illustrations très concrètes du thème de la Quête, dans lesquelles l'errance est renforcée par la notion de l'immensité et des pays inconnus. Les ennemis surgissent toujours de la mer, les Fomoré en particulier, qui sont des êtres de l'ombre et du chaos. Si les îles paradisiaques d'Avalon ou d'Emain Ablach sont quelque part sur l'océan, c'est parce que c'est l'Autre Monde. C'est pourquoi le dieu Manannann, qui est dit « fils de Lîr », c'est-à-dire des « flots », bien qu'il soit considéré parfois comme une divinité maritime, est avant tout celui qui préside au festin d'immortalité. Et si la légende de la ville d'Is, ainsi que ses variantes galloise et irlandaise, sont très connues et très « celtiques » d'esprit, c'est surtout parce qu'elles témoignent de la peur de l'inondation. Un étrange conte de haute Bretagne, localisé à Combourg, prétend qu'il y a une pierre blanche au fond de la fontaine de Margatte et qu'elle l'empêche de déborder. Si un imprudent retirait cette pierre, tout le pays serait inondé.

Ce ne peut être que le souvenir de lointaines catastrophes, sans doute celles dont parle Ammien Marcellin à propos des « insulaires étrangers venus d'au-delà des mers » qui auraient contribué au peuplement de la Gaule et des îles Britanniques. Comment concilier cette information — qu'Ammien Marcellin rapporte d'après le témoignagne de Timagène — avec le fait que les Celtes sont incontestablement venus d'Europe centrale, de la région du Harz en particulier, c'est-à-dire de la vaste forêt hercynienne dont ils ont assurément gardé un souvenir beaucoup plus paisible que le souvenir de leur fuite devant l'invasion des eaux?

Il faut d'abord constater que les Celtes émigrés de la forêt hercynienne étaient fort peu nombreux. Ils constituaient une élite intellectuelle et guerrière dont la supériorité résidait avant tout dans des systèmes sociaux bien établis et dans une habileté technique incontestable qui allait de pair avec une puissance intellectuelle et spirituelle. Ces Celtes minoritaires, qui ont dominé l'extrême Occident, ont dû pactiser avec les populations autochtones établies là depuis des siècles, voire depuis des millénaires. Ils se sont fondus avec elles dans une nouvelle société, dans une nouvelle ethnie, celle que nous appelons précisément celtique, et qui était le résultat d'une formidable synthèse de tout ce qui avait été hérité du passé. Mais cette fusion avec les éléments autochtones ne s'est pas effectuée partout de la même façon : elle dépendait de la proportion de Celtes dans une masse allogène. Il y a eu des régions où cet élément allogène se trouvait plus fort que l'élément celtique.

C'est le cas du pays des Vénètes.

Alors, qui sont en réalité ces Vénètes dont César a eu si peur, et qu'il a voulu éliminer?

Voici comment le proconsul décrit lui-même ce peuple : « Il est de beaucoup le plus puissant de cette côte maritime. C'est celui qui possède le plus grand nombre de navires, et sa flotte fait le commerce avec l'île de Bretagne. Il est supérieur aux autres par sa science et son expérience de la navigation. Enfin, comme la mer est violente et bat librement une côte où il n'y a que quelques ports, dont ils sont les maîtres, presque tous ceux qui naviguent habituellement dans ces eaux sont leurs tributaires » (III, 8). On ne peut mieux montrer que les Vénètes possèdent en quelque sorte une hégémonie maritime sur toute la Gaule.

Les Vénètes, eux, sont des marins.

Ce qui complique le problème, c'est qu'il y a des Vénètes ailleurs, et que ce sont, par hasard, d'habiles navigateurs : tels sont les Vénitiens, c'est-à-dire les Vénètes de l'Adriatique dont parle l'historien grec Polybe : « Cette nation ancienne ne se distingue guère des autres peuplades gauloises par les mœurs et le costume, mais parle une langue différente » (II, 17). Mais Strabon est plus affirmatif encore : « Je serais assez porté à croire que les Vénètes de l'Adriatique sont une colonie des Vénètes de l'océan » (IV, 4). Curieuse réflexion : Strabon, qui se fait l'écho de traditions dont il a eu connaissance au cours de ses enquêtes, fait la part des choses. Et pour un Grec imbu de la supériorité de tout ce qui est grec et romain, prétendre que ce sont des gens d'extrême Occident qui ont établi une colonie aux portes de l'Orient, c'est assez rare pour qu'on puisse le signaler et y insister. Est-ce que tout ne viendrait pas forcément de la Méditerranée orientale?

Le problème de la langue, mis en avant par Polybe, pose plus de questions qu'il n'y paraît. Si les Vénètes de l'Adriatique sont des Celtes, ils devraient parler une langue celtique : à travers tout le territoire occupé par les Celtes, avant notre ère, on constate une unité absolue de langue, de culture et de religion. Seule est absente l'unité politique, mais c'est une des caractéristiques de la société celtique. Alors, dans ce cas, quelle langue parlaient les Vénètes de l'Adriatique? Il est impossible de le dire. On peut seulement remarquer que les Vénètes de l'océan, encore à l'heure actuelle, parlent un dialecte breton différent de ceux des autres Bretons. Il y a aussi l'hypothèse que les Vénètes de l'Adriatique pouvaient parler une langue gaélique (comme les Irlandais) alors que les autres peuples gaulois parlaient la langue brittonique : on sait que le gaulois est effectivement une langue brittonique. Mais cette présence d'éléments gaéliques ne se justifie absolument pas dans le fond de l'Adriatique pas plus que dans le golfe du Morbihan. Il faut peut-être envisager une solution : les Vénètes de l'Adriatique sont une colonie des Vénètes de l'océan, mais ils se sont séparés depuis très longtemps. Les uns ont adopté la langue celtique, le gaulois en l'occurrence, les autres, une langue inconnue, *ou bien ils ont conservé leur propre langue.* On sait aussi que dans un cadre nettement italien, les Vénitiens contemporains se distinguent malgré tout, au point de vue linguistique, par des variantes dialectales assez considérables.

Ce qui est curieux, c'est de constater néanmoins un genre de vie analogue pour les Vénètes de l'océan et ceux de l'Adriatique. *Ce sont des marins.* Les Vénitiens l'ont largement prouvé au cours du Moyen Age et de la Renaissance. Ils ont été les maîtres du commerce, non seulement dans l'Adriatique, mais également dans toute la Méditerranée, et parfois ailleurs. C'est peut-être une coïncidence, mais il faut avouer qu'elle n'est pas sans intérêt.

De plus, les Vénètes de l'Adriatique *vivent sur l'eau :* ils se sont établis dans des marécages, et ils se sont servis de la nature particulière du terrain pour en tirer parti au maximum, à la fois pour abriter leurs navires en les cachant dans leurs canaux, et pour se protéger eux-mêmes de toutes les attaques qui auraient pu venir du continent. Or, c'est ce qu'ont fait les Vénètes de l'océan si l'on en croit César et les auteurs de l'Antiquité : ils possédaient des forteresses inexpugnables, parce qu'on ne pouvait pas les aborder à pied, ni les investir par bateaux. Les Vénétes de l'océan, grands marins et grands commerçants, se sont établis dans des régions marécageuses, à proximité du grand large, tout en se protégeant contre les attaques venues du continent et contre les tempêtes du grand large. Là aussi, c'est peut-être une coïncidence, mais elle est particulièrement intéressante.

Il y a mieux : ce commerce maritime très riche, cette pratique des canaux, ce mélange de la terre et de la mer, *n'est-ce pas une analogie avec ce qui se passait dans l'Atlantide décrite par Platon?* Les Vénètes, qu'ils soient de l'Adriatique ou de l'océan, ne seraient-ils pas *les insulaires étrangers venus d'au-delà des mers* dont parle Ammien Marcellin d'après Timagène? La question mérite d'être posée, car à ce moment-là, une hypothèse peut être formulée : les Vénètes ne seraient-ils pas les rescapés ou les descendants des Atlantes qui échappèrent au désastre que l'on sait? Et la seconde hypothèse ne peut que suivre : les monuments mégalithiques que l'on voit à Carnac et aux alentours, sur le territoire des Vénètes, lequel est l'un des plus riches en ce genre, ne seraient-ils pas les vestiges d'une architecture sacrée héritée des Atlantes?

Pures hypothèses. Mais ces hypothèses ont le mérite de cerner le problème.

C'est alors qu'il faut aborder l'aspect particulier que revêt le nom des Vénètes. On ne peut que rapprocher le mot *Veneti* (forme latine, qui est la plus ancienne que l'on connaisse de ce nom) du nom *Venedotia* qui désigne, à l'époque romaine, le nord-ouest du Pays de Galles, et qui est devenu *Gwynedd* en langue galloise. Il est certain qu'il y a identité entre *Gwened* et *Gwynedd* (ce dernier mot étant à prononcer « gweunez »). Comme par hasard, d'ailleurs, au cours des dernières émigrations bretonnes, au VIe et au VIIe siècle, ce sont des habitants venus de Gwynedd qui, en majorité, sont allés s'installer dans le pays de Gwened, c'est-à-dire le pays des anciens Vénètes, pour y former le Browaroc'h, autrement dit le Vannetais. Or le Gwynedd, centre actif du druidisme avant la conquête romaine, en particulier à l'île de Môn (témoignage bien connu de Tacite sur la destruction du sanctuaire et du collège druidique de l'*insula Mona*), a constitué un puissant royaume pendant le haut Moyen Âge, mais a subi, semble-t-il, par l'étude des coutumes et des traditions mythologiques, une forte influence de la part des Gaëls d'Irlande, ce qui n'exclut d'ailleurs pas le phénomène inverse. Or, de l'autre côté de la mer d'Irlande, il y a un peuple bizarre, semi-historique, semi-légendaire, qui porte un nom comparable à celui des Vénètes et des gens de Gwynedd.

Il s'agit des *Fiana* d'Irlande, que d'aucuns préfèrent appeler *Fénians,* et qui sont un groupe ethnique très marginal, sans établissements fixes, vivant de chasse, louant ses services aux différents rois d'Irlande, notamment pour lever les tributs et les impôts, et lié d'une façon ou d'une autre au culte du cervidé, héritage d'un très lointain passé culturel et religieux. Ce groupe est dirigé par un roi légendaire, Finn (dont Macpherson a fait *Fingal*), fils de Cumal (un dieu britto-gaulois qu'on reconnaît sous le nom de Camulos, épithète de Mars), dont le fils est Oisin (Ossian), c'est-à-dire le « Faon », et le petit-fils, Oscar, « celui qui aime les cerfs ».

Les *Fiana* et leur roi Finn, les Vénédotiens de Gwynedd, les Vénètes de Vannes (Gwened), les Vénitiens de Venise (Venezia) sont liés par un nom générique absolument commun, qu'on retrouve encore dans le nom de la rivière Vendée, et dans le nom de la déesse Vénus. Cela fait un curieux mélange, mais il est intéressant de déterminer la racine de ce mot et sa signification.

Il provient d'un ancien mot celtique *vindo* qui a un sens primitif de « blanc » ou de « blond » et des sens figurés de « beau », puis de « racé », « bien né », « sacré ». On sait que le blanc est la couleur sacerdotale réservée aux druides, en tant que personnages « sacrés ». En breton médiéval, il arrive souvent que le mot *gwen* veuille dire « saint ». Ce terme celtique *vindo* est donc la composante principale du nom des Vénètes : littéralement, les Vénètes sont un peuple « racé » ou « sacré ». On peut même y ajouter la signification de « beau », puisqu'il y a toujours équivalence entre la « bonne race » et la « beauté ». On pourrait même aller plus loin, en pensant au peuple des Guanches, composé d'individus très blancs et aux cheveux blonds. Il faut d'ailleurs préciser que les canons de la beauté, chez les Celtes, sont la blancheur de peau et la blondeur des cheveux. Et même quand ils n'étaient pas blonds, les Gaulois se passaient les cheveux à la chaux pour se blondir, ce qui a donné naissance au fameux cliché de « nos ancêtres qui étaient de grands blonds aux yeux bleus ». En fait, chez les Celtes, on trouve une majorité de bruns, et il faut bien avouer que l'idée de blancheur et de blondeur n'est qu'un qualificatif moral devenu ethnique. L'exemple le plus caractéristique est celui du héros irlandais Finn, roi des *Fiana :* son véritable nom est Demné, c'est-à-dire le « Daim ». Et ce n'est qu'à partir du moment de son initiation qu'il est surnommé Finn, autrement dit, « beau », « blanc », « blond », « racé », « sacré ».

Ce mot celtique devait appartenir au vocabulaire indo-européen, puisqu'on le retrouve dans certains mots latins très anciens, en particulier dans des noms propres comme celui de Vénus, l'équivalent de l'Aphrodite grecque. Vénus, littéralement, c'est la Belle, la Blonde, la Racée, la Blanche, la Sacrée. N'oublions pas que Vénus naît d'une vague de la mer, dans toute la pureté et la beauté de la lumière qui se reflète sur les eaux. Ce n'est certes pas pour rien que, dans le mythe de fondation de l'Atlantide, Poséidon épouse Clito. Car Clito, c'est la « superbe », la « Belle ». Le sens devient très clair : il s'agit d'un hiérogame entre la Beauté et la force profonde représentée par Poséidon. Car ce dieu, dont les Latins ont fait Neptune, n'est pas un dieu marin à l'origine : il est le dieu du vent, des tempêtes et des tremblements de terre. C'est l'animateur de la vie profonde. Et il est significatif que l'Atlantide, fondée par le dieu des tremblements de terre, soit détruite précisément par un cataclysme dans lequel intervient un tremblement de terre. Il est probable que l'Atlantide avait, sur un plan symbolique et métaphysique, trahi sa mission qui était de répandre la Beauté, celle-ci étant représentée par Clito et ses descendants. Et il est tout aussi significatif que Carnac soit une zone de tremblements de terre : les menhirs des alignements ne sont-ils pas là comme des sortes de verrous placés sur le sol pour réduire ou éviter les tremblements de terre? Il y a un lien entre Poséidon et les pierres levées, entre Clito, déesse tellurique de la Beauté, et les grands tertres mégalithiques. Du reste, Poséidon a construit pour elle, au centre même de l'île Atlantide, une demeure entourée de trois fossés qui évoque un de ces tertres mégalithiques dont les Celtes feront plus tard la demeure des fées. Tout se tient, tout est limpide dans les récits mythologiques. Et ils correspondent toujours à une réalité devenue impalpable, mais qui conserve au fond d'elle-même sa force et sa grandeur.

Ainsi donc, les Vénètes — et donc les Vénitiens, comme les gens de Gwynedd, et comme les *Fiana* d'Irlande sont des peuples voués à la beauté et au sacré. Ils ont conservé de leurs ancêtres ces notions de blancheur, c'est-à-dire de pureté. Sans tomber dans un racisme qui en deviendrait ridicule, disons que les Vénètes se prétendent les dépositaires d'un message qui provient de la nuit des temps, du temps où leur déesse *superbe* épousait la *force profonde* représentée par Poséidon. Il n'est peut-être pas inutile de remarquer que les longues chevelures, qui sont peut-être également les vagues de la mer, représentées dans les pétroglyphes du monument de Gavrinis, évoquent parfois la crinière des chevaux. Et l'on sait que Poséidon est aussi le dieu des chevaux, celui qui dompte les coursiers de la terre comme il dompte les chevaux de mer qui, selon un poème irlandais, « brillent à l'été », c'est-à-dire les courbures infinies des vagues sur l'océan.

Les Vénètes sont des marins, de hardis navigateurs, comme l'étaient les Atlantes. Poséidon, de dieu des forces profondes, est devenu le dieu des forces visibles mais néanmoins inquiétantes, celles de la mer. Il est celui qui règle les marées, qui protège les navigateurs dans leurs courses harassantes sur les crêtes des vagues d'où naîtra Vénus, dont la chevelure évoque des coursiers haletants sur des rivages infinis. Le temple de Poséidon, qui se trouvait, dit-on, au centre de l'île Atlantide, est sans doute englouti dans l'océan comme l'est la ville d'Is. Mais le culte d'un dieu protecteur des peuples maritimes contre les assauts de la mer se maintient.

A ce sujet, il existe une information qu'on ne divulgue pas assez souvent et qui doit pourtant retenir toute notre attention. Diodore de Sicile (IV, 56) rapporte, d'après Timée, lequel a vécu au v^e siècle avant J.-C., que les Celtes de l'océan adoraient les Dioscures plus que les autres dieux. Et il affirme que *ce culte est venu de l'océan.*

Ces Dioscures sont les fils de Léda et de Zeus. Ils sont les protecteurs des voyageurs, et particulièrement des navigateurs, aidant ceux-ci à ne pas s'égarer sur les chemins aventureux de la mer. Ils sont également les dieux qui veillent sur les courses de chevaux. On sait, d'après Platon, que les courses de chevaux étaient partie intégrante du culte rendu aux divinités sur l'île des Atlantes. Il y a toujours une image métaphorique entre les crinières des chevaux et les vagues de la mer, comme en témoigne ce poème irlandais inclus dans la *Navigation de Bran :*

« Bran trouve que c'est grande merveille
d'aller en barque sur la mer claire,
mais moi, au loin, sur mon char, je le vois
chevaucher sur une plaine fleurie.
Ce qui est la mer claire
pour le bateau à proue de Bran,
c'est une plaine d'or fleurie
pour moi, de mon char à deux roues... »

Ce qui est étrange, c'est qu'il ne subsiste pour ainsi dire aucune trace du culte des Dioscures en Gaule, sauf sur certaines monnaies armoricaines de l'ouest, région où l'on vénérait le *deus Vintius Pollux.* On remarquera que le nom de Vintius se rapproche de celui des Vénètes : il provient de la même racine *vindo.* Et c'est un qualificatif qui devrait en principe désigner une divinité gauloise du cheval. Toujours cette équivalence entre les crinières et les vagues. Toujours ce rappel de certaines gravures des mégalithes du

Morbihan, de Gavrinis en particulier. N'oublions pas non plus que Pollux est, des Dioscures, celui qui est mortel. Pourquoi un culte à Pollux et non pas à Castor? De toute façon, le culte des Dioscures, comme celui de Poséidon, est caractéristique d'un peuple de navigateurs. Si l'on considère que le culte des Dioscures, ou de deux divinités jumelles assimilées à Castor et Pollux, est prouvé chez certains peuples de l'ouest armoricain vers l'an 300 avant notre ère, pourquoi ne pas conclure qu'il s'agit du peuple des Vénètes? On ne voit pas pourquoi ceux-ci, classés par César comme étant les meilleurs navigateurs de l'Atlantique, n'auraient pas eu une dévotion particulière pour des divinités maritimes, protectrices de la navigation. Si nous n'avons aucune preuve définitive, nous possédons cependant quelques bonnes présomptions en ce sens.

*Et ce culte des Dioscures venait de l'océan.* Et une partie des Gaulois sont des *insulaires étrangers venus d'au-delà des mers.* Que de coïncidences...

Il est en effet impossible de ne pas songer au mythe de fondation de l'Atlantide, tel qu'il se trouve relaté dans le *Critias :* Clito, enfermée au centre de l'île dans une sorte de temple-forteresse par Poséidon, et donnant naissance à deux jumeaux qui seront les premiers rois de l'Atlantide, qui organiseront la société atlante, qui transformeront l'île selon un plan architectural très particulier, et qui seront les promoteurs de l'art de la navigation.

Où que pût être l'Atlantide — probablement dans le nord-ouest de l'Europe, peut-être même vers Héligoland — les rescapés du cataclysme se sont répandus dans les zones qui leur paraissaient les plus sûres, et aussi les plus proches de leur lieu d'origine. Pourquoi s'en aller faire le tour du monde alors qu'il est si facile de trouver des territoires encore peu peuplés sur le bord de l'Atlantique qui était *leur* mer, et d'essayer d'y reconstituer tant bien que mal leur patrie perdue? Supposer que les Atlantes rescapés aient essaimé un peu partout dans le monde, c'est supposer ou bien que les Atlantes étaient extrêmement nombreux, ou bien que la catastrophe n'a pas été aussi importante et meurtrière qu'on le dit. En bonne logique, il n'y a dû avoir que très peu de survivants. Ceux-ci, en se réfugiant chez des peuples voisins ou proches, ne faisaient qu'aller dans des pays qui leur appartenaient déjà, puisque, si on reprend le texte de Platon, ils avaient conquis *depuis longtemps* une certaine partie de l'Europe atlantique. Que ces rivages atlantiques aient subi les contrecoups du raz de marée qui détruisit l'Atlantide, ce n'est pas douteux; mais après une période de turbulence, la situation est redevenue normale, et les quelques Atlantes ont très bien pu s'intégrer aux autres survivants des peuples conquis avec eux et former de nouvelles principautés. Et, si on se réfère à la non-celticité des Vénètes (et par conséquent des gens de Gwynedd, des *Fiana* d'Irlande, et aussi des Vénitiens), on peut tirer une conclusion provisoire : les Atlantes, gardant le souvenir de leur civilisation, et ayant conservé le souvenir de leurs activités passées, ont tenté de les reconstituer sur les terres qu'ils occupaient désormais. Cela expliquerait que les Vénètes soient des experts en navigation. Cela expliquerait également les grands ensembles mégalithiques, non seulement de Carnac, mais aussi de Grande-Bretagne, d'Irlande et même d'Espagne, comme des réminiscences de l'architecture sacrée qui semble avoir été à l'honneur dans l'île Atlantide. Ce n'est pas sans intérêt de remarquer une ressemblance frappante entre le plan de la cité des Atlantes, d'après le texte de Platon, et le plan, parfaitement visible de nos jours, du monument mégalithique de Stonehenge.

En effet, si l'on suit à la lettre la description donnée par Critias, on en arrive à tracer trois cercles concentriques, représentant les trois enceintes, puis à l'intérieur de ce triple cercle une croix, représentant les grands canaux, l'un de ces canaux se prolongeant bien au-delà du cercle et allant jusqu'à la mer. Et curieusement, on *en arrive à la constitution d'une véritable croix Celtique.* Et si l'on considère le plan reconstitué du monument définitif et achevé de Stonehenge (comprenant les trois périodes de construction), on tracera de la même façon trois cercles concentriques et l'amorce d'une croix à l'intérieur des cercles, dont l'une des branches, dirigée vers le nord-est, dans la direction du lever solsticiel d'été, constitue l'avenue d'entrée vers le sanctuaire. Là aussi se dessine la fameuse croix celtique, qui n'est peut-être pas celtique du tout, mais un héritage de populations venues d'ailleurs, *d'au-delà des mers*. Si les croix qu'on appelle croix celtiques, visibles en Irlande et en Grande-Bretagne (mais non en Bretagne armoricaine), sont des monuments relativements récents, datant au plus tôt du VIIe siècle de notre ère, et tous marqués de christianisme, cela veut dire que les Chrétientés celtiques, pour se différencier des autres chrétientés, ont utilisé un symbole dont le souvenir ne s'était pas perdu et auquel elles ont donné une nouvelle signification. Ainsi s'expliqueraient également certaines croix inscrites qui réapparaissent au cours du Moyen Age, dans des régions où fleurissent ce qu'on appelle des « hérésies », telle l'Occitanie cathare. En aucune façon il ne s'agit d'une influence atlante : cela signifie simplement que les symboles les plus archaïques sont tôt ou tard récupérés par d'autres systèmes religieux ou culturels et qu'ils sont, en plus de leur sens primitif, chargés de nouvelles justifications. Après tout, on sait très bien que la croix chrétienne n'est pas chrétienne : les musées regorgent de croix en or datant de l'Âge du Bronze, c'est-à-dire quelque mille ou deux mille ans avant Jésus-Christ, et c'est un symbole solaire commun, avec ses quatre branches égales. Et le Christ historique n'a pas été crucifié sur une croix de ce type, puisque le supplice romain se pratiquait sur une croix en forme de tau. Ce sont les premiers chrétiens qui ont repris l'antique symbole de la croix à quatre branches, en allongeant une des branches (la croix latine), pour en faire l'emblème du Christ —avec tout ce que cela comporte d'ailleurs d'ambiguïté homophonique entre Christ ( = oint) et le latin *crux*.

Sans qu'on puisse affirmer quoi que ce soit, il est donc possible de retrouver à travers les grands ensembles mégalithiques une survivance de l'architecture sacrée des Atlantes, du moins des Atlantes racontés par les prêtres de Saïs à Solon, et quelque peu revus et corrigés ensuite par Platon.

Mais, les mégalithes, ce ne sont pas les Celtes. Certaines théories ont été émises qui tendraient à assimiler les Celtes aux anciens Atlantes, et le druidisme à la survivance de la religion des Atlantes. L'absurdité est de taille. Les Celtes venaient de l'est; ils ont tous franchi le Rhin à un moment ou à un autre du premier millénaire avant notre ère. Les Celtes ne sont en aucun cas des *hommes de la mer*, mais dans les territoires dans lesquels ils se sont installés, *des hommes venus des mers* sont arrivés à leur tour et se sont mêlés à eux. Ces hommes venus de la mer apportaient avec eux *le culte des Dioscures* que ne connaissaient ou ne pratiquaient pas les Celtes. Ces constatations se trouvent dans des documents historiques, et elles ne sont pas niables, à moins de rejeter en bloc tout ce que les auteurs grecs et latins nous ont dit — parfois avec beaucoup de confusion — sur les peuples de l'extrême Occident avec lesquels ils nouaient des rapports plus ou moins suivis.

Quant au druidisme, bien malin serait celui qui pourrait y voir une survivance de la « sagesse atlantéenne ». D'abord, il faut avouer que nous connaissons peu de chose sur le druidisme, et l'on en sait encore moins sur la religion qu'ont pu pratiquer les Atlantes. Cette assimilation n'est qu'une rêverie. D'ailleurs, les caractéristiques du druidisme en font nécessairement une religion indo-européenne — avec la fameuse tripartition fonctionnelle et l'organisation de la classe sacerdotale —, même si les croyances et les usages des populations autochtones converties au druidisme ont profondément modifié celui-ci en le chargeant d'éléments nettement hétérogènes de type chamanique.

Ce qui prête à toutes ces confusions, c'est le fait que les

auteurs de l'Antiquité grecque et romaine, tout en révélant certaines choses au sujet des Celtes, n'en ont guère compris le sens ni la portée, et que, d'autre part, la tradition purement celtique véhicule des éléments archaïques qui ne sont pas celtiques, mais des souvenirs et des réminiscences d'un lointain passé de l'extrême Occident. Un exemple est significatif : celui de Finn et des *Fiana,* dont les aventures sont pourtant racontées dans des récits relativement récents. Le cycle de Finn est en effet lié à la tradition des grands chasseurs de rennes de la Préhistoire : si les noms des personnages sont celtiques, si certaines anecdotes, comme celle de *Diarmaid et Grainné,* prototype de l'histoire de Tristan et Yseult, sont chargées d'éléments celtiques, si, dans une certaine mesure, le compagnonnage des *Fiana* a servi de modèle à la célèbre Table Ronde du roi Arthur, les schémas essentiels de ce cycle sont archaïques et préceltiques. D'où viennent-ils? C'est alors qu'on peut supposer, avec toutes les réserves d'usage une tradition héritée des Atlantes. Mais ce n'est qu'une hypothèse.

Il existe pourtant des faits troublants. Pourquoi cette hantise des flots déchaînés dans la tradition celtique? Pourquoi ce rituel de conjuration contre la mer, dont Aristote se moque quelque peu? Pourquoi cette permanence et ces constantes résurgences du mythe de la ville d'Is?

On découvre d'étranges sous-entendus dans un poème gallois attribué à Taliesin. La référence est imprécise, le texte probablement tronqué ou altéré, mais on peut comprendre que le roi-magicien Math, fils de Mathonwy, *qui est de Gwynedd,* « avait libéré les éléments » à l'aide de sa célèbre baguette de magie que d'autres textes lui reconnaissent comme attribut. Alors, « la tempête se déchaîna pendant quatre nuits en pleine belle saison. Les hommes tombaient, les bois n'étaient même plus un abri contre les vents du large ». Mais le magicien Gwyddyon — neveu de Math, duquel il tient sa connaissance de la magie —, lui aussi héros de l'épopée mythologique de Gwynedd, personnage énigmatique qui incarne assez bien le druidisme — ou l'idée qu'on se fait du druidisme — au même titre que l'enchanteur Merlin dont il a certaines caractéristiques, tient conseil avec son frère Amaethon afin de parer au désastre. Amaethon, le « laboureur », est fils de Dôn, comme son frère, Dôn étant la sœur de Math et l'image de la déesse-mère (la Dana irlandaise). Tous deux firent « un bouclier d'une telle puissance que la mer ne put engloutir les meilleures troupes [1] ».

Ce texte est riche en significations. Tout y est : le pouvoir druidique sur les éléments, le vent druidique, la parade druidique opérée par Gwyddyon, car le bouclier est évidemment symbolique et témoigne de rituels incantatoires pour s'opposer à la tempête, l'antagonisme entre l'oncle maternel (Math) et son neveu — qui est, selon la coutume celtique, son héritier et successeur —, le personnage de Math lui-même dont le nom signifie « ours » et qui est lié à la fonction royale, la « science » de Gwyddyon, dont le nom est lié au bois, et qui représente la mise en œuvre de l'énergie végétale — qui semble avoir été connue des druides [2], la participation d'Amaethon, le « laboureur », représentant des « terriens » par rapport aux « marins ». Voilà bien des éléments qui demeurent mystérieux, mais qui sont révélateurs d'un état d'esprit. La tradition celtique contient quantité de vestiges qu'il est parfois difficile de comprendre et de situer, mais qui, visiblement, appartiennent à une mémoire collective qui n'est pas celtique. Mais nul doute que le druidisme, avec ses composantes chamaniques, sinon magiques, n'ait eu la volonté de lutter contre les éléments déchaînés, en souvenir

1. J. Markale, *Les Grands Bardes gallois,* Paris, J. Picollec, 1980, p. 110.

2. Un mythe fondamental, chez les Celtes, est celui de la *forêt qui marche.* Symboliquement, tous les récits concernant ce mythe, y compris un passage soi-disant historique de Tite-Live, font allusion à une possible maîtrise de l'énergie contenue dans les plantes et à son utilisation par les druides.

de cette catastrophe de l'engloutissement qui marque si profondément leur tradition.

Et il y a également des certitudes. Les Vénètes ne sont assurément pas des Celtes, mais ces « peuples venus d'au-delà des mers » dont parle Timagène. Ils sont navigateurs habiles et conquérants, même encore à l'époque de César. Leur nom évoque une race « belle », « blanche » et surtout « sacrée ». Ils sont sans doute les derniers descendants de peuples qui possédaient une science de la navigation très poussée, un culte particulier pour des dieux — jumeaux — protecteurs de cette navigation, et une croyance selon laquelle ils étaient les héritiers d'une déesse-mère et d'un dieu symbolisant les forces mystérieuses et profondes qui animent l'univers. Et puis, surtout, sur leur territoire, aux alentours de Carnac et de Locmariaquer, se trouvent les plus grands ensembles mégalithiques connus.

## IV

## CARNAC, SANCTUAIRE DU MILIEU DU MONDE

A considérer les gigantesques alignements de Carnac, il est impossible de ne pas en faire un temple en plein air destiné à recevoir des milliers de pèlerins lors de grandes cérémonies dont le caractère solaire ne fait aucun doute. Certes, Carnac n'est pas le seul lieu où il existe des alignements. Certes, la structure générale des alignements n'apparaît pas toujours très nettement, et elle présente une certaine dispersion qu'on ne retrouve pas dans d'autres monuments analogues, comme à Avebury ou à Stonehenge, dont la forme circulaire permet davantage une concentration des énergies. Mais il faut savoir qu'Avebury et Stonehenge sont plus récents que Carnac, et que si d'autres alignements, d'autres cromlechs sont peut-être plus *harmonieux* ailleurs, l'extension de Carnac sur une grande superficie qui va d'est en ouest doit répondre à une motivation profonde.

Il y a aussi quelque chose qui n'est pas sans intérêt : c'est de savoir que Carnac se trouve à peu près *au centre des terres émergées.* Le centre géodésique absolu se situe dans l'île Dumet, au large de La Turballe, à mi-chemin entre la pointe de Piriac et le sud de Belle-Ile. Mais ce n'est pas très loin de Carnac, et de toute façon, les constructeurs de Carnac n'avaient sans doute pas la précision nécessaire pour établir quel était le milieu réel du monde. Ils l'ont trouvé approximativement. D'ailleurs, il eût été impossible de réaliser dans l'île Dumet ce qui a été fait à Carnac : il fallait utiliser un terrain propice à ce genre de grandiose sanctuaire, et le territoire de Carnac, au sol pauvre, où les filons de granit effleurent, se prêtait tout particulièrement à un tel déploiement.

Cela met en valeur le concept d'*omphallos,* de nombril de monde. A vrai dire, tous les peuples du monde ont voulu avoir leur centre idéal, à la fois de leur propre royaume, et, ce qui est logique, du monde entier. En Grèce, Délos et Delphes sont non seulement des nombrils de cette floraison de cités grecques unies par une culture commune, mais aussi des centres vitaux où, magiquement et symboliquement, s'opèrent les fusions entre le visible et l'invisible, où convergent les souffles de l'univers. En Irlande, à Tara, sur cette colline inspirée tant de fois occupée et réutilisée par les différentes civilisations qui se sont succédé sur le sol de l'île des Saints et des Héros, il y avait également un *omphallos,* même s'il ne correspondait pas exactement au centre géométrique de l'île. On sait qu'à Tara, dans le contexte purement celtique, de grandes assemblées avaient lieu, qui tenaient à la fois de la session politique et du rituel religieux, et que ces assemblées revêtaient une importance particulière dans la vie de la société gaélique : on peut alors imaginer que, dans un cadre mégalithique (dont la société celtique a hérité, du moins en partie), des assemblées équivalentes ou analogues se tenaient à Carnac. Ne pas admettre cette possibilité, cette quasi-certitude même, c'est nier l'effort exceptionnel qui a été accompli lors de l'érection des monuments, et également le caractère sacré du lieu.

Précisément, à une époque où le sacré et le profane sont intimement mêlés, où l'on n'opère aucune distinction fondamentale entre le visible et l'invisible, entre le matériel et le subtil, le territoire de Carnac apparaît tout particulièrement choisi pour ce genre de sanctuaire et ce genre de manifestations collectives.

En effet, sans recourir à de savants calculs grâce auxquels apparaissent des figures géométriques, des pentagones ou pentagrammes, réunissant des lieux sacrés à l'intérieur d'un périmètre déterminé, méthode qui a son franc succès dans certains milieux, mais qui se détruit à l'analyse [1] pour peu qu'on veuille rester sérieux, il faut bien admettre le caractère spécifique de la région de Carnac : zone de secousses sismiques de faible intensité mais fréquentes, donc écorce terrestre non stabilisée, voisinage du centre des terres émergées, nœud des courants telluriques les plus denses et les plus serrés, maillage incroyable de courants d'eau souterrains, présence d'une très forte radioactivité, proximité du Gulf Stream, microclimat particulièrement doux. On ne peut que constater un invraisemblable faisceau de convergences, et, comme le dit excellement Yann Brékilien : « Il est tout aussi déroutant que leurs savants aient su déterminer avec précision la configuration des courants telluriques et des nappes

1. Il paraîtrait, d'après les frères Brou (un médecin et un ingénieur), qu'il existe sur la carte de France une étoile à cinq branches reliant des hauts lieux ou dits tels comme le Verdon de Provence, Montségur, le Verdon de Gironde, Chartres et Montbéliard (voir *Atlantis*, n° 267). On se demande pourquoi en rester là et oublier le Verdon du Morbihan et Verdun, qui est aussi un Verdon. On se demande comment il se fait que des sites majeurs comme le Mont-Saint-Michel ou Le Puy-en-Velay soient oubliés. Il est vrai qu'en continuant les lignes commencées par les côtés du pentagramme, on rencontre fatalement des lieux sacrés — et on en ignore un aussi grand nombre. Ce genre « géographie sacrée » n'est que la projection des fantasmes de ceux qui les trouvent. D'ailleurs, si de telles cartes font de l'effet et provoquent l'admiration béate de certains, on ne sait pas très bien ce que l'on veut y prouver. Qu'il existe des lieux sacrés qui n'ont pas été choisis au hasard? On le savait depuis longtemps sans recourir à ces procédés de collégiens qui s'ennuient pendant un cours de maths.

phréatiques dont, en bonne logique rationaliste, ils n'auraient même pas dû soupçonner l'existence. Cela, pourtant, ils ont su le faire. Un menhir isolé se situe généralement au-dessus de l'endroit où un courant souterrain se divise en deux ou trois branches. Dans un cromlech, le menhir central se trouve au point de bifurcation et il y a une pierre de l'enceinte au-dessus de chacun des divers courants. Les dolmens, eux aussi, sont édifiés au-dessus des points de divergence de nappes souterraines : l'allée couverte des Pierres plates, à Locmariaquer, suit très exactement le cours du ruisseau qui coule, invisible, dans le sous-sol. [1] » Et Yann Brékilien de poser cette question : « Comment des gens qui vivaient il y a six mille ans connaissaient-ils non seulement l'existence mais le tracé exact des eaux souterraines, de même que celui des flux magnétiques telluriques? »

Il serait pour le moins hasardeux et prétentieux de pouvoir répondre à cette question. Mais le fait est là : nous nous heurtons à Carnac sur une réalité fondamentale, l'établissement d'un gigantesque sanctuaire d'après des données précises concernant le magnétisme, le tellurisme, les courants d'eau souterrains, l'activité sismique, en somme tout ce qui concerne les conditions optimales pour permettre le contact entre les forces visibles et invisibles, ce qui est la fonction essentielle de n'importe quel sanctuaire.

Et ces réflexions concernent *la terre.* Il ne faudrait pas oublier que les alignements de Carnac concernent également *le ciel :* ces champs de pierres levées sont là pour nous le prouver. Dans son petit ouvrage consacré à *Montségur secret* [2], Raymonde Reznikov cite un passage du livre sacré des Mandéens, le *Livre d'Adam,* connu sous le nom de Codex nazaréen, à propos du « roi souverain de la lumière » et « du séjour sublime situé dans un univers

1. Y. Brékilien, *Histoire de la Bretagne,* Paris, France-Empire, 1985, p. 32.
2. R. Reznikov, *Montségur secret,* Nice, éd. Bélisane, 1987, pp. 53-54.

au-dessus de l'Aquilon », d'où jaillit le souffle vital. « Un océan immense enveloppe tout l'univers, à l'exception de la partie septentrionale où se trouve l'eau vivifiante, dont la source est au séjour même de la lumière, au pied du trône de Dieu. » Et après avoir cité ce texte gnostique du VIIIe siècle de notre ère, Raymonde Reznikov fait un commentaire pertinent sur les expériences scientifiques réalisées à l'aide des satellites artificiels et les résultats auxquels elles ont abouti. On a ainsi mis en évidence l'existence de « ceintures de radiations... en provenance de l'espace et piégées dans les lignes de force du champ magnétique terrestre. Ces particules proviennent de tout le cosmos, mais principalement du soleil d'où un flux s'échappe continuellement. Ce bombardement de particules serait meurtrier si le champ magnétique ne nous protégeait pas; pourtant, il existe un passage par lequel les particules des hautes énergies arrivent à se faufiler, et ce passage est près des pôles. »

Or, si l'on comprend bien, pour capter ces hautes énergies, dangereuses sans filtrage, le magnétisme tellurique intervient. Et l'on peut supposer que certains sanctuaires ont été délibérément construits pour capter ces énergies. Cela paraît évident pour un monument comme Stonehenge : le fait qu'Apollon y descende tous les dix-neuf ans prouve que c'est un symbole lunaire, une entité agissante, qui vient se recharger *dans un capteur d'énergie solaire.* Et vu l'immensité et la disposition des alignements de Carnac (totalement différente de celle de Stonehenge, mais qui sont visiblement orientés est-ouest selon certains schémas), on peut être assuré qu'il s'agit ici de la même chose. Avec leurs menhirs dressés vers le ciel, selon une disposition étudiée et concertée, les alignements de Carnac sont vraisemblablement les éléments d'*un capteur d'énergie solaire* dans lequel les pèlerins venaient se recharger à certaines époques de l'année. C'est plus qu'une hypothèse, c'est une certitude, les présomptions de preuves ne manquant pas, ne serait-ce que la grandeur apparemment inutile de l'ensemble. Carnac, comme l'intérieur de New-Grange, la Brugh-na-Boyne de la légende, le matin du solstice d'hiver, est également *une chambre de soleil* où l'être humain peut se régénérer.

Mais cela ne peut se réaliser que par l'alliance privilégiée entre le Ciel et la Terre, par un véritable hiérogame. Et l'on peut très bien retrouver les éléments traditionnels qui ont conservé le souvenir de ce hiérogame.

Reprenons le mythe de fondation de Carnac : c'est bien entendu la légende de saint Kornéli changeant les soldats romains en blocs de pierre. La légende est très christianisée. Elle paraît parfaitement inoffensive. Le tout est de savoir qui se cache derrière « saint » Kornéli.

Nous avons déjà admis que Kornéli recouvrait le dieu celtique — mais pré-indo-européen — connu sous le nom de Kernunnos, le *dieu cornu.* Nous avons dit que le « saint » chrétien avait conservé de ses attributs primitifs les cornes du taureau à côté duquel il est toujours représenté.

Les cornes sont d'une très grande importance pour mesurer la portée du symbole. C'est un signe de puissance, d'ailleurs souvent représenté dans les pétroglyphes des tertres mégalithiques, et non sans raison. *Mais c'est aussi un signe de communication avec ce qui est en haut.* Ne pouvant mettre de cornes à « saint » Kornéli, on a placé un taureau à ses côtés. Mais là aussi, ce n'est pas sans raison. Car la légende locale l'explique d'abord par le fait qu'en étant poursuivi par ses ennemis, Kornéli se trouvait dans un char tiré par deux bœufs. Il était donc normal de le représenter avec un bovin.

Allons cependant plus loin. Cette pieuse explication ne peut convaincre personne. S'il y a un taureau, c'est que ce taureau signifie quelque chose. Et, tout naturellement, on pense au culte de Mithra, ce dieu solaire qui, d'après sa tradition, sacrifiait un taureau et versait le sang de l'animal sur ses fidèles pour les régénérer. Le taureau est donc un animal solaire, symbolisant ces hautes énergies qui proviennent du soleil, que l'on capte avec prudence — seul peut le faire un dieu comme Mithra, ou tout prêtre qui le représente — et que l'on répartit ensuite sur les fidèles. Dans cette optique, Kornéli est une sorte de dieu-prêtre, analogue à Mithra, qui concentre en lui les énergies qui viennent d'en haut et qui s'en sert pour arrêter ses ennemis, transformant ceux-ci en pierres. C'est donc qu'il avait acquis, ce faisant, de redoutables pouvoirs. C'est donc qu'en passant sur la terre de Carnac, il avait su capter les énergies supérieures. Traduit dans un contexte chrétien, cela donne évidemment la prière adressée par le saint à Dieu et l'intervention de Dieu sous forme de miracle.

Mais cette métamorphose des soldats romains en pierres levées sacralise du même coup lesdites pierres : elles sont des êtres humains figés, mais elles n'en conservent pas moins leur valeur d'origine, valeur occultée, secrète. En quelque sorte, Kornéli s'est servi de l'énergie d'en haut pour *atomiser* ses ennemis, pour les immobiliser, pour les mettre en attente dans une dormition qui durera pendant des siècles. Mais il aurait pu se servir tout autrement de cette énergie ainsi captée des étoiles. Le taureau représenté auprès de lui est là pour nous le dire : saint Kornéli a le pouvoir de capter ces forces invisibles, par les cornes du taureau, et il est donc capable de protéger ou de détruire qui il veut. A ce titre, il est Kernunnos, le dieu qui procure l'abondance, parce que l'abondance ne peut être réalisée que s'il y a captage effectif de toutes les énergies du ciel par la terre, que s'il y a mariage sacré entre le ciel et la terre. Voilà pourquoi les fidèles chrétiens prient saint Kornéli de protéger leurs bêtes à cornes, source principale de leurs revenus. Tout est logique. On s'aperçoit alors qu'il n'y a jamais de superstitions dans les croyances populaires, ou dans la religion vécue par le peuple, mais des réalités profondes transmises sous forme d'images parfois naïves, mais toujours significatives quand on veut bien dépasser l'apparence des choses et remonter le temps.

Remontons le temps. Si l'on admet comme postulat de

base que Carnac, en plein cœur du pays des anciens Vénètes, qui sont peut-être les descendants ou les héritiers des Atlantes, est un sanctuaire à l'image du grand sanctuaire de l'Atlantide décrit par Platon, on est amené à étudier le mythe de fondation de l'Atlantide afin de le mettre en parallèle avec le mythe de fondation de Carnac.

De quoi s'agit-il? D'une certaine princesse du nom de Clito, ce qui veut dire « splendide », « remarquable », et qui est, selon le mythe relaté dans *Critias,* une déesse-mère, *une divinité incontestablement tellurique,* puisqu'elle descend d'une race engendrée par la Terre elle-même. C'est Clito qui est l'héritière légitime de cette île qui n'est pas encore l'Atlantide et qui est donc encore informe, chaotique, à peine surgie de l'obscurité. Sur un plan plus historique, Clito est sans pouvoir réel, sans force. Elle est en situation d'attente, elle est *vierge.* Elle tend vers le ciel ses regards, ce qui, d'une façon plus réaliste et plus directe, signifie qu'elle tend vers le ciel son sexe, attendant l'être mâle qui va la féconder. Traduisons dans un langage plus scientifique : Clito représente les forces telluriques impuissantes à donner la vie tant qu'elles ne seront pas entrées en contact avec les forces cosmiques, solaires en particulier, qui doivent venir du ciel.

Arrive alors Poséidon, ou tout au moins celui qui est appelé ainsi par Critias. Qui est donc ce Poséidon? Dieu de la mer? Pas encore, il le deviendra plus tard, et on nous précise qu'à cette époque, on ne connaissait pas encore l'art de la navigation. C'est avant tout *le dieu des vibrations,* et c'est pourquoi on en fait le maître des vents, des tempêtes et des tremblements de terre. On en fait aussi le protecteur des chevaux, et plus tard, nous dit-on dans le texte du *Critias,* on lui rend un culte *en sacrifiant des taureaux.* Voilà de nouveau le taureau, lié d'une façon ou d'une autre au fondateur mythique du sanctuaire, le taureau qui est donc le symbole des forces concentrées, des énergies captées que l'on redistribue ensuite. Poséidon est le dieu-prêtre qui concentre les énergies cosmiques et féconde la terre qui est Clito. Ainsi naissent deux jumeaux, les Dioscures. Ainsi débute l'histoire de l'Atlantide. Et cette Atlantide se résume dans la construction de cette étrange croix inscrite dans trois cercles concentriques, au milieu desquels trône la déesse, maintenant *solarisée,* désormais femme-soleil toute-puissante, comme celle qui est représentée sur les pétroglyphes des tertres, et qui réapparaîtra plus tard sous les traits de Grainné, dans la légende irlandaise, sous les traits d'Yseult la blonde ou de la reine Guenièvre, dans les récits arthuriens, derniers témoignages de la permanence des anciens mythes.

Ce schéma fondateur de l'Atlantide une fois déplacé sur Carnac, on est amené à proposer des remarques qui ne manquent pas d'être curieuses. En effet, on a toujours remarqué l'aspect phallique des menhirs, et l'on a beaucoup insisté sur cet aspect sexuel mâle, volontier agressif, de la pierre levée. Mais, à y réfléchir, on ne comprend pas du tout ce caractère mâle : les menhirs ne sont pas dirigés vers le bas, mais vers le haut. Ce n'est donc pas vers la terre vierge qui attend d'être fécondée qu'ils sont dressés. Au contraire, ils surgissent de la terre, c'est-à-dire de la féminité, pour se dresser vers le ciel, qui, en principe, est une composante masculine. Il y a là une incohérence visible, à moins que ce ne soit une contradiction flagrante.

Eh bien, non. Il n'y a là rien que de très logique. Car les menhirs des alignements ne sont pas des phallus mâles mais, le nom de Clito est révélateur, tout simplement des *clitoris* féminins en attente de l'arrivée du mâle qui doit féconder la terre. Cela risque de choquer les beaux esprits, mais la réalité est pourtant dans cette constatation. On sait en effet que, dans certaines traditions, africaines en particulier, mais aussi chez les Sémites, le clitoris passe pour être le phallus mâle de la femme, celle-ci naissant avec les deux composantes, féminine et masculine. D'où la nécessité de l'excision qui enlève à la femme son sexe mâle et lui confirme son sexe femelle dans sa totalité. De même, dans les mêmes traditions, le prépuce de l'homme, qui lui aussi naît avec les deux composantes, représente son aspect femelle inévitable. D'où la nécessité de la circoncision qui ôte à l'homme son sexe femelle en lui confirmant de manière absolue son sexe mâle.

De plus, le mot « clitoris », avant d'être appliqué à une partie précise des organes génitaux féminins, désignait une *pierre précieuse.* On voit tout de suite le rapport du clitoris avec le menhir. On comprend pourquoi la déesse-mère de l'Atlantide portait le nom de Clito : le clitoris n'est autre que la *pierre remarquable,* la *pierre splendide* qui, dressée vers le ciel, dans une attente sexuelle évidente, est prête à recevoir la semence des astres. La terre est en position de femme ouverte et parvenue au comble de l'excitation sexuelle pour mieux recevoir et retenir en son ventre les énergies vibratoires que le dieu-prêtre arrache au soleil pour mieux les diriger vers elle, et pour accomplir la liturgie éternelle, c'est-à-dire le mariage sacré du Ciel et de la Terre.

Voilà donc Carnac : c'est le terrain le mieux approprié sans doute à exprimer symboliquement et matériellement ce hiérogame grâce auquel la vie est possible sur cette terre. Après cela, on peut parler d'observatoires astronomiques. Ce n'est pas contradictoire, puisque tout cet ensemble est dirigé vers le ciel, guettant les moindres signes de celui-ci. Après cela, on pourra parler d'un gigantesque cimetière symbolique où les menhirs représentent les âmes de ceux qui sont morts et qui attendent, dans un Autre Monde, le moment de se réincarner dans une vie nouvelle. Ce n'est pas contradictoire, puisque le grand sanctuaire de Carnac est un lieu de régénération par les forces solaires, un lieu où s'opèrent les *renaissances,* qu'elles soient spirituelles, qu'elles soient psychiques, qu'elles soient matérielles.

Car ce qui domine avant tout, c'est l'idée de *chambre de soleil.* Elle est essentielle, et elle est magnifiquement exaltée par les légendes irlandaises à propos du *sidh* de Brugh-na-Boyne. New-Grange ouvre la porte à la compréhension de Carnac, où les choses semblent moins nettes, moins précises peut-être, mais où l'immensité du sanctuaire permet un étalement de cette *chambre de soleil* à l'usage d'un grand nombre d'individus rassemblés pour une cérémonie unique et identique. Cette *chambre de soleil*, que la tradition celtique nous a transmise, et que l'on retrouve curieusement, chaque solstice d'été, dans le château de Montségur, dans un contexte cathare, est sans doute le symbole le plus extraordinaire que l'esprit humain ait jamais découvert pour parler de la régénération par les forces issues du cosmos. C'est une image poétique d'une grande beauté, et que Tristan, dans le texte de la *Folie Tristan*, décrit avec ravissement devant Yseult qui ne le reconnaît pas et devant Mark qui n'y comprend rien. Mais l'image poétique véhicule avec elle plus de force qu'il n'y paraît : elle imprègne si bien l'inconscient que personne ne peut l'oublier, et que tout le monde la recherche confusément, sans trop savoir de quel côté se diriger.

Vers le centre du monde, bien sûr, que ce centre soit réel, ou que, par la volonté des uns et des autres, on le déclare réel. C'est là que se trouve effectivement la *chambre de soleil*, comme à Stonehenge où le soleil frappe la pierre d'autel, au cœur du monument, quand la nuit laisse le jour pénétrer dans les zones interdites en temps normal. A Carnac, le phénomène est moins repérable parce qu'il y a une grande étendue de sanctuaire. Mais, par sa situation géographique et mythique, Carnac occupe réellement ce centre du monde où chacun doit aller se régénérer.

Les Vénètes sont, nous l'avons dit, probablement les descendants ou les héritiers des derniers Atlantes, de ceux qui savaient comment construire une *chambre de soleil*. Cette connaissance, ils l'ont transmise à tous les peuples qui ont construit des mégalithes. Mais on sait très bien que les mégalithes du Morbihan sont les premiers en date. Tout vient de là. Carnac est vraiment un centre primordial, un centre où la fusion peut se faire, et d'où rayonne une foi, d'où émanent les rayons de la femme-soleil nourrissant ses enfants qui viennent s'abreuver à la source de vie.

Le lent cheminement à travers les alignements de Kerlescan, du Manio, de Kermario, du Ménec et de Kerzhéro est un périple initiatique, une marche vers l'ouest, une sorte de pèlerinage pour accompagner le soleil, pour se charger de sa chaleur, pour s'en faire une nouvelle vie. A la vue de chaque menhir, on serait tenté de s'écrier, comme Chateaubriand : « levez-vous, orages désirés! » Mais l'orage gronde de la terre, et symboliquement, c'est le désir fou de la terre d'être fécondée par le ciel qui s'exprime ainsi : il faut que l'énergie de la terre rencontre celle du ciel pour que la foudre éclate, pour que s'opère enfin cette fusion qui fera de la terre la mère de tous les êtres.

Et dans les tertres, ceux de Carnac, de Locmariaquer et de bien d'autres endroits, le visage de la femme-soleil brille de toutes ses flammes qui ne brûlent point. Une fois fécondée, la terre nourrit tous ses enfants, et elle les recueille même lorsque le souffle leur a manqué. Parce qu'elle doit leur donner une nouvelle vie. La Déesse des Commencements, la Déesse des Tertres, c'est la Fée des légendes qui attend le voyageur pèlerin au terme de sa course errante à travers un monde en gestation perpétuelle. L'imparfait meurtrit les êtres, mais chacun sait que quelque part, dans l'ombre de la terre, la Femme, parfaite incarnation de la divinité, attend ses fidèles pour un mariage sacré qui ne peut être célébré que dans une *chambre de soleil.* Le paradoxe est que, pour s'élever au-dessus des tertres, il faut commencer par se baisser, par ramper devant l'ouverture secrète du « palais fermé de la reine », par se courber dans de sombres corridors qui sentent parfois l'humidité des tombeaux. le périple est long, difficile. L'obscurité est trompeuse. On risque de s'égarer.

Mais l'aveuglement réside dans la *chambre de soleil,* un aveuglement qui permet de voir à travers les murailles. Carnac est un de ces lieux sacrés où se déroulaient d'étranges rituels. Il nous reste Carnac avec ses pierres innombrables. Malheureusement, nous avons perdu les liturgies qui s'y attachaient. Qui donc sera capable de les redécouvrir?

Bieuzy-Lanvaux
Montségur
1987

# BIBLIOGRAPHIE SOMMAIRE


G. Atienza, *Les survivants de l'Atlantide,* Monaco, éd. du Rocher, 1982.

Y. Brékilien, *Histoire de la Bretagne,* Paris, France-Empire, 1985.

N. Brenan, *The Stars and the Stones,* Londres, 1983.

R. Devigne, *L'Atlantide, sixième-continent,* Paris, 1931.

« Dossier de l'Atlantide devant la science », revue *Atlantis,* n° 334.

Giot-L'Helgouac'h, *Préhistoire de la Bretagne,* Rennes, Ouest-France, 1979.

J. Gossart, *Les Atlantes hier et aujourd'hui,* Paris, Laffont, 1986.

H. Hawkins, *Stonehenge decoded,* Londres, 1966 et 1982.

J. Markale, *La Femme celte,* Paris, Payot, 1972.

*La Tradition celtique en Bretagne armoricaine,* Paris, Payot, 1975.

*Histoire secrète de la Bretagne,* Paris, Albin Michel, 1977.

*Le Druidisme,* Paris, Payot, 1985.

C. O'Kelly, *New-Grange,* Cork, 1984.

G. Poisson, *L'Atlantide devant la science,* Paris, Payot, 1953.

Saint-Just Péquart-Le Rouzic, *Corpus des signes gravés sur les monuments mégalithiques du Morbihan,* Paris 1934.

J. Spanuth, *Le secret de l'Atlantide,* Paris, Copernic, 1977.

A. Thom, *Megalithic remains in Britain and Brittanny,* Oxford, 1978.

J.E. Wood, *Sun, moon and standing stones,* Oxford, 1978.

# TABLE

## *CHEZ LE MÊME ÉDITEUR*

*Histoire de*
*la France Secrète :*

MONTSÉGUR
ET L'ÉNIGME CATHARE
*par Jean Markale*
Une enquête rigoureuse et documentée ouvrant
des voies nouvelles et des pistes oubliées.

•

GISORS
ET L'ÉNIGME DES TEMPLIERS
*par Jean Markale*
Dans le strict respect des sources historiques
l'éclairage objectif et raisonné du lancinant mystère.

•

LE MONT-SAINT-MICHEL
ET L'ÉNIGME DU DRAGON
*par Jean Markale*
Une vision symbolique et historique du Mont Saint-Michel,
l'un des plus énigmatiques sanctuaires de l'Occident.

---

LES DAMES DU LAC
*par Marion Zimmer Bradley*
PRIX DU GRAND ROMAN D'ÉVASION
Tome 1

•

LES BRUMES D'AVALON
*par Marion Zimmer Bradley*
« La plus merveilleuse évocation de la saga du Roi Arthur
qu'il m'ait été donné de lire. » (Isaac Asimov)
Tome 2

•

L'EFFET GELLER
*par Uri Geller et G. L. Playfair*
Grand médium ou illusionniste de génie, qui est vraiment Uri Geller?
Sa stupéfiante aventure confirme en tout cas la réalité de ses pouvoirs
psychiques dont jamais personne n'a réussi à nier l'existence.

## *CHEZ LE MÊME ÉDITEUR*

L'ÉNIGME SACRÉE
*par Michael Baigent, Richard Leigh, Henry Lincoln*
Jésus-Christ, le Saint-Graal, les Cathares, les Templiers,
à la source d'une extraordinaire remise en cause de l'Histoire.

●

LE MESSAGE
*par Michael Baigent, Richard Leigh, Henry Lincoln*
Suite de la passionnante enquête de l'ÉNIGME SACRÉE
sur les aspects occultes de notre civilisation :
Le Prieuré de Sion, l'Ordre de Malte, la Loge P2, la CIA, le Vatican.

●

AU CŒUR DES HIMALAYAS
*par Alexandra David-Néel*

●

CHAMPOLLION
*par Hermine Hartleben*
La magistrale et unique biographie consacrée
au plus grand égyptologue français.

●

TOUTANKHAMON
*par Christiane Desroches-Noblecourt*
Vie et mort du plus fabuleux de tous les pharaons.

●

LE SECRET DES BÂTISSEURS
DES GRANDES PYRAMIDES
*par Georges Goyon, Maître de recherche au CNRS*
Nouvelles données
sur la construction des monuments mégalithiques.

●

LA FABULEUSE DÉCOUVERTE
DE LA TOMBE DE TOUTANKHAMON
*par Howard Carter*
Les mémoires inédits de l'auteur de la découverte.

●

L'AVENTURE ARCHÉOLOGIQUE EN ÉGYPTE
*par Brian M. Fagan*
Chasseurs de trésors et grandes découvertes,
pionniers célèbres, trafiquants et premiers voyageurs.

●

VOYAGE EN ÉGYPTE
ET EN NUBIE
*par Belzoni*
« L'un des livres les plus fascinants
de toute la littérature concernant l'Égypte » (Howard Carter).

*Achevé d'imprimer en octobre 1987*
*sur presse CAMERON*
*dans les ateliers de la S.E.P.C.*
*à Saint-Amand-Montrond (Cher)*

N° d'Édition : 303. N° d'Impression : 2031.
Dépôt légal : octobre 1987.
*Imprimé en France*